26개 프로젝트로 끝내는
콘텐츠 디자인
with 챗GPT

누구나 프로처럼, 생활 AI
26개 프로젝트로 끝내는 콘텐츠 디자인 with 챗GPT
SNS 카드 뉴스, 로고, 배너, 삽화, 상세 페이지, 유튜브 숏폼 이미지까지

초판 1쇄 발행 2025년 7월 10일

지은이 홍순성 / **펴낸이** 전태호
펴낸곳 한빛미디어(주) / **주소** 서울시 서대문구 연희로2길 62 한빛미디어(주) IT출판2부
전화 02-325-5544 / **팩스** 02-336-7124
등록 1999년 6월 24일 제25100-2017-000058호 / **ISBN** 979-11-6921-407-0 93000

책임편집 홍성신 / **기획 · 편집** 이희영 / **교정** 고란희
디자인 표지 윤혜원 내지 박정우 / **전산편집** 다인
영업마케팅 송경석, 김형진, 장경환, 조유미, 한종진, 이행은, 김선아, 고광일, 성화정, 김한솔 / **제작** 박성우, 김정우

이 책에 대한 의견이나 오탈자 및 잘못된 내용은 출판사 홈페이지나 아래 이메일로 알려주십시오.
파본은 구매처에서 교환하실 수 있습니다. 책값은 뒤표지에 표시되어 있습니다.
한빛미디어 홈페이지 www.hanbit.co.kr / 이메일 ask@hanbit.co.kr

Published by Hanbit Media, Inc. Printed in Korea
Copyright © 2025 홍순성 & Hanbit Media, Inc.
이 책의 저작권은 홍순성과 한빛미디어(주)에 있습니다.
저작권법에 의해 보호를 받는 저작물이므로 무단 복제 및 무단 전재를 금합니다.

지금 하지 않으면 할 수 없는 일이 있습니다.
책으로 펴내고 싶은 아이디어나 원고를 메일(writer@hanbit.co.kr)로 보내주세요.
한빛미디어(주)는 여러분의 소중한 경험과 지식을 기다리고 있습니다.

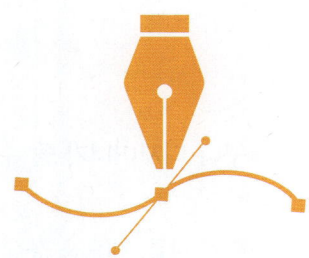

26개 프로젝트로 끝내는
콘텐츠 디자인
with 챗GPT

홍순성 지음

한빛미디어

들어가며

누구나 디자이너가 될 수 있는 창작의 시대

우리는 지금, 새로운 창작의 시대를 마주하고 있습니다. 텍스트 한 줄이 이미지를 만들고, 아이디어 하나가 브랜드가 되는 시대. 이제 콘텐츠 디자인 역시 전문가의 전유물이 아니라 누구나 시도할 수 있는 영역이 되었습니다. 그리고 이 변화의 중심에는 생성형 AI가 있습니다.

이제 디자인을 몰라도, 복잡한 그래픽 도구를 다루지 못해도 챗GPT와 같은 AI 도구만으로 멋진 이미지를 만들고, 콘텐츠를 기획하고, 제작까지 할 수 있습니다. 디자이너가 아닌 저 역시 이 책을 쓰는 동안 표지, 삽화, 카드 뉴스 등 다양한 디자인 작업을 AI와 함께 만드는 과정을 경험하면서 이제 누구나 디자이너가 될 수 있는 창작의 시대가 열린 것을 체감했습니다.

하지만 중요한 건 기술보다 방향입니다. 누구에게나 같은 도구가 주어졌지만, 어떻게 활용하느냐는 각자의 몫입니다. AI는 결과물을 만드는 엔진에 불과할 뿐, 그 결과물의 방향과 완성도는 사용자가 결정합니다. 무엇을 만들고 싶은지, 왜 이 콘텐츠가 필요한지, 어떤 메시지를 누구에게 전달하고 싶은지에 대한 질문에 답을 할 수 있을 때 비로소 AI는 여러분의 파트너가 됩니다.

이 책은 '디자인 전문가는 아니지만, 콘텐츠 디자인을 직접 하고 싶은 사람', 'AI를 써보고 싶지만 어떻게 시작해야 할지 모르는 사람' 그리고 'AI 시대의 창작 방식이 궁금한 사람'에게 꼭 필요한 실전 안내서입니다.

이제 프롬프트 하나로 이미지를 만들고, 그 이미지가 곧 콘텐츠가 되고, 그 콘텐츠가 당신의 메시지를 세상에 전하게 됩니다. '나도 할 수 있을까?'라는 물음 대신 '어떤 걸 만들어볼까?'라는 질문을 던질 때입니다. 이 책과 함께라면 그 첫걸음을 자신 있게 내딛을 수 있을 것입니다. 지금부터 AI 파트너와 함께 새로운 창작의 세계로 들어가 보시죠.

홍순성

이 책의 구성

1부 AI가 뒤바꾼 콘텐츠 디자인의 영역에서는 AI를 활용한 콘텐츠 디자인의 흐름과 가능성을 짚는 개론을 소개합니다. 챗GPT의 이미지 생성 기능이 디자인 환경을 어떻게 변화시키고 있는지, 또 디자인 경험이 없는 사용자도 어떻게 전문가가 만든 것과 같은 고품질 결과물을 빠르게 만들 수 있는지 사례 중심으로 설명합니다. 또 프롬프트 작성, 스타일 지정, 이미지 편집 등 핵심 개념을 소개하고, 저작권 및 사실 왜곡, 초상권 등 윤리적 이슈도 함께 다룹니다.

2부 이후부터는 실무에 바로 적용할 수 있는 총 **26개의 프로젝트**로 구성되어 있으며 개인, 업무, 브랜딩 등 부마다 특정 업무에 특화된 콘텐츠를 모아서 다룹니다. 각 부는 독립적으로 학습할 수 있도록 구성되어 있어, 관심 있는 주제를 선택해서 시작할 수 있습니다. 콘텐츠를 제작하는 과정에서 더 다양한 디자인을 시도해볼 수 있는 프로젝트에는 '응용'을 추가로 다루고, 챗GPT의 이미지 생성 기능 또는 프롬프트 작성 역량을 더 높일 수 있는 프로젝트에서는 '심화'를 다룹니다.

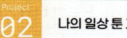

하나의 프로젝트로 구성된 프로젝트 소개 페이지

응용

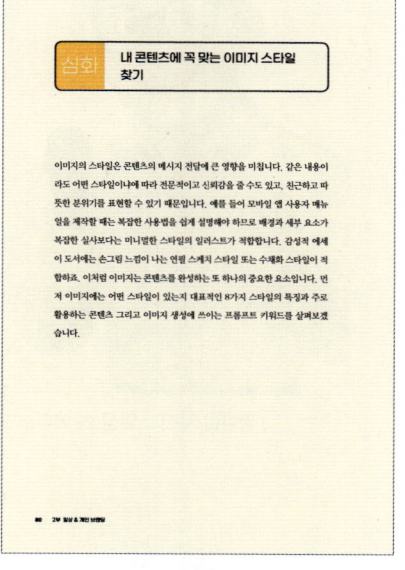

심화

2부 일상 & 개인 브랜딩은 개인을 표현하는 콘텐츠를 AI로 제작하는 방법을 살펴봅니다. 캐릭터 프로필, 일상 4컷 만화, 썸네일, 여행 지도 등 평범한 일상 속 에피소드나 한 장의 사진을 개성 있는 이미지로 표현하는 방법을 안내합니다. 특히 캐릭터 스타일, 감정 표현, 배경 구성 등 실전 활용도 높은 프롬프트와 이미지 편집 기능도 함께 소개합니다.

> **'2부 일상 & 브랜딩'에서는 이런 것들을 만들어요!**
> 캐릭터 프로필·일상 4컷 만화·블로그 삽화·여행 지도·
> 여행 일러스트·아이콘·스마트폰 배경 화면

Project 01

Project 02

평범한 사진과 일상 속 에피소드를 생동감 넘치는 캐릭터 콘텐츠로

Project 04   Project 05

여행지에서 남긴 추억을 한 장의 콘텐츠로

3부 마케팅 & 프로모션에서는 로고, 카드 뉴스, 상세 페이지, 온라인 배너 등 마케팅에 필요한 콘텐츠 제작법을 다룹니다. 브랜드 콘셉트와 고객 관점을 반영한 프롬프트 설계부터, 광고 효과를 높이는 시각적 전략까지 구체적인 예시를 통해 살펴볼 수 있습니다.

'3부 마케팅 & 프로모션'에서는 이런 것들을 만들어요!

카드 뉴스·행사 포스터·신메뉴/신제품 홍보 이미지
온라인 배너·로고·상세 페이지

Project 08   Project 13

제품 사진 한 장으로 카드 뉴스와 온라인 배너로 홍보 콘텐츠 끝내기

Project 09  Project 11

눈에 띄는 홍보 이미지 제작을 위한 텍스트 & 이미지 활용 방법

4부 업무 & 전문 디자인은 전문가의 영역이라 여겨졌던 제품 연출 컷, 광고 시안, 캘리그래피, 책 삽화 등으로 구성되었습니다. 디자인 경험이 없거나 그래픽 도구를 다룰 줄 몰라도 고품질 콘텐츠를 디자인할 수 있도록 기준과 예시를 함께 제시합니다.

'4부 업무 & 전문 디자인'에서는 이런 것들을 만들어요!

제품 연출 컷·광고 시안·인포그래픽
책 표지·책 삽화·캘리그래피

Project 17

Project 18

모델, 스튜디오 없이 제품 사진 하나만으로 완성하는 광고 이미지

Project 20

Project 22

나만의 책 디자인과 아기자기한 동화풍 삽화

5부 영상 콘텐츠 디자인에서는 영상 콘텐츠에 활용할 수 있는 콘텐츠 제작 방법을 다룹니다. 가상 캐릭터, 썸네일, 영상용 장면 이미지 같이 영상 속 다양한 시각 요소를 AI로 생성하고, 영상 편집 도구와 연계하는 실전 활용법을 소개합니다. 런웨이, 캡컷과 같은 영상 생성 및 편집 AI와 챗GPT를 함께 활용하는 워크플로도 안내합니다.

'5부 영상 콘텐츠 디자인'에서는 이런 것들을 만들어요!

가상 캐릭터·썸네일·영상용 이미지

Project 24   Project 25

영상 채널 운영에 필요한 가상 캐릭터, 썸네일, 영상 제작에 필요한 모든 이미지

부록 더 안전하고 완성도 높은 이미지 생성을 위한 FAQ는 AI 이미지 생성 과정에서 자주 발생하는 문제와 해결법을 정리한 실용 가이드입니다. 프롬프트 수정 팁, 저작권 대응, 스타일 유지법, 플랫폼별 활용 팁 등 실무를 하다 보면 마주치는 문제 또는 궁금한 점을 중심으로 정보를 담았습니다.

이 책을 끝까지 읽고 나면 개인 브랜딩, 마케팅, 업무, 영상 등 목적에 맞는 이미지를 프롬프트로 설계하고, 편집·활용하는 실전 흐름을 익힐 수 있습니다. 이제 누구나 디자이너처럼 자신의 메시지를 이미지로 표현하고, 실무에 바로 활용할 수 있는 역량을 갖추게 됩니다.

목차

들어가며   4
이 책의 구성   6

1부 AI가 뒤바꾼 콘텐츠 디자인의 영역

- ✏️ 누구나 디자인이 가능한 시대   18
- ✏️ 누구나 디자이너가 되어야 하는 시대   23
- ✏️ AI와 원활한 협업을 위한 3가지 핵심 개념   26
- ✏️ 콘덴츠 디자인을 위한 단 하나의 도구, 챗GPT   31
- ✏️ 대화형 AI와 대화하는 방법   35
- ✏️ 이미지 생성을 마스터하는 2가지 프롬프트 구조   43
- ✏️ AI로 콘텐츠 디자인을 할 때 반드시 기억해야 할 윤리적 이슈   46
- ✏️ AI 콘텐츠 디자인의 현실적 한계와 구체적인 대응 방안   48

2부 일상 & 개인 브랜딩

Project 01	나를 기억하게 만드는 캐릭터 프로필	52
Project 02	나의 일상 툰 그리기	62
	심화 내 콘텐츠에 꼭 맞는 이미지 스타일 찾기	80
Project 03	글에 생기를 불어넣는 블로그 이미지	88
	심화 챗GPT에서 이미지를 수정하는 2가지 방법	102
Project 04	여행의 기억을 특별하게 만드는 여행 지도	108
Project 05	평범한 일상을 포근하게 바꾸는 일러스트	116
Project 06	나만의 캐릭터 아이콘	130
	심화 이미지 레퍼런스로 일관된 이미지 스타일 완성하기	143
Project 07	일정을 알려 주는 스마트폰 배경 화면	148
	심화 이미지에 텍스트를 더하는 효과적인 방법	160

3부 마케팅 & 프로모션

Project 08	5분 만에 기획부터 디자인까지 완성하는 카드 뉴스	170
Project 09	디자인 경험 없어도 뚝딱 만드는 행사 포스터	184
Project 10	레이아웃을 활용한 행사 포스터	196
Project 11	눈길을 끄는 감성 신메뉴 홍보 이미지	204
Project 12	역동적인 신제품 홍보 이미지	214
Project 13	깔끔한 온라인 배너	222
	심화 디테일을 높이는 캐릭터의 방향·시선·표정 설정하기	235

Project 14	첫인상에서 사로잡는 매력적인 로고	240
	심화 브랜드 특성에 따른 9가지 로고 스타일	250
Project 15	제품의 정체성을 드러내는 로고	254
Project 16	구매를 부르는 상세 페이지	264

4부 업무 & 전문 디자인

Project 17	모델, 카메라 없이 끝내는 제품 연출 컷	286
Project 18	신제품 론칭을 위한 광고 시안	298
Project 19	한눈에 들어오는 인포그래픽	314
	심화 5가지 인포그래픽 유형	327
Project 20	레이아웃을 활용한 책 표지 디자인	332
Project 21	레퍼런스를 활용한 책 표지 디자인	342
Project 22	흥미를 불러일으키는 책 삽화	352
	심화 스타일 설계로 원하는 이미지 만들기	371
Project 23	감성 한 스푼 더하는 캘리그래피	376
	심화 이미지를 돋보이게 하는 폰트 활용법	403

5부 영상 콘텐츠 디자인

Project 24	가상 캐릭터 만들기	412
	심화 시점에 따라 이미지 구상하는 방법	429
Project 25	클릭하고 싶은 썸네일	438
Project 26	숏폼 영상을 위한 이미지	448

부록 더 안전하고 완성도 높은 이미지 생성을 위한 FAQ

A-1   AI로 생성한 이미지 활용 전 꼭 알아야 할 저작권 FAQ   468

A-2   이미지가 원하는 대로 안 나올 때 꼭 확인해야 할 FAQ   475

나가면서   484

찾아보기   486

1부

AI가 뒤바꾼 콘텐츠 디자인의 영역

AI는 콘텐츠 제작 방식을 근본부터 바꾸고 있습니다. 이전까지는 트렌드를 파악하기 위해 뜨는 콘텐츠를 둘러보고, 만들어야 할 콘텐츠의 맥락을 직접 파악하면서 기획한 다음, 문구부터 이미지까지 직접 쓰고 제작해야 했습니다. 이 과정을 완주하기 위해서는 트렌드를 파악하는 눈, 콘텐츠를 작성하는 능력, 그래픽 도구를 능숙하게 다루는 스킬 등이 필요했습니다. 특히 일러스트가 필요한 콘텐츠라면 전문가의 손을 빌리는 게 불가피했죠.

그러나 지금 누구나 생성형 AI와 함께라면 텍스트 한 줄만으로도 완성도 높은 결과물을 만들 수 있는 시대가 되었습니다. 더 이상 복잡한 그래픽 도구를 배우거나 전문가의 손을 빌릴 필요가 없습니다. 필요한 것은 오직 아이디어와 간단한 프롬프트뿐입니다. 이 변화는 기존 디자이너들의 업무 방식을 뒤흔들고 있습니다. 기획자, 마케터, 1인 창업자처럼 디자인에 익숙하지 않던 사람들도 변화하는 트렌드에 능동적으로 대응하며 경쟁력을 갖출 수 있게 되었습니다. 누구나 크리에이터가 될 수 있는 환경이 현실이 된 것입니다. 물론 우후죽순으로 등장하는 생성형 AI 중에서도 어떤 콘텐츠를 만드느냐에 따라 사용할 수 있는 도구가 천차만별입니다. 하지만 우리가 사용할 도구는 단 하나, 바로 챗GPT입니다.

1부에서는 챗GPT를 활용해 어떤 콘텐츠 디자인이 가능한지 구체적인 사례를 소개합니다. 또, 콘텐츠 분야에 몸을 담고 있다면 왜 지금 AI를 익혀야 하는지 그리고 AI 디자인의 핵심 개념과 함께 반드시 알아야 할 윤리적 이슈와 현실적 대응 방안까지 짚어 보려 합니다. 여러분이 AI를 통해 어떤 가능성을 확장할 수 있을지 그 답을 찾아보길 바랍니다.

누구나 디자인이 가능한 시대

디자인은 단순히 심미적인 요소를 넘어 고객의 시선을 끌고 브랜드의 메시지를 정확히 전달하여 매출과 연결되는 핵심 전략입니다. 최근 한 연구에 따르면 소비자는 브랜드 콘텐츠를 처음 접한 순간부터 단 3초 만에 콘텐츠의 품질을 판단하고 행동을 결정한다고 합니다. 첫 화면, 첫 이미지가 곧 브랜드의 첫인상인 셈입니다. 하지만 소규모 사업자나 1인 기업가가 전문 디자이너처럼 고품질 콘텐츠를 제작하기란 쉬운 일이 아닙니다. 이들에게 생성형 AI는 콘텐츠 제작의 시간과 비용을 획기적으로 줄이면서도 품질을 높일 수 있는 도구로 주목받고 있습니다.

지금 우리는 몇 줄의 문장만으로도 수준 높은 이미지를 손쉽게 제작할 수 있는 도구를 손에 쥐고 있습니다. 포토샵이나 일러스트레이터 같은 디자인 도구를 익히지 않아도 내 가게의 홍보 이미지, SNS 카드 뉴스, 내 채널의 채널 아트, 유튜브 영상의 숏폼용 이미지 등을 직접 만들 수 있습니다. 디자인의 디근자도 몰라도 이 일들이 가능해졌습니다.

한 예로, 작은 동네 카페 'Café La Bien'을 운영하는 김 사장은 매년 딸기철이면 시즌 한정 메뉴인 딸기 라떼를 만들어 왔습니다. 메뉴의 맛과 비주얼에는 자신이 있었지만, 이를 홍보할 이미지를 만들자니 어디부터 시작해야 할지 막막했습니다. 시즌 동안 잠깐 쓸 이미지를 전문 디자이너에게 의뢰하자니 비용이 들고, 직접 제작한 이미지는 퀄리티가 낮을 게 분명했기 때문입니다. 그러다 우연히 생성형 AI에 대해 알게 된 김 사장은 챗GPT에 다음 문장을 입력해 보았습니다.

신메뉴 홍보 이미지 제작 사례

 따뜻하고 감성적인 분위기의 카페
햇살이 가득 들어오는 아늑한 카페 내부의 나무 테이블 위에는 투명한 유리잔에 담긴 신선한 딸기 라떼 한 잔이 있다. 딸기 라떼는 딸기 조각과 휘핑크림이 예쁘게 장식되어 있다.
"봄날의 딸기 라떼"라는 글자가 크게 적혀 있고 그 아래 "Café La Bien"이라는 카페명이 이미지에 어울리는 폰트로 적혀 있다.
감성적인 SNS 홍보 이미지

챗GPT는 요청에 따라 이미지를 단 몇 초 만에 생성했습니다. 이 이미지를 카페 인스타그램에 업로드하자 즉각적인 반응이 이어졌습니다. 카페에 딸기 라떼 메뉴가 있는지도 몰랐던 고객들이 딸기 라떼를 주문하기 시작한 것입니다. 심지어 "이미지만 보고 방문했다."는 고객들의 말이 이어졌고, 실제로 시즌 메뉴의 매출이 이전보다 30% 이상 증가했습니다.

또 다른 예로, 수제 비누 브랜드 'Herb Coco Soap'을 운영하는 이 대표는 매주 SNS 홍보 콘텐츠를 직접 제작해왔습니다. 그러나 애초에 디자인 전공자도 아니고 경험도 부족했던 탓에 직접 만든 이미지로는 소비자의 관심을 끌기엔 역부족이었습니다. 그렇다고 외주를 맡기기에는 예산이 부담되었죠. 그렇게 이 대표가 선택한 디자인 도구는 챗GPT였습니다.

브랜드 홍보 이미지 제작 사례

자연광이 들어오는 아늑한 욕실 배경, 나무 선반 위에 파스텔 톤 "HERB COCO SOAP"라는 문구가 적힌 비누, 마른 꽃, 린넨 타월, 향초 장식을 진열
이미지 하단에 "Herb Coco Soap"라는 홍보 문구 작성
감성적인 SNS 홍보용 이미지

이 짧은 프롬프트 하나로 이 대표는 단 몇 분 만에 기대 이상의 고급스럽고 세련된 이미지를 얻을 수 있었습니다. 이렇게 생성한 이미지를 SNS에 올리자 게시물의 반응부터 달라지기 시작했습니다. 게시물 조회수와 링크 클릭률 등이

이전 대비 4배 이상 증가했고, 매출도 약 40% 가까이 늘어나는 성과를 얻었습니다.

이러한 경험은 마케팅 에이전시에서 다양한 고객사의 콘텐츠를 책임지는 최 팀장에게도 이어졌습니다. 그는 빠르게 변화하는 고객의 요구에 맞춰 다양한 스타일의 이미지를 제작해야 했지만, 매번 전문 디자이너에게 의뢰하는 것은 시간과 비용이 많이 드는 일이었습니다. 최 팀장은 한 건강식품 브랜드의 신제품 홍보 이미지를 제작하기 위해 챗GPT에 다음과 같은 프롬프트를 입력했습니다.

신제품 홍보 이미지 제작 사례

흰색 대리석 위에 놓인 유기농 그린 주스
신선한 케일, 시금치, 사과와 함께 배치
밝고 깨끗한 느낌의 SNS 홍보 이미지

결과는 기존 대비 3배 높은 반응률과 50% 상승한 광고 클릭률로, 기대 이상이었습니다. 이렇게 생성한 이미지를 상세 페이지에도 활용하면서 전반적인 업무 효율도 대폭 향상했습니다. 덕분에 최 팀장은 콘텐츠 제작 시간을 줄이고 전략 수립과 고객 관리에 집중할 수 있는 여유를 확보했습니다.

이외에도 또 다른 사례로 블로그를 운영하는 직장인 이 씨는 챗GPT의 AI 이미지 생성 기능으로 썸네일을 제작해 조회수를 이전보다 2배 이상 높였고, 스마트스토어를 운영하는 김 씨는 AI로 만든 상세 페이지를 활용하자 상품 클릭률이 약 45% 상승했습니다.

이 사례들은 이들이 자신도 몰랐던 디자인에 대한 재능을 발견했다거나, 생성형 AI를 특별히 잘 다루었다는 이야기가 아닙니다. 오히려 조금도 특별하지 않은 평범한 사례입니다. 그만큼 누구나 챗GPT를 통해 간단하고 빠르게 콘텐츠 디자이너로서 역량을 발휘할 수 있다는 것입니다. 실제로 많은 소규모 사업자, 직장인이 전문적인 디자인 기술의 부족으로 마케팅 경쟁에서 뒤처지는 경우가 많습니다. 하지만 이제는 자신이 가진 아이디어와 사진만 활용해도 충분히 매력적인 콘텐츠를 제작할 수 있는 시대입니다. 카페에서 직접 찍은 평범한 사진도 AI와 간단한 프롬프트만 있으면 얼마든지 매력적인 홍보 이미지로 재탄생할 수 있습니다. 이제 AI를 활용한 콘텐츠 디자인은 업무 경쟁력을 높이기 위한 필수 자산이 된 셈입니다.

누구나 디자이너가 되어야 하는 시대

많은 사람이 디자인은 자신과 무관한 일이라 생각합니다. 그러나 디자인은 일부 전문가의 영역이 아니라 다른 사람과 일을 하는 사람이라면 모두가 갖춰야 할, 소통을 위한 기본 역량입니다. 디자인은 심미적인 예술뿐만 아니라 보고서, 프레젠테이션, SNS 등 정보를 명확하고 효과적으로 시각화해 상대방을 설득하는 영역이기 때문입니다. 즉, 이제는 누구나 디자이너가 되어야 하는 시대입니다. 이런 흐름에, AI는 최소한의 시간과 비용으로 전문가 수준의 결과물을 얻을 수 있는 무척 유용한 도구입니다.

특히 콘텐츠 속도가 경쟁력인 환경에서 즉각적인 제작과 배포 능력은 곧 성과로 이어집니다. 반대로 이러한 역량이 부족하면 빠르게 변화하는 시장에서 뒤처질 수밖에 없습니다. 예를 들어, 중요한 프레젠테이션을 준비할 때 AI로 제작한 시각 이미지를 활용하면 복잡한 데이터를 더 쉽고 명확하게 전달할 수 있습니다. 예를 들어 고객 여정Customer Journey처럼 단계별 구조를 시각화하면 청중의 이해도를 높이고 설득력 있는 발표를 이끌 수 있습니다. 가령 소비자가 쇼핑몰에서 원하는 아이템을 고르고 장바구니를 거쳐 구매에 이르는 흐름(인지 → 관심 → 구매 → 사용 → 재구매)을 매끄럽게 전달하기 위해서는 텍스트보다는 한 장의 이미지가 더욱 효율적일 것입니다. 이 과정을 한 장의 이미지로 만들려면 다음과 같은 프롬프트로도 충분합니다.

고객 여정을 시각화하는 이미지

 깔끔한 일러스트 스타일로 쇼핑몰에서 소비자가 구매에 이르기까지의 전체 흐름의 '고객 여정' 단계를 보여 주는 이미지를 생성해주세요.
총 5단계(인지 → 관심 → 구매 → 사용 → 재구매)를 왼쪽에서 오른쪽으로 화살표와 함께 시각화하고, 각 단계에 간단한 아이콘(돋보기, 하트, 장바구니, 별, 반복 화살표)을 넣어 주세요.
이미지는 가로 16:9 비율로 구성해주세요.

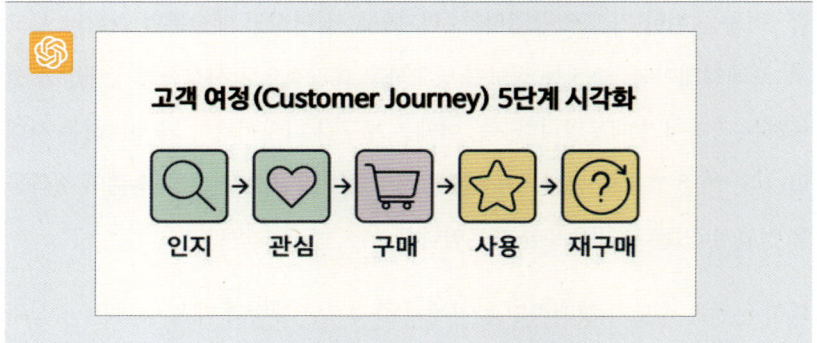

이렇게 제작한 이미지는 즉각 보고서나 프레젠테이션에 활용할 수 있을 정도의 완성도를 갖추고 있습니다. 그만큼 속도에서 큰 경쟁력을 가지게 됩니다. 예를 들어 내일 신제품 출시를 앞두고 급히 제품 홍보 콘텐츠를 준비해야 하는 마케터의 상황을 가정해보겠습니다. 이런 상황에서는 디자이너에게 맡기거나 새로운 디자인 도구를 익히는 것은 불가능할 것입니다. 그러나 챗GPT의 이미지 생성 기능을 활용하면 몇 분 내로 고품질의 SNS 콘텐츠 이미지를 만들 수 있습니다.

제품 홍보 이미지 제작 예시

 심플하고 세련된 스타일로 신제품 핸드크림을 소개하는 이미지를 만들어 주세요. 밝은 파스텔 톤 배경 위에 크림 튜브가 중심에 있고, 주변에는 자연 유래 성분을 상징하는 식물 아이콘(라벤더, 알로에, 시어버터 열매 등)을 배치해주세요. 이미지 상단에는 'NEW'라는 붉은 배지를 강조해주세요. 전체 구도는 정사각형(1:1 비율)으로 구성해주세요.

이렇게 완성한 이미지를 활용함으로써 마케터는 디자이너에게 제작을 의뢰하기 위해 별도의 문서를 작성하거나 소통에 드는 시간과 비용을 아낄 수 있습니다. 그만큼 보다 생산적인 업무에 집중할 수 있고, 시장에 빠르게 대응할 수 있습니다.

이것이 누구나 디자이너가 되어야 하고, 누구나 생성형 AI와 협업할 수 있어야 하는 이유입니다. 이제 생성형 AI를 다루는 것은 필수 역량이기 때문입니다.

AI와 원활한 협업을 위한 3가지 핵심 개념

AI로 이미지를 만드는 일은 간단한 문장 몇 줄로도 가능하지만, 원하는 결과를 얻기 위해서는 AI가 콘텐츠를 생성하는 방식과 사용자가 입력하는 명령어, 즉 프롬프트의 특성을 명확히 이해하는 것이 매우 중요합니다. 지금부터 AI 콘텐츠 디자인을 시작할 때 반드시 알아야 할 3가지 핵심 개념을 살펴보겠습니다.

① AI에게 원하는 것을 정확히 지시하는 '프롬프트'

프롬프트Prompt는 AI가 응답을 생성하도록 작성하는 명령어이자 지시문으로, AI의 모든 동작은 사용자가 입력한 프롬프트에서 시작됩니다. 이 프롬프트가 명확하고 구체적일수록 AI는 사용자의 의도를 정확히 반영한 결과물을 제공합니다. 따라서 좋은 프롬프트 작성은 AI가 생성할 콘텐츠 디자인의 성패를 결정짓는 핵심입니다. 명확한 프롬프트를 작성할 때는 다음 요소들을 포함하되 최대한 구체적으로 설정하는 것이 중요합니다.

명확한 프롬프트를 위해 포함해야 할 요소
- 이미지의 주제 및 목적(예: 신제품 홍보, 보고서 시각화)
- 장소 및 배경(예: 현대적인 사무실, 아늑한 카페 내부)
- 주요 소재 및 배치(예: 상품의 위치, 주변 소품 배치)
- 분위기 및 스타일(예: 차분한 분위기, 현대적이고 세련된 스타일)

예를 들어 단순히 "카페 사진"이라고 입력하는 것보다 이미지의 목적과 분위기, 주변 사물이 있다면 배치까지 상세히 표현하면 더 적합한 이미지를 생성합니다.

명확한 프롬프트 예시

 파스텔 옐로 색상의 배경 위에 'SUNY' 브랜드 유기농 오렌지 주스 병이 있습니다. 병을 감싼 흰색 라벨 중앙에 'SUNY'라는 글자가 굵은 초록색으로 프린팅되어 있고 병 주변에는 신선한 오렌지 조각과 초록 잎사귀가 자연스럽게 배치되어 있습니다. 조명은 부드럽고 따뜻한 느낌입니다.
전체적으로 산뜻하고 상큼한 분위기를 연출한 이미지입니다.

이렇게 프롬프트를 구체적으로 설정하면 원하는 결과에 더욱 가깝게 접근할 수 있습니다. 이렇게 프롬프트가 세부적이면 원하는 이미지가 나오지 않더라도 어떤 부분을 수정해 나가야 할지도 한눈에 파악할 수 있습니다. 반대로 모호하거나 설명이 부족한 프롬프트는 불필요한 시행착오를 반복할 수 있으므로 시작할 때부터 좋은 프롬프트를 작성하는 습관을 들이는 것이 중요합니다.

② 이미지의 표현 방식을 정하는 '스타일'

스타일은 어떤 분위기의 이미지를 생성할지 알려 주는 중요한 요소입니다. 동일한 내용의 프롬프트여도 어떤 스타일을 요청하느냐에 따라 완전히 다른 이미지가 생성됩니다. 프롬프트의 이미지 스타일은 전체적인 톤, 질감, 표현 기법 및 미학적 방향성을 말합니다. AI는 사용자가 입력한 스타일 정보를 바탕으로 사진 같은 사실적 표현부터 일러스트, 유화, 수채화 등 다양한 스타일로 이미지를 생성할 수 있습니다. 스타일을 지정할 때는 다음 요소들을 고려하면 좋습니다.

스타일 지정 시 고려 요소

- **기법**: 실사 사진, 수채화, 연필 스케치 등
- **분위기**: 따뜻한, 차분한, 생동감 있는, 몽환적인 등
- **문화적 콘셉트**: 빈티지, 레트로, 미드센추리, 미래지향적 등

예를 들어, 같은 제품을 홍보하는 이미지라도 스타일 설정에 따라 전혀 다른 인상을 줄 수 있습니다.

같은 프롬프트, 다른 스타일 예시

 파스텔 옐로우 색상의 배경 위에 'SUNY' 브랜드의 유기농 오렌지 주스 병이 있습니다.
병을 감싼 흰색 라벨 중앙에 'SUNY'라는 글자가 굵은 초록색으로 프린팅되어 있고 병 주변에는 신선한 오렌지 조각과 초록 잎사귀가 자연스럽게 배치되어 있습니다. 밝은 조명과 선명한 디테일, 간결한 구도가 특징이며 브랜드의 신선함과 세련된 이미지를 강조한, 모던한 광고 스타일입니다.

앞서 동일한 프롬프트에 다르게 스타일을 지정했던 이미지와 비교하면 확연히 차이를 느낄 수 있습니다.

따뜻한 조명, 산뜻하고 상큼한 스타일

밝은 조명, 선명한 디테일, 모던한 스타일

이처럼 스타일을 구체적으로 제시하면 원하는 표현 방식을 정확히 구현하여 결과물의 품질을 높일 수 있습니다. 특히 브랜드 신뢰도와 인지도에는 일관된 스타일이 큰 영향을 미치므로 스타일이 명확하고 구체적일수록 원하는 이미지를 쉽게 생성할 수 있습니다. 다양한 스타일 키워드를 실험하며 브랜드나 콘텐츠의 목적에 가장 적합한 스타일을 찾아보는 것도 좋습니다.

③ 원하는 요소를 돋보이게 만드는 '이미지 편집'

AI가 만든 이미지는 때로는 사용자의 의도와 다르게 생성되어 세부 조정이 필요할 때가 있습니다. 이런 경우 간단한 이미지 편집 작업으로 완성도를 높일 수 있습니다. 이미지 편집을 위해 복잡한 그래픽 도구를 따로 배울 필요는 없습니다. 평소 익숙하게 사용하는 파워포인트(맥 사용자는 키노트)와 같은 편집 도구로도 충분합니다. 글자 추가, 색상 조정, 이미지 크롭 등의 간단한 편집 작업만으로 AI가 생성한 이미지의 완성도를 쉽게 높일 수 있습니다.

더 직관적이고 편리한 도구를 원한다면 캔바Canva나 미리캔버스 같은 간편한 웹 툴을 사용할 수도 있습니다. 이러한 도구들은 초보자도 쉽게 사용할 수 있게 설계되어 있어 AI로 생성한 이미지를 첨부해 간단하게 텍스트를 추가하거나 레이아웃을 변경할 수 있습니다.

프롬프트, 스타일, 이미지 편집 이 3가지 핵심 개념은 이후 이 책의 모든 프로젝트에서 이미지를 생성하는 과정입니다. 잘 이해하고 활용하면 업무의 효율을 높이고 품질 높은 콘텐츠를 쉽게 만들 수 있을 것입니다.

콘덴츠 디자인을 위한 단 하나의 도구, 챗GPT

챗GPT는 오픈AI가 개발한 AI 모델로, 수많은 데이터를 학습한 덕분에 텍스트와 이미지의 관계를 정확히 이해하고 텍스트와 이미지 생성을 모두 처리할 수 있는 것이 강점입니다. 사진처럼 사실적인 이미지부터 일러스트나 예술적인 스타일의 그림까지 다양하게 표현할 수 있습니다. 뿐만 아니라 사용자 요청의 문맥을 이해할 수 있어 일상에서 사람과 대화를 나누듯이 요청해도 정확히 내용을 반영하고 결과물을 생성합니다.

챗GPT의 메인 화면

챗GPT에 요청을 하고 결과물을 받는 방식이 사람과 대화를 나누는 형태와 비슷해 챗GPT와 같은 생성형 AI를 대화형 AI라고도 합니다. 즉, 한 번의 요청으로 결과물을 받고 작업이 끝나는 것이 아니라 이어서 대화를 나누며 생성한 결과물을 점진적이고 단계적으로 수정하고 보완할 수 있습니다. 예를 들어, "글자 크기를 키워 주세요."라는 요청 후 이어서 "배경을 파란색으로 바꿔 주세요."와 같이 연속적인 대화를 통해 사람과 소통하듯 자연스럽고 세밀하게 원하는 결과물을 완성할 수 있습니다. 요청할 수 있는 분야는 글쓰기, 교육, 프로그래밍, 이미지 같은 전문 영역부터 심리학, 데이터 분석, 시사 상식까지 무궁무진합니다.

가장 뛰어난 강점은 사용자의 텍스트를 맥락까지 파악한 결과물을 생성하는 것입니다. 예를 들어 '뉴턴의 프리즘 실험에 대한 이해를 돕는 이미지'를 요청하면 과학적 개념을 정확히 이해해 관련된 이미지를 즉시 만들어 줍니다.

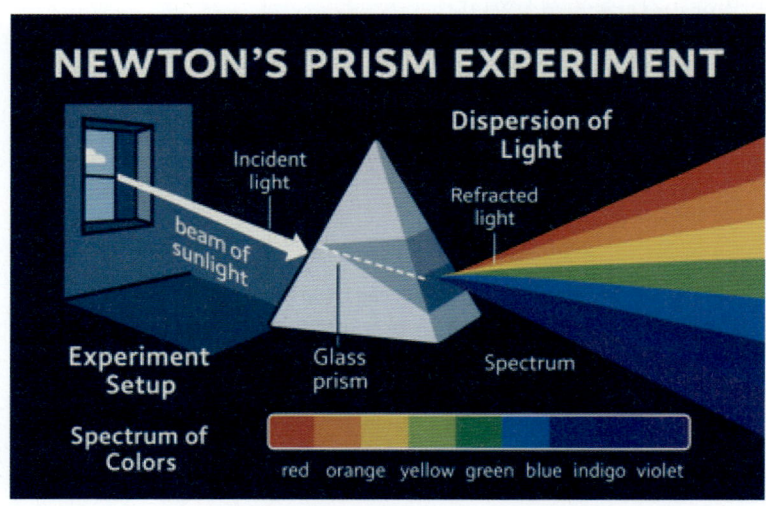

챗GPT로 생성한 '뉴턴의 프리즘 실험' 이미지(출처: 오픈AI)

또한 챗GPT는 기존 모델에서 어려웠던 이미지 내 텍스트 표현 문제를 크게 개선했습니다. 메뉴판, 광고 포스터, 웹사이트 UI 등 각종 이미지에 또렷하고 선명한 텍스트를 삽입할 수 있어 업무 효율성을 높이고자 하는 사용자들에게 각광받고 있습니다. 특히 한글 텍스트 표현도 획기적으로 개선되었습니다. 이제 웹툰, 카드 뉴스처럼 짧은 문구가 들어가는 콘텐츠도 선명하고 정확하게 제작할 수 있어 업무 효율을 높이는 데 큰 도움이 됩니다.

이미지 속 텍스트 표현이 개선된 챗GPT(출처: 오픈AI)

이처럼 챗GPT는 누가 어떻게 사용하느냐에 따라 무한한 가능성을 가진 도구가 되었습니다. 그중 이 책에서 다룰 챗GPT의 주요 기능은 바로 **이미지 생성**입니다. 챗GPT의 이미지와 관련된 주요 기능을 정리하면 다음과 같습니다.

챗GPT의 이미지 생성 관련 주요 기능

- **이미지 생성**: 사용자가 입력한 텍스트 프롬프트를 해석하여 원하는 스타일과 구도, 세부 사항이 반영된 이미지를 생성합니다. 예를 들어, "미국 애니메이션 스타일로 가족사진을 그려 주세요."라고 요청하면, 미국 애니메이션 특유의 독특한 스타일을 그대로 반영한 이미지를 얻을 수 있습니다.
- **이미지 편집**: 생성된 이미지에서 사용자가 원하는 특정 부분만 선택해 빠르게 수정할 수 있습니다. 예를 들어, 생성된 이미지에서 "고양이에게 모자를 씌워 주세요."라고 하면 이미지를 재생성하는 대신 특정 영역만 자연스럽게 수정할 수 있습니다.

- **텍스트 삽입**: 이미지 안에 제목이나 설명, 라벨, 가격표 등의 텍스트를 선명하고 정확하게 추가할 수 있습니다. 예를 들어, 메뉴판에 가격과 설명 추가를 요청하면, 메뉴 이름과 가격, 음식 설명이 실제 메뉴판처럼 선명하고 읽기 쉽게 이미지에 추가됩니다.

- **이미지 업로드 및 변형**: 사용자가 업로드한 기존 이미지의 스타일과 구성을 유지하면서 일부 요소만 변형하거나 재구성할 수 있습니다. 예를 들어, "이 로고의 다양한 색상 버전을 만들어 주세요."라고 요청하면, 원본 로고의 형태를 그대로 유지한 채 색상만 바뀐 다양한 로고 버전을 즉시 생성할 수 있습니다.

챗GPT의 뛰어난 이미지 생성 및 편집 기능은 다양한 환경에서 유용하게 활용할 수 있습니다. 나만의 창의적인 콘텐츠를 제작하거나 마케팅, 브랜딩과 같은 실무 디자인 콘텐츠부터 학습 자료까지 다양한 영역에서 활용할 수 있습니다.

챗GPT의 이미지 생성 기능 활용 분야

- **콘텐츠 제작**: 블로그 게시물, 소셜 미디어 이미지, 웹툰 제작
- **마케팅 및 광고**: 프로모션 이미지, 광고 배너, 제품 포스터
- **교육 및 학습 자료**: 시각적인 개념 설명 자료, 인포그래픽, 프레젠테이션 자료
- **브랜딩 및 디자인**: 로고 디자인, 색상 및 스타일 실험, UI/UX 프로토타입 제작

챗GPT의 이미지 생성 기능은 기술과 창의성의 경계를 허물어 누구나 쉽고 빠르게 시각 콘텐츠를 제작하도록 돕습니다. 이제 텍스트만 입력하면 AI가 마치 전문 디자이너처럼 사용자의 아이디어를 실시간으로 구현하는 시대가 열렸습니다.

대화형 AI와 대화하는 방법

이전까지 AI로 이미지를 생성하려면 복잡한 프롬프트 규칙과 정확한 표현이 필수였습니다. 생성형 AI에 익숙하지 않은 사용자나 디자인 전문 용어를 잘 모르는 비전문가에게 AI로 이미지를 생성하는 과정은 어렵고 부담스러운 일이었습니다. 작은 표현 하나만 달라져도 원하는 결과가 나오지 않는 경우도 많았습니다. 하지만 챗GPT가 선보인 대화형 이미지 생성 방식(멀티턴 방식)은 이 문제를 완전히 해결했습니다. 복잡한 규칙 없이 간단한 요청과 자연스러운 대화만으로 캐릭터, 인포그래픽, 고퀄리티 광고 이미지까지 누구나 쉽게 만들 수 있게 되었습니다. 처음부터 완벽한 프롬프트를 작성하지 않아도 됩니다. 간단한 문장으로 이미지를 요청한 뒤 생성된 이미지를 AI와 자연스럽게 대화하듯 점진적으로 수정하면서 완성할 수 있습니다.

예를 들어 처음에는 "고양이를 그려 주세요."라는 간단한 요청에서 시작합니다. 이후 생성된 이미지를 보며 "고양이에게 빨간색 모자를 씌워 주세요.", "배경을 밤하늘로 바꾸고 별을 추가해주세요.", "애니메이션 스타일로 바꿔 주세요."처럼 구체적인 요청을 추가하면 됩니다. 이렇게 AI와 단계적으로 소통하면서 원하는 이미지를 쉽게 완성할 수 있습니다.

챗GPT와 이미지를 수정하는 과정 ① 고양이 그리기

 고양이를 그려 주세요.

 고양이에게 빨간색 모자를 씌워 주세요.

배경을 밤하늘로 변경하고 별을 추가해주세요.

 만화 스타일로 바꿔 주세요.

이런 대화형 방식의 이미지 생성은 특히 업무 환경에서 큰 장점으로 작용합니다. 예를 들어 온라인 쇼핑몰에서 사용할 제품 홍보 이미지를 제작할 때 "밝고 화사한 분위기의 봄 느낌 화장품 이미지를 만들어 주세요."라는 간단한 요청으로 이미지 생성을 시작할 수 있습니다. 결과물을 보고 추가로 "배경을 벚꽃 이미지로 바꿔 주세요.", "오른쪽에 텍스트가 들어갈 공간을 비워 주세요."와 같이 결과물을 즉각 보고 수정하는 방식으로 원하는 이미지를 얻을 수 있습니다.

챗GPT와 이미지를 수정하는 과정 ② 광고 이미지 만들기

 밝은 분위기의 기초 화장품 세트 이미지 만들어 주세요.

제품 배경을 봄 느낌이 나도록 벚꽃으로 바꿔 주세요.

 텍스트를 넣을 수 있도록 오른쪽 공간을 비워 주세요.

이미지의 오른쪽 여백에 우아하고 감성적인 필기체로 'Bloom'이라는 텍스트를 추가해주세요.

또 다른 예로 수업 자료에 사용할 이미지를 만들어 보겠습니다. "지구와 환경 보호 관련 그림을 그려 주세요."라는 요청으로 시작해 "지구를 귀여운 캐릭터로 표현해주세요.", "지구 주변에 귀여운 동물들이 모여 있는 모습을 추가해주세요.", "아이들이 좋아할 만한 밝은 색감으로 바꿔 주세요."라는 요청을 통해 학생들이 흥미롭게 참여할 수 있는 수업 자료용 이미지를 완성했습니다.

챗GPT와 이미지를 수정하는 과정 ③ 수업 자료 만들기

 지구와 환경 보호 관련 일러스트를 그려 주세요.

지구를 귀여운 캐릭터로 표현해주세요.

지구 주변에 귀여운 동물들이 모여 있는 모습을 추가해주세요.

아이들이 좋아할 만한 밝은 색감으로 표현해주세요.

이처럼 챗GPT의 대화형 이미지 생성 방식 덕분에 누구나 복잡한 규칙이나 전문적인 지식 없이도 쉽게 이미지를 만들 수 있습니다. 마치 디자이너와 직접 소통하듯 AI와 자연스럽게 대화하며 이미지를 만드는 과정 자체가 쉽고 즐거운 창작 경험으로 바뀌고 있습니다.

이미지 생성을 마스터하는 2가지 프롬프트 구조

프롬프트의 구조는 간단한 이미지를 위한 **베이직 프롬프트**와 세부 요소까지 표현하는 **어드밴스드 프롬프트**로 구분됩니다. 각 프롬프트의 특징과 예시를 살펴보고 목적에 맞게 활용해보세요.

먼저 베이직 프롬프트는 초보자도 쉽게 사용할 수 있는 가장 기본적이고 직관적인 프롬프트 방식으로, 빠르고 간단한 이미지 제작에 적합합니다. 일반적으로 다음과 같은 구조로 작성합니다.

베이직 프롬프트 구성 요소

① 스타일

② 기본 주제

③ 상세 설명

베이직 프롬프트 예시

 ①**웹툰 스타일**로 카페에서 ②**노트북 작업을 하며 커피를 마시는 여성**의 일상적인 장면을 ③**밝고 편안한 분위기**로 표현해주세요.

어드밴스드 프롬프트는 베이직보다 더 구체적이고 세부적인 요소까지 포함합니다. 이미지에서 제외할 요소, 비율, 카메라 앵글, 조명 등 구체적이고 명확한 정보를 함께 제공해 마케팅 콘텐츠, 브랜드 이미지 등 전문적이고 세밀한 이미지를 제작할 때 효과적입니다.

어드밴스드 프롬프트 구성 요소

① 스타일

② 기본 주제

③ 상세 요소

④ 제외 요소

⑤ 이미지 비율

⑥ 카메라 앵글 및 조명

어드밴스드 프롬프트 예시

 ①플랫 & 미니멀 스타일로 ②카페에서 밝은 표정으로 노트북 작업을 하며 커피를 마시는 여성을 표현해주세요. ③여성은 흰색 셔츠를 입고 헤드폰을 목에 걸고 있으며, 책상 위에는 노트북, 커피잔, 작은 식물이 놓여 있고, 카페 배경은 심플하게 연출해주세요. ④텍스트나 다른 인물은 제외하고, ⑤이미지 사이즈는 16:9 비율로 설정해주세요. ⑥카메라 앵글은 정면에서 약간 오른쪽으로 기울어진 자연스러운 측면 앵글이며, 조명은 밝고 따뜻한 자연광 느낌으로 표현해주세요.

2가지 프롬프트의 구조와 특징을 명확히 이해하고 목적에 맞게 활용하면 원하는 이미지를 빠르고 정확하게 얻을 수 있습니다. 이미지의 용도와 표현할 디테일 수준을 고려하여 베이직 프롬프트 또는 어드밴스드 프롬프트를 적절히 선택해서 사용하면 됩니다.

> **TIP** 2025년 5월 기준 챗GPT(4o)의 네이티브 이미지 생성 기능은 3가지 고정된 해상도만 지원합니다(지원 이미지 사이즈: 가로형 16:9, 세로형 9:16, 정방형 1:1). 자유로운 픽셀 지정이나 세부적인 비율 설정 기능을 지원하지 않습니다. 다만 향후 모델 변경과 업데이트를 통해 더욱 다양한 이미지 사이즈와 비율 설정 기능이 추가될 것으로 기대됩니다.

AI로 콘텐츠 디자인을 할 때 반드시 기억해야 할 윤리적 이슈

AI로 만든 콘텐츠를 업무나 마케팅에 활용할 때는 기술적 완성도뿐만 아니라 윤리적, 법적 책임도 함께 고려해야 합니다. 본격적으로 콘텐츠를 디자인하기 앞서 AI를 활용해 콘텐츠를 디자인하고 활용할 때 발생할 수 있는 윤리적 이슈들을 먼저 살펴보겠습니다. 특히 생성한 콘텐츠를 상업적으로 활용할 때는 이러한 이슈들을 미리 인지하고 주의를 기울이면 더욱 안전하게 AI를 활용할 수 있습니다.

저작권과 상업적 이용

기본적으로 생성형 AI는 인터넷의 수많은 자료를 학습 데이터로 활용해 이를 기반으로 이미지, 텍스트 등을 생성합니다. 이 과정에서 타인의 저작물이나 특정 브랜드의 고유한 이미지 요소가 간접적으로 포함될 가능성이 있습니다. 즉, AI가 생성한 이미지를 별도의 검증 없이 상업적으로 사용할 경우 자신도 모르게 저작권을 침해하게 될 수 있습니다.

이러한 문제를 예방하려면 AI 서비스 제공자가 제시하는 저작권 관련 이용 약관과 사용 허용 범위를 명확히 숙지해야 합니다. 특히 상업적 용도로 이미지를 활용할 경우 추가로 저작권 검증 절차를 거쳐 안전성을 확보하는 것이 필수입니다. 최근 일부 기업이 AI 생성 이미지를 무분별하게 사용하다가 저작권 침해 소송에 휘말린 사례가 있었던 만큼 더욱 주의 깊은 접근이 필요합니다.

사실 왜곡과 AI 윤리

AI는 실제 사진이나 인물과 매우 흡사할 만큼 정교하여 실제와 구별하기 어려운 이미지를 생성할 수 있습니다. 이는 의도하지 않은 사실 왜곡이나 오해를 초래할 위험이 있습니다. 특히 콘텐츠로 민감한 사회적 이슈나 특정 인물을 표현할 때는 더욱 신중한 접근이 필요합니다. 프롬프트 작성 단계부터 현실을 과장하거나 왜곡할 가능성이 있는 표현에 주의해야 합니다. 최근에는 실제 사건, 특정 인물과 관련된 이미지를 AI로 제작하여 SNS에 공유했다가 오해를 불러일으켜 기업 이미지가 손상된 사례도 있었습니다. 따라서 생성된 이미지가 사회적으로 어떤 영향을 미칠 수 있는지 충분히 고려하고 검토하는 신중한 자세가 중요합니다.

개인 정보 보호와 초상권 침해 문제

AI는 매우 사실적으로 인물을 표현할 수 있기 때문에 특정 개인과 유사한 이미지가 만들어지면 초상권이나 개인 정보 보호 문제가 발생할 수 있습니다. 이는 AI를 활용해 콘텐츠를 디자인하는 과정에서 가장 흔히 발생하는 문제이기도 합니다. 이러한 위험을 줄이기 위해 프롬프트 작성 시 실제 인물을 구체적으로 표현하는 것을 피하고, 가상 인물이나 추상적인 형태로 이미지를 설정하는 것이 바람직합니다. 예를 들어, 홍보 이미지를 제작할 때 특정 연예인이나 유명인을 연상시키는 표현은 반드시 피해야 합니다. 대신 일반적이고 보편적인 캐릭터를 설정하는 것이 초상권과 개인 정보 보호와 관련된 잠재적 이슈를 미리 방지할 수 있는 안전한 사용법입니다.

AI는 콘텐츠를 쉽게 만들 수 있는 유용한 도구지만, 신뢰할 수 있는 콘텐츠로 거듭나게 하는 것은 사용자가 AI를 대하는 태도입니다. 콘텐츠를 안전하게 제작하고 활용하기 위해서는 이러한 윤리적 이슈를 항상 염두에 두고 한 번 더 점검하는 것이 중요합니다.

AI 콘텐츠 디자인의 현실적 한계와 구체적인 대응 방안

AI는 업무 효율성을 높이고 성과를 빠르게 개선하는 효과적인 도구입니다. 그러나 모든 기술에는 한계가 있듯이 AI 또한 완벽하지 않습니다. 따라서 AI를 활용해 콘텐츠를 디자인할 때 맞닥뜨릴 수 있는 현실적 한계를 미리 이해하고, 이를 극복하기 위한 구체적인 대응 방안을 준비하는 것이 중요합니다. 지금부터 AI 콘텐츠 디자인의 주요 한계점과 이를 효과적으로 극복하는 방법을 소개합니다.

프롬프트와 결과물이 일치하지 않는 문제

AI는 사용자가 입력한 프롬프트를 기반으로 이미지를 생성합니다. 하지만 때로는 사용자가 의도했던 바와 다른 결과가 나오기도 합니다. 특히 프롬프트가 모호하거나 지나치게 복잡하면 AI가 사용자의 정확한 의도를 파악하지 못해 기대와 다른 결과물을 제공할 수 있습니다.

이 문제를 효과적으로 해결하려면 처음부터 완벽한 프롬프트를 작성하려 하기보다는, 초기 단계에서 간결하고 명료한 프롬프트로 출발한 뒤 AI가 제공한 결과를 보고 키워드나 표현을 점진적으로 추가하거나 수정하는 방식이 좋습니다. 즉, 반복적이고 단계적인 접근을 통해 원하는 최종 결과에 다가가는 것이 더 현실적이고 효율적입니다.

복잡한 프롬프트 예시

 따뜻한 조명이 켜진 카페 내부의 테이블에 놓인 딸기 라떼를 마시는 웃는 표정의 여성

단계적 프롬프트 예시

 따뜻한 조명이 켜진 카페

 한 여성이 테이블에 앉아 딸기 라떼를 마시고 있다.

 여성이 부드럽게 미소 짓는다.

예시처럼 필요한 키워드와 인물 표정 변화 등을 단계별로 요청하면 보다 원하는 이미지를 얻을 확률이 높아집니다.

이미지의 세부 묘사가 부자연스러운 문제

AI가 생성한 이미지는 대체로 품질이 높은 편이지만, 사람의 얼굴이나 손발, 텍스트와 같은 세부 묘사에서는 여전히 부자연스럽거나 어색한 부분이 나타날 수 있습니다. 이러한 문제를 극복하려면 처음부터 AI에 지나치게 세부적인 묘사를 요구하지 않는 것이 좋습니다. 대신 AI로 생성한 이미지를 초안으로 파워포인트(또는 키노트), 캔바와 같은 친숙한 편집 도구를 이용해 세부적인 부분을 보완하는 방법이 효과적입니다. 간단한 편집 작업을 통해 불필요하거나

부자연스러운 부분을 제거하고 글자나 그래픽 요소를 추가함으로써 이미지의 완성도를 손쉽게 높일 수 있습니다.

빠르게 변화하는 AI 기술의 문제

AI 기술은 매우 빠르게 발전하고 있어 지금 이 순간에도 새로운 기능과 개선된 서비스가 등장하고 있습니다. 따라서 AI 활용법을 한 번 배우고 나면 모든 작업에 완벽하게 대응할 수 있을 것이라는 기대는 현실적이지 않습니다. 오히려 업무 환경에 맞춰 빠르게 적응하고 새로운 기술을 지속적으로 학습하는 것이 필수입니다.

이러한 환경에 대응하기 위해서는 주요 AI 서비스의 최신 업데이트를 정기적으로 확인하고, 다양한 사례와 최신 활용법을 참조하며 꾸준히 연습하는 습관을 가져야 합니다. 최신 트렌드와 새로운 기능을 습득하여 지속적으로 AI 콘텐츠 디자인 역량을 높이고 업무 현장에서 경쟁력을 유지하도록 해야 합니다. 예를 들어, 최근 업데이트된 '연속 이미지 생성'이나 'AI 기반 이미지 편집'과 같은 새로운 기능을 빠르게 익혀 두면 경쟁 업체보다 더 효과적으로 콘텐츠를 제작하고 빠르게 시장에 대응할 수 있을 것입니다.

이처럼 AI 콘텐츠 디자인의 현실적인 한계를 명확히 이해하고, 효과적인 대응 방법을 미리 준비하면 더욱 안정적이고 효율적으로 AI를 활용할 수 있습니다. 이제 여러분은 AI 콘텐츠 디자인의 필수 개념과 윤리적 주의 사항, 현실적인 한계와 그에 대한 구체적인 대응 방법까지 충분히 숙지했습니다. 이러한 기본기를 바탕으로 앞으로 살펴볼 실제 사례와 실습 과정도 더욱 수월하게 이해하고 활용할 수 있을 것입니다.

2부
일상 & 개인 브랜딩

2부에서는 평범한 일상과 나만의 개성을 창의적인 콘텐츠로 만들어 효과적으로 개인을 브랜딩하는 방법을 소개합니다. 나만의 SNS 캐릭터, 일상 4컷, 여행 계획, 일정을 기록한 스마트폰 바탕화면 등 일상 속의 작은 아이디어나 경험을 시각적으로 표현하는 다양한 방법을 통해 특별하고 매력적인 콘텐츠를 만들 수 있을 것입니다. 복잡한 그래픽 도구나 디자인 스킬이 없어도 누구나 간편하게 콘텐츠를 디자인할 수 있도록 이미지를 만들고 다듬는 과정을 단계별로 살펴볼 예정입니다. 이 과정을 통해 자신이 전하고 싶은 메시지를 더욱 효과적으로 표현하고, 나만의 개성과 매력을 드러낼 수 있을 것입니다. 지금부터 그 구체적인 제작 방법을 단계별로 안내하겠습니다.

Project 01 — 나를 기억하게 만드는 캐릭터 프로필

SNS, 유튜브 채널 등 온라인에서 나를 돋보이게 하기 위해선 차별성이 필수입니다. 특히 나만의 개성을 드러내는 캐릭터나 일러스트를 프로필로 활용한다면 단번에 시선을 끌고 기억에 오래 남아 고유한 브랜드 이미지를 만드는 데 효과적입니다. 개성을 담은 캐릭터는 단순한 장식이 아니라 나만의 스토리와 이미지를 시각적으로 표현하는 강력한 수단입니다.

이전에는 나를 닮은 캐릭터를 만들기 위해 전문 디자이너에게 의뢰하거나 직접 그래픽 도구를 다뤄야 했지만 이제는 챗GPT와 함께 쉽고 빠르게 캐릭터를 만들 수 있습니다. 첫 프로젝트에서는 나만의 캐릭터 프로필을 다양한 스타일로 완성하는 과정을 살펴보겠습니다.

진행 단계

① 사진 선택하기

② 캐릭터 스타일 선택하기

③ 프롬프트 작성 및 이미지 생성하기

④ 이미지 편집하기

완성 이미지

01 사진 선택하기

첫 번째 단계는 적합한 사진을 선택하는 것입니다. 사진은 AI가 인물의 특징을 정확하게 인식할 수 있도록 다음 조건을 충족해야 합니다.

사진 선택 시 고려 사항

- 얼굴 정면이 잘 보이는 사진
- 밝고 자연스러운 표정의 사진
- 배경이 깔끔한 사진

02 캐릭터 스타일 선택하기

사진을 선택했다면 이제 생성할 캐릭터의 콘셉트를 기획합니다. 외형, 표정, 의상, 배경 분위기 등을 미리 구상하면 원하는 이미지에 더 정확히 접근할 수 있습니다. 단순한 설명보다 구체적인 설정이 이미지 완성도를 높이는 핵심입니다. 먼저 어떤 캐릭터를 만들지 프롬프트로 방향을 잡습니다. 스타일, 위치, 감정, 색감 등을 정리해 AI에게 설계도처럼 전달하면 이후 단계에서 더 일관성 있고 세밀한 결과를 얻을 수 있습니다. 챗GPT에서 자주 활용하는 스타일과 특징을 정리하면 다음과 같습니다.

스타일	특징 및 활용 예시
만화	친근하고 밝은 느낌으로 SNS나 블로그 프로필에 적합합니다.
일러스트	섬세한 디테일과 색감을 살려 고급스러운 느낌을 표현할 때 적합합니다.
펜 드로잉	심플하고 깔끔한 라인을 통해 모던한 느낌을 나타냅니다.
미국 애니메이션	입체적이고 생동감 있는 표현으로 유쾌한 느낌을 연출합니다.
일본 애니메이션	따뜻하고 부드러운 느낌으로 친근감을 강조할 때 적합합니다.
한국 웹툰 스타일	국내 독자들에게 익숙한 친숙하고 캐주얼한 분위기를 전달합니다.

다음으로 캐릭터를 더욱 생생하게 표현하기 위한 세부 사항 설정이 필요합니다. 세부 사항은 크게 색감, 표정, 의상 및 액세서리로 나눌 수 있습니다. 각 사항에 대한 구체적인 예시를 정리하면 다음과 같습니다.

세부 사항	예시 설명
색감	파스텔 톤, 선명한 색상, 모노톤 등
표정	밝은, 차분한, 경쾌한 등
의상 및 액세서리	평상복, 정장, 캐주얼한 복장 등

이 스타일과 세부 사항을 활용해 캐릭터 콘셉트를 만듭니다. 캐릭터 콘셉트는 챗GPT의 도움을 받아 간단하게 완성할 수 있습니다.

캐릭터 콘셉트 제안 요청

 SNS 프로필에 어울릴 만한 캐릭터 콘셉트를 3가지 제안해주세요. 각각 다른 분위기(예: 깔끔한 일러스트, 귀여운 애니메이션, 감성적인 실사 느낌)로 구성하고, 표정, 포즈, 색감 스타일을 포함해 설명해주세요.

 SNS 프로필용 캐릭터 콘셉트를 서로 다른 3가지 분위기로 구성한 제안입니다. 각각의 콘셉트는 스타일, 표정, 포즈, 색감 톤을 모두 포함해 설계했습니다.

콘셉트 1: 깔끔한 일러스트 스타일
스타일: 플랫 디자인 기반의 심플한 일러스트
표정: 잔잔한 미소, 눈은 정면 응시
포즈: 상반신만 나오며 팔짱을 가볍게 낀 채 정면을 바라보는 자세
색감 톤: 화이트 · 라이트 블루 · 네이비 컬러 중심으로 맑고 차분한 톤
추천 사용 대상: 전문성 있는 이미지, 신뢰감 있는 퍼스널 브랜딩용 프로필

콘셉트 2: 귀여운 애니메이션 스타일
스타일: 2D 애니메이션 스타일, 밝고 생동감 있는 표현

표정: 밝게 웃는 얼굴, 눈은 위쪽을 살짝 바라봄
포즈: 한 손은 가볍게 들고 손을 흔드는 듯한 인사하는 포즈
색감 톤: 파스텔 계열(연노랑, 연분홍, 민트)로 발랄하고 따뜻한 톤
추천 사용 대상: 친근한 이미지, 브이로그·일상 SNS 계정용

콘셉트 3: 감성적인 실사 느낌 스타일
스타일: 반실사 스타일(실사 + 일러스트) 또는 디지털 페인팅 느낌
표정: 옅은 미소 또는 살짝 생각에 잠긴 듯한 표정
포즈: 턱을 괴고 창밖을 바라보는 옆모습, 상반신 중심
색감 톤: 따뜻한 브라운, 베이지, 그레이 톤의 빈티지한 분위기
추천 사용 대상: 감성적 이미지, 작가·디자이너 등 포지셔닝이 필요한 SNS

03 프롬프트 작성 및 이미지 생성하기

챗GPT가 제안한 캐릭터 콘셉트를 참고해 원하는 스타일을 정했다면 이제 캐릭터 이미지를 생성할 차례입니다. 이전 단계에서 선택한 사진 파일을 첨부하고, AI가 이미지를 정확히 생성할 수 있도록 원하는 스타일과 특징을 구체적으로 표현합니다. 이때 중요한 키워드는 강조하는 것이 좋습니다.

캐릭터 생성 요청 예시

 첨부된 인물 사진을 참고해 애니메이션 스타일의 SNS 프로필용 캐릭터를 제작해 주세요. 배경은 깔끔한 흰색, 펜 드로잉 스타일의 '얇고 깔끔한 라인'으로 표현합니다. 인물의 이목구비, 표정, 헤어스타일 등 주요 특징을 유지하면서 '친근한 느낌'을 강조해주세요.

[첨부]

요청한 대로 펜 드로잉 스타일에 첨부한 사진 속 인물의 특징을 잘 살린 캐릭터 이미지를 생성했습니다. 프롬프트의 큰 틀을 유지하되 스타일 콘셉트를 자유롭게 바꾸면서 새로운 이미지를 생성해보세요. 같은 사진이라도 스타일에 따라 색다른 느낌의 캐릭터가 만들어집니다. 다양한 스타일 중 이미지의 용도 또는 브랜드 이미지에 가장 잘 어울리는 것을 선택해보세요.

| 일본 애니메이션 스타일 | 미국 애니메이션 스타일 | 한국 웹툰 스타일 |

04 이미지 편집하기

생성된 이미지를 수정하거나 좀 더 다듬고 싶다면 챗GPT의 이미지 편집 기능을 이용하세요. 다음처럼 간단한 프롬프트를 입력하면 빠르고 간편하게 수정할 수 있습니다.

이미지 편집 요청

 첨부한 이미지 속 남성 인물의 정면 얼굴과 동작(마이크를 든 모습)을 유지하면서 자연스럽게 살짝 미소 짓는 표정으로 변경해주세요. 셔츠는 차분한 회색(#808080)으로 바꾸고, 깔끔하고 친근한 분위기를 표현해주세요.

[첨부]

이렇게 만든 캐릭터를 익살맞은 아이콘 세트로 만들 수도 있습니다.

아이콘으로 변경 요청 요청

첨부한 캐릭터 이미지의 그림체, 색상을 유지하되 아이콘 세트를 만들어 주세요. 아이콘은 심플한 미니멀 스타일이며 배경은 투명하게 처리해주세요. 캐릭터의 특징과 개성을 명확히 반영하여 총 6개의 아이콘을 생성해주세요.

[첨부]

이 프롬프트 예시 외에도 다음과 같이 윤곽선 스타일, 색상, 배경 색상, 배경 유무 등을 AI와 대화하듯 간편하게 변경할 수 있습니다.

이미지 편집 프롬프트 예시
- "배경을 제거하고 투명한 배경으로 바꿔 주세요."
- "캐릭터 윤곽선을 펜 드로잉 스타일로 선명하게 강조해주세요."
- "캐릭터의 색상을 밝고 화사한 파스텔 톤으로 변경해주세요."
- "배경 색상을 깔끔한 단색 흰색으로 설정해주세요."
- "캐릭터의 왼손에 커피잔을 추가해주세요."

이렇게 제작한 나만의 캐릭터는 다양한 채널의 프로필로 유용하게 활용할 수 있습니다. SNS 프로필에서 아바타로 사용하면 본인의 개성과 브랜드를 효과적으로 드러낼 수 있고, 명함이나 이메일 서명에 삽입하면 상대방에게 인상적이고 오래 기억되는 이미지를 전달할 수 있습니다. 웹사이트나 블로그의 대표 이미지로 활용하면 개인 브랜드의 인지도를 높이는 데 유용합니다.

직접 만든 캐릭터 이미지를 활용한 SNS 프로필

Project 02 나의 일상 툰 그리기

많은 사람이 웹툰 또는 SNS의 일상 툰을 즐겨 보지만, 직접 그리려는 시도는 쉽지 않습니다. 타고난 재능 또는 오랜 시간 연습이 필요한 전문가의 영역처럼 느껴지기 때문입니다. 하지만 이제 SNS에서 바이럴되는 일상 툰은 누구나 작가로서 접근할 수 있는 영역으로 확장되고 있습니다. 일상 속 재미있는 스토리를 발견해 가벼운 그림체로 그려내는 것만으로 독자를 확보할 수 있기 때문입니다. 즉, 일상 툰에서는 퀄리티 높은 그림체보다는 스토리가 더 큰 역할을 합니다. 그럼에도 스토리에 적합한 톤과 보기 불편하지 않을 정도로 깔끔한 그림체, 일관된 캐릭터 디자인 등은 경험자가 아니면 구현하기 쉽지 않은 부분입니다.

따라서 두 번째 프로젝트로는 가깝지만 멀게 느껴지던 일상 툰을 챗GPT의 도움을 받아 직접 만드는 방법을 소개합니다. 작은 에피소드 하나면 충분합니다. AI가 여러분의 이야기를 원하는 그림체로 그려 줄 테니까요.

진행 단계

① 스토리 구성하기

② 그림 스타일 선택하기

③ 프롬프트 작성 및 이미지 생성하기

④ 이미지 편집 및 완성하기

완성 이미지

01 스토리 구성하기

일상 툰은 스토리를 명확히 구성하는 데서 출발합니다. 어떤 스토리를 그릴지 주제를 정하고, 각 컷마다 장면을 간단히 정리하면 훨씬 쉽고 빠르게 제작할 수 있습니다. 순서에 따라 구체적인 예를 들면 다음과 같습니다.

스토리 구성 순서

① **주제 및 핵심 메시지 선정**: 어떤 이야기를 전달할지 정합니다. 간단하고 공감 가는 스토리를 선택하면 효과적입니다.
예: 늘 점심 메뉴를 정하기 어려워하는 직장 동료와의 답답한 대화로 공감 불러일으키기

② **각 컷의 내용 정리**: 각 장면에서 벌어지는 상황과 등장인물의 행동, 표정, 간단한 대사 등을 구체적으로 정리합니다. 컷별로 핵심 내용을 간결히 정리하면 제작이 훨씬 수월해집니다.
예:
1컷 메뉴 고민하는 모습(대사: 오늘 점심은 뭐 먹을까?)
2컷 동료 B가 메뉴를 제안하지만 A가 거절하는 모습(B: 중국집 어때요?/A: 글쎄, 난 한식이 좋은데…)
3컷 동료 B의 또 다른 메뉴 제안을 거절하는 모습(B: 그럼 파스타 어때요?/A: 지난번에 갔잖아요)
4컷 답답한 한숨

02 그림 스타일 선택하기

캐릭터를 생성할 때 다양한 이미지 스타일을 적용할 수 있었듯이 일상 툰에도 원하는 스타일을 적용할 수 있습니다. 어떤 스토리를 다루느냐에 따라 어울리는 스타일이 달라집니다. 대표적으로 다음과 같은 스타일을 시도해볼 수 있습니다.

추천 만화 스타일

- **심플 드로잉 스타일**Simple Drawing **(미니멀)**

  특징: 간단한 라인, 무채색 또는 파스텔 톤 위주. 배경은 거의 없음

  프롬프트 예시: 심플한 흑백 선 드로잉 스타일로 네 컷의 일상 툰을 만들어 주세요. 배경은 없이 캐릭터만 강조해주세요.

- **컬러 낙서**Color Doodle Style

  특징: 귀엽고 캐주얼함. 마치 낙서처럼 자유로운 선, 밝고 유쾌한 컬러

  프롬프트 예시: 귀엽고 자유로운 낙서 스타일로 일상 툰을 만들어 주세요.

- **수채화 감성 스타일**Soft Watercolor **(감성 툰)**

  특징: 부드럽고 따뜻한 색감, 수채화 느낌. 감성 툰이나 힐링 툰에 적합

  프롬프트 예시: 수채화 느낌의 따뜻한 감성 툰 스타일로 4컷 만화를 만들어 주세요.

- **웹툰 스타일**K-Webtoon

  특징: 캐릭터 비율이 실제에 가깝고, 눈이 크고 선이 정돈되어 있음. 채색이 디지털톤

  프롬프트 예시: 웹툰 스타일, 간단한 배경으로 4컷 만화를 만들어 주세요.

- **코믹 카툰 스타일**Comic Cartoon

  특징: 과장된 표정, 대두 캐릭터, 유머 중심. 채도 높은 컬러, 굵은 선 사용

  프롬프트 예시: 코믹 카툰 스타일로, 표정이 과장된 캐릭터를 활용해 일상 툰을 만들어 주세요.

- **손그림 느낌 스타일**Hand-drawn **(연필 스케치 느낌)**

  특징: 손으로 그린 것 같은 질감 강조

  프롬프트 예시: 연필로 그린 듯한 손그림 스타일로, 따뜻한 분위기의 4컷 만화를 만들어 주세요.

다양한 스타일 중 스토리에 맞는 스타일을 골라 이미지를 제작해보세요. 반드시 한 가지 스타일만 적용할 필요는 없습니다. 원한다면 조합할 수 있으니 여러 스타일을 시도해보세요.

03 프롬프트 작성 및 이미지 생성하기

이제 챗GPT에 원하는 이미지를 요청할 프롬프트를 작성할 차례입니다. 프롬프트를 작성할 때는 다음 사항을 명확하게 포함하는 것이 좋습니다.

- **주제**
  프롬프트 예시: 점심 메뉴 선택을 두고 고민하는 직장인들의 모습을 유머러스한 만화로 표현해주세요.

- **목적**
  프롬프트 예시: 이 만화는 인스타그램에 업로드해 평범한 직장인들의 공감을 얻는 것이 목적입니다

- **장면의 구체적인 묘사(캐릭터 표정, 자세, 배경 등)**
  프롬프트 예시: 1컷에서는 두 명의 캐릭터가 메뉴를 고민하는 표정으로 서 있고, 배경은 사무실 내부입니다.

- **스타일 및 분위기**
  프롬프트 예시: 컬러풀한 만화 스타일로 밝고 유쾌한 느낌을 강조해주세요.

4컷 만화 생성 예시

'끝나지 않는 점심 메뉴 논쟁'이라는 주제로 유머러스한 분위기의 카툰 스타일 + 심플 드로잉 스타일을 조합해 따뜻하고 생기 있는 컬러의 4컷 만화를 만들어 주세요. 배경은 최소화하고 상황만 살짝 드러냅니다.
각 컷의 구성은 다음과 같습니다.

1컷
장면: 세 명의 직장 동료 중 한 명이 점심 메뉴를 고르자고 제안합니다.
배경: 직장 내 회의실
A: 오늘 점심은 뭐 먹을까?

2컷
장면: 직장 동료 B가 점심 메뉴 한 가지를 제안하지만 A가 거절합니다.
배경: 직장 내 회의실

B: 중국집 어때요?
A: 글쎄, 난 한식이 좋은데…

3컷
장면: 직장 동료 B가 또 다른 메뉴를 제안하지만 A가 거절합니다.
배경: 직장 내 회의실
B: 그럼 파스타 어때요?
A: 지난 번에 갔잖아요.

4컷
장면: 직장 동료 B와 C가 한숨을 쉰다.
배경: 직장 내 회의실
B/C: 하아…

04 이미지 편집 및 완성하기

AI가 생성한 만화를 자세히 살펴보면 말풍선의 위치가 의도한 바와 다르다거나, 한글이 정확하지 않다거나, 같은 캐릭터의 옷, 머리카락 등 세부 요소가 조금씩 다른 등 편집이 필요한 부분들을 볼 수 있습니다. 이처럼 생성한 이미지를 추가로 수정하고 싶거나 세부적인 완성도를 높이고 싶다면 챗GPT의 이미지 편집 기능을 활용할 수 있습니다. 이미지 편집 역시 간단한 프롬프트로 쉽게 수정할 수 있습니다.

만약 외부 편집 도구를 활용해 텍스트를 안전하게 넣고 싶다면 다음과 같이 말풍선만 남겨 두고 텍스트를 모두 제거할 수 있습니다.

말풍선 제거 예시

 만화 속 말풍선의 텍스트는 모두 빼고 빈칸으로 만들어 주세요.

또는 외부 편집 도구를 거치지 않고 프롬프트에서 곧장 수정을 원한다면 다음과 같이 프롬프트에서 원하는 수정 사항을 구체적으로 재작성하는 방법도 있습니다.

말풍선 추가 및 표정 수정 예시

 4번째 컷의 왼쪽 캐릭터 머리 위에 말풍선을 추가하고, 캐릭터가 살짝 미소 짓는 표정으로 수정해주세요. 추가한 말풍선에는 "오늘 메뉴는 이걸로 정했어"라는 대사를 넣어 주세요.

스타일 변경 예시

 앞서 생성한 4컷 만화의 스타일을 색깔 없이 선명한 펜 드로잉 스타일로 바꿔 주세요.

이외에도 프롬프트로 다음과 같은 요소들을 편집할 수 있습니다.

이미지 편집 프롬프트 예시

- **배경 변경**
  예: 만화 장면의 배경을 밝고 깔끔한 카페로 바꿔 주세요.

- **스타일 강조**
  예: 캐릭터 라인을 굵고 선명하게 표현해주세요.

- **색상 조정**
  예: 전체적인 색감을 따뜻하고 부드러운 톤으로 바꿔 주세요.
- **말풍선 추가**
  예: 캐릭터 머리 위에 말풍선을 추가하고 "오늘 메뉴는 이걸로 정했어!"라는 대사를 넣어 주세요.
- **말풍선 텍스트 제거**
  예: 모든 말풍선의 텍스트를 제거하고 빈칸으로 남겨 주세요.
- **캐릭터 세부 조정**
  예: 2컷의 캐릭터 표정을 놀란 표정에서 미소로 바꿔 주세요.
  예: 3컷의 캐릭터 머리카락 색을 진한 갈색으로 바꿔 주세요.

이렇게 만든 나만의 4컷 만화는 SNS에서 공감을 받는 일상 속 콘텐츠가 될 수도 있고, 블로그나 뉴스레터에서 이야기를 좀 더 효율적으로 전달하기 위한 콘텐츠가 될 수도 있습니다. 더 나아가 제품이나 서비스를 홍보할 때 스토리텔링을 담아 전달력을 높이는 마케팅 수단이 될 수도 있습니다. 이처럼 나만의 색깔을 잘 담은 4컷 만화를 활용하면 친근하고 긍정적인 이미지를 구축하는 데 큰 도움이 됩니다.

[응용 ①] 4컷 만화 〈직장인의 커피를 뺏으면 벌어지는 일〉

사무실에 커피가 떨어졌을 때 벌어지는 상황을 극적으로 표현해 직장인의 공감을 얻을 수 있는 4컷 만화를 만들어 보겠습니다. 코믹 카툰 스타일을 활용해 각 컷의 상황과 대사를 프롬프트에 구체적으로 작성합니다.

4컷 만화 응용 예시 ①

 동일한 내용의 4컷 만화를 만들어 주세요.
제목: 『직장인의 커피를 뺏으면 벌어지는 일』

1컷
배경: 회사 탕비실. 커피 머신 앞
상황: 출근 직후 졸린 눈의 직장인이 텅 빈 커피 통 앞에서 충격받은 표정
대사: "설마… 커피가 없다고?!"

2컷
상황: 다급하게 동료에게 도움을 요청하지만 동료도 빈 컵을 들고 절망한 표정
대사: "너도 빈 컵이라고?!"

3컷
상황: 사무실 직원들이 모두 빈 컵을 들고 심각한 표정으로 우왕좌왕하는 모습
대사: "오늘 하루 어떻게 버티지…?", "카페인이 절실해…"

4컷
상황: 모든 직원이 사무실을 박차고 나와 가장 가까운 카페로 전력질주
대사: "살려줘요, 커피!", "커피 수혈이 필요해!"

이 프롬프트에 디지털 레트로 만화 스타일, 흑백 라인 드로잉 스타일 2가지를 각각 적용한 4컷 만화를 생성하면 다음과 같습니다.

TIP 챗GPT로 생성한 이미지 내 텍스트가 깨지면 말풍선 내 텍스트를 없애고 외부 편집 도구를 활용하는 것도 방법입니다.

스타일 1 빈티지 감성의 디지털 레트로 만화 스타일

스타일 2 심플한 흑백 라인 드로잉의 레트로 웹툰 스타일

[응용 ②] 4컷 만화 〈무한 회의〉

이번에는 스타일과 캐릭터의 특성을 프롬프트로 지정하는 대신 원하는 스타일의 주요 캐릭터를 구체적으로 지정하는 방식으로 4컷 만화를 만들어 보겠습니다. 이는 등장인물이 여러 명일 때 주인공 캐릭터를 명확히 함으로써 캐릭터가 바뀌었을 때 결과를 쉽게 비교할 수 있고, 전체적인 일관성도 유지할 수 있습니다. 먼저 원하는 스타일의 캐릭터를 생성합니다.

캐릭터 생성 요청

> 펜 드로잉 스타일, 굵은 라인 위주로 그린 여성 캐릭터를 생성해주세요. 포인트 색상을 살려 셔츠만 노란색으로 칠해주세요. 머리는 부시시하고 피곤해 보이는 직장인 여성 캐릭터입니다.

이렇게 생성한 캐릭터를 첨부하고 각 컷의 상황과 대사를 구체적으로 작성해 4컷 만화를 만듭니다.

4컷 만화 응용 예시 ②

 첨부한 이미지의 스타일(색감, 선, 표현 방식 등)을 그대로 유지하고, 첨부한 주인공 캐릭터를 중심으로 유사한 분위기로 구성해주세요.

제목: 『무한 회의』

1컷
배경: 회의실, 벽 뒤에 걸린 시계는 11시를 가리킨다.
상황: 긴 회의 테이블에 앉아 지루하고 피곤한 표정의 직원들
대사 1:(컷 바깥쪽을 가리키는 말풍선) 그래서 이번 프로젝트는…
대사 2:(생각 말풍선) '아직도 안 끝난 거야…?'

2컷
상황: 꾸벅꾸벅 졸기 시작하는 주인공 캐릭터
대사:(컷 바깥쪽 가리키는 말풍선) 그래서 다음 프로젝트는…

3컷
상황: 졸고 있는 주인공 캐릭터의 꿈속. 꿈속에서 똑같이 회의하는 장면이 반복되고 있다.

4컷
상황: 발표자의 기침 소리에 번쩍 일어나는 주인공 캐릭터. 회의실 벽 뒤 시계는 11시 5분을 가리키고 있다.
대사:(생각 말풍선) '아직도 안 끝난 거야…?'

[첨부]

이렇게 생성한 이미지를 기반으로 의도하지 않은 말풍선 속 텍스트나 위치, 효과 등 디테일한 요소는 보완 과정을 거쳐 원하는 4컷 만화를 완성합니다.

[응용 ③] 4컷 만화 〈오늘 회식할 사람 손〉

이번에는 동물을 의인화한 캐릭터를 활용해 4컷 만화를 생성해보겠습니다. 각 컷마다 배경, 등장 인물, 상황 등을 프롬프트에 구체적으로 작성합니다.

4컷 만화 응용 예시 ③

 제목:「오늘 회식할 사람 손✋」
(동물 캐릭터: 토끼, 곰, 고양이, 오소리 등 순한 동물 의인화)

1컷
배경: 사무실. 회의 끝난 분위기
등장: 토끼 팀장이 말하는 장면
토끼 팀장(말풍선): 오늘 회식 있는 거 알지? 갈 사람 손~!
다른 직원들(곰, 고양이, 오소리): (눈만 깜박이며 조용)
표정: 어색하게 웃거나 눈치보는 얼굴

2컷
배경: 정적이 흐르는 사무실
상황: 아무도 손 안 든 채 다들 책상만 본다.
곰(생각 풍선): 오늘만은 집에 가고 싶다…
고양이(생각 풍선): 회식은 싫지 않은데… 체력이…
오소리(생각 풍선): 어제도 야근했는데…

3컷
배경: 여전히 침묵. 토끼 팀장의 민망한 얼굴
토끼 팀장(작은 말풍선):아… 아무도 없네… 그럼 나 혼자…
곰이 슬쩍 손 든다.

4컷
배경: 치킨집 앞에서 웃고 있는 동물들
상황: 결국 다 같이 나감
고양이(말풍선): 먹을 땐 또 잘 먹는 우리
오소리(말풍선): 내일 아침은 힘들겠군…
토끼 팀장: (활짝 웃으며 치킨 들고 있음)

이처럼 4컷 만화를 제작하다 보면 텍스트가 원하는 대로 정확히 표현되지 않는 경우가 종종 있습니다. 이런 상황에서는 생성된 이미지 파일을 저장한 뒤 파워포인트 같은 간편한 외부 편집 도구를 활용해 직접 텍스트를 넣고 수정하는 방식을 추천합니다. 이렇게 하면 좀 더 명확하고 깔끔하게 원하는 메시지를 전달할 수 있습니다. 더 간편하게 편집하려면 그림 톤, 구도를 유지한 채 말풍선 제거를 요청하면 외부 편집 도구로 텍스트를 얹기가 훨씬 편리해집니다.

말풍선 안 텍스트 제거를 요청한 4컷 만화

| 심화 | **내 콘텐츠에 꼭 맞는 이미지 스타일 찾기** |

이미지의 스타일은 콘텐츠의 메시지 전달에 큰 영향을 미칩니다. 같은 내용이라도 어떤 스타일이냐에 따라 전문적이고 신뢰감을 줄 수도 있고, 친근하고 따뜻한 분위기를 표현할 수 있기 때문입니다. 예를 들어 모바일 앱 사용자 매뉴얼을 제작할 때는 복잡한 사용법을 쉽게 설명해야 하므로 배경과 세부 요소가 복잡한 실사보다는 미니멀한 스타일의 일러스트가 적합합니다. 감성적 에세이 도서에는 손그림 느낌이 나는 연필 스케치 스타일 또는 수채화 스타일이 적합하죠. 이처럼 이미지는 콘텐츠를 완성하는 또 하나의 중요한 요소입니다. 먼저 이미지에는 어떤 스타일이 있는지 대표적인 8가지 스타일의 특징과 주로 활용하는 콘텐츠 그리고 이미지 생성에 쓰이는 프롬프트 키워드를 살펴보겠습니다.

콘텐츠를 완성하는 8가지 이미지 스타일

1. 실사 스타일 Realistic Photography

특징: 실제 카메라로 촬영한 듯한 사실적 묘사

활용 콘텐츠: 제품 사진, 인물 화보, 광고, 썸네일

키워드: high-resolution photo, natural lighting, DSLR style

2. 시네마틱 스타일 Cinematic Style

특징: 영화 장면처럼 구도와 조명이 인상적인 스타일

활용 콘텐츠: 감성 콘텐츠, 브랜드 캠페인, 유튜브 썸네일

키워드: cinematic lighting, dramatic mood, film still

3. 플랫 일러스트 Flat Illustration

특징: 그림자 없이 평면적이고 단순한 색상의 그래픽

활용 콘텐츠: 인포그래픽, UI, 교육 콘텐츠

키워드: flat design, clean shapes, solid colors

4. 수채화 스타일 Watercolor Painting

특징: 자연스럽고 부드러운 번짐 효과, 예술적인 감성

활용 콘텐츠: 에세이, 동화책, 감성 콘텐츠

키워드: watercolor texture, soft edges, artistic painting

5. 벡터 스타일 Vector Art

특징: 컴퓨터로 제작한 그래픽, 경계와 색상이 선명

활용 콘텐츠: 로고, 아이콘, 캐릭터 디자인

키워드: vector illustration, scalable, clean lines

6. 3D 렌더링 3D Render

특징: 입체감 있는 디지털 오브젝트 표현

활용 콘텐츠: 제품 모형, 게임 디자인, 메타버스 콘텐츠

키워드: 3D render, realistic lighting, smooth texture

7. 애니메이션/일본풍 스타일 Anime Style

특징: 선명한 눈, 감성적인 배경, 캐릭터 중심 묘사

활용 콘텐츠: 팬아트, 캐릭터 콘텐츠, 웹툰

키워드: anime girl, soft lighting, detailed eyes

8. 미니멀 디자인 Minimalist Design

특징: 불필요한 요소 제거, 핵심 요소만 강조

활용 콘텐츠: 브랜딩, 슬라이드 디자인, 포스터

키워드: minimalist composition, clean background, focus subject

콘텐츠 매력을 높이는 일러스트 스타일 8가지

앞서 살펴본 8가지 이미지 스타일 중 콘텐츠 디자인에 가장 많이 활용되는 스타일을 꼽자면 단연 일러스트입니다. 일러스트는 콘텐츠의 시각적 매력을 높이고 메시지를 직관적으로 전달하는 데 중요한 역할을 합니다. 특히 복잡한 정보를 쉽게 이해시키거나 감성적으로 공감을 불러일으키는 데 효과적이며, 브랜드의 정체성을 강화하는 요소로도 작용합니다. 다양한 종류의 일러스트가 존재하는 이유는 콘텐츠의 목적, 대상, 분위기 등에 따라 가장 적합한 스타일이 달라지기 때문입니다. 예를 들어 플랫 일러스트는 현대적이고 깔끔한 느낌을 줄 수 있고, 수채화풍은 따뜻하고 감성적인 분위기를 강조할 수 있습니다. 콘텐츠의 매력을 높이는 8가지 일러스트 스타일의 특징과 활용 콘텐츠, 이미지 생성에 필요한 키워드를 살펴보겠습니다.

1. 플랫 Flat

특징: 간결하고 직관적인 디자인, 최소한의 색상으로 정보 전달 극대화

활용 콘텐츠: 문서 디자인, 슬라이드, 개인·기업 브랜딩 자료

키워드: clean shapes, minimal colors, simple illustration

2. 라인 아트 Line Art

특징: 선으로만 구성된 단순하고 명료한 스타일, 직관적 표현

활용 콘텐츠: 로고, 아이콘, 설명서, 발표 슬라이드

키워드: simple lines, minimalist, clean outline

3. 연필 스케치 Pencil Sketch

특징: 부드럽고 아날로그 느낌의 흑백 표현, 손으로 직접 그린 느낌 강조

활용 콘텐츠: 인물 드로잉, 책 표지 삽화, 콘셉트 시안

키워드: pencil drawing, hand drawn texture, soft shading

4. 펜 드로잉 Pen Drawing

특징: 섬세하고 정밀한 라인으로 고급스러운 느낌 표현

활용 콘텐츠: 건축 도면, 패션 일러스트, 기술 삽화

키워드: ink drawing, fine lines, detailed illustration

5. 연속 선 드로잉 Continuous Line Drawing

특징: 하나의 선으로 이어져 있는 독특하고 감각적인 스타일

활용 콘텐츠: 인테리어 포스터, 패키지 디자인, 예술 소품

키워드: single line art, continuous line, abstract minimalism

6. 디지털 스케치 스타일 Sketch Mode

특징: 빠르고 효과적인 콘셉트 표현, 거친 질감 강조

활용 콘텐츠: 스토리보드, 제품 스케치, 교육 자료 삽화

키워드: digital sketch, quick lines, rough concept art

7. 스토리보드 스타일 Storyboarding

특징: 연필이나 라인으로 컷 단위 장면 구성, 연속적이고 명확한 표현

활용 콘텐츠: 영상 촬영용 스토리보드, 시나리오 구상, 애니메이션 작업

키워드: storyboard, sequential frames, rough sketch

8. 콘셉트 아트 Concept Art

특징: 분위기, 배경, 캐릭터를 시각적으로 강렬하게 전달하는 상세한 표현

활용 콘텐츠: 영화나 게임의 시각 디자인, 주요 장면 콘셉트 구성

키워드: cinematic concept, dramatic lighting, digital painting

이처럼 콘텐츠의 목적과 메시지에 잘 어울리는 이미지와 일러스트 스타일을 전략적으로 선택하면 전달하려는 메시지를 더욱 명확하게 표현할 수 있습니다. 각 이미지 스타일에 제시한 키워드 예시 외에도 스타일 구현을 위해 다양한 키워드를 사용할 수 있습니다. 만약 콘텐츠가 적합한 이미지 스타일을 찾기 어렵거나, 원하는 스타일의 이미지가 잘 나오지 않는다면 챗GPT에 레퍼런스 이미지를 첨부하거나 프롬프트 자체를 요청하는 것도 방법입니다. 다양한 스타일과 키워드를 활용해 자신만의 매력적인 콘텐츠를 완성해보세요.

Project 03 글에 생기를 불어넣는 블로그 이미지

좋은 글은 읽는 사람의 마음을 움직이지만, 생기발랄한 이미지는 보는 사람의 시선을 단번에 사로잡습니다. 특히 블로그를 운영하다 보면 글만으로는 무언가 부족하다는 것을 느끼게 됩니다. 수많은 콘텐츠 사이에서 내 글이 선택되고 끝까지 읽히기 위해서는 글의 분위기와 어울리는 이미지가 큰 역할을 합니다. 하지만 무료 이미지 사이트는 스타일이 한정적이고, 원하는 장면이나 감정을 정확히 표현한 이미지를 찾기란 쉽지 않습니다. 직접 제작하려면 복잡한 그래픽 도구와 디자인 기술의 벽에 가로막히기 일쑤입니다.

이제는 이런 고민을 AI로 해결할 수 있습니다. 원하는 이미지의 톤과 구성을 간단하게 설명하면 그에 맞는 이미지를 바로 생성할 수 있습니다. 글의 완성도를 높이는 것은 물론, 독자의 반응까지 달라지는 경험을 할 수 있습니다.

진행 단계

　① 글의 주제와 분위기 파악하기

　② 프롬프트 작성 및 이미지 생성하기

　③ 대표 이미지로 삽화 이미지 생성하기

완성 이미지

01 글의 주제와 분위기 파악하기

이번에 제작할 이미지는 블로그 게시글에서 일종의 썸네일 역할을 하는 대표 이미지로, 글의 핵심 메시지를 시각적으로 요약하여 전달하는 역할을 합니다. 대표 이미지는 직관적으로 핵심 내용을 한눈에 전달하고, 텍스트는 최소한으로 줄여 가독성을 높이는 것이 좋습니다. 특히 크기가 작은 대표 이미지에 너무 많은 텍스트를 넣으면 오히려 메시지가 불명확해질 수 있으므로 강조하고 싶은 핵심 키워드나 주요 메시지만 간략하게 담는 것이 효과적입니다. 따라서 가급적 이미지만으로도 글의 핵심 내용이나 브랜드 콘셉트를 명확히 표현할 수 있도록 구성하면 독자의 관심과 클릭을 더욱 효과적으로 유도할 수 있습니다. 먼저 이미지의 용도, 전달할 메시지, 스타일, 세부 요소를 정리합니다.

프롬프트 구성 요소

- **용도**: 블로그의 대표 이미지인지, 본문 삽화인지에 따라 구성이 달라집니다.
- **전달할 메시지와 분위기**: 밝고 경쾌한 느낌인지, 진지하고 차분한 분위기인지 명확히 설정합니다.
- **스타일**: 일러스트, 플랫 디자인, 펜 드로잉, 실사 이미지 등 콘텐츠에 어울리는 스타일을 선택합니다.
- **세부 요소**: 등장인물, 배경, 색감, 소품 등 세부 구성 요소를 구체적으로 정리합니다.

순서에 따라 삽화를 사용할 글의 주제와 분위기를 파악해 어떤 이미지가 필요한지 정해야 합니다. 블로그 주제는 '일 못하는 사람 vs 일 잘하는 사람의 업무 환경 비교'입니다. 이 글에 사용할 이미지는 독자가 글을 클릭하기 전 핵심 내용을 직관적으로 파악할 수 있도록 구성하는 것이 목적입니다. 업무의 효율성과 일하는 사람의 태도 차이를 대비시켜 표현하기 위해 좌우로 나뉜 16:9 화면 비율에 왼쪽은 어지럽고 스트레스를 받는 인물, 오른쪽에는 정돈된 책상과 밝게 미소 짓는 인물을 배치할 예정입니다. 그림 스타일은 따뜻한 색감의 일러스트로 설정하고, 배경은 흰색 또는 연한 톤으로 깔끔하게 유지하겠습니다.

이렇게 고려한 요소들은 용도, 장면, 스타일, 배경 형태로 프롬프트에 반영합니다. 프롬프트는 단순한 지시가 아닌, AI에게 전달하는 '시각적 기획서'입니다. 프롬프트의 구체성이 곧 결과물의 완성도를 결정합니다. 프롬프트에 포함할 구성 요소를 다음과 같이 간단하게 정리해 둡니다.

프롬프트 구성 요소 예시

- **용도**: 블로그 게시글의 대표 이미지
- **장면**: 왼쪽은 정돈되지 않은 책상 위 문서와 스트레스를 받는 인물, 오른쪽은 정돈된 책상 위 노트북 하나와 밝게 웃는 인물
- **스타일**: 따뜻한 색감의 일러스트
- **배경**: 밝은 톤의 인테리어, 단색 배경

02 프롬프트 작성 및 이미지 생성하기

이제 기획한 이미지를 AI가 정확히 이해하고 반영할 수 있도록 프롬프트를 작성할 차례입니다.

블로그 대표 이미지 생성

 일 못하는 사람과 일 잘하는 사람의 업무 환경을 비교하는 블로그 대표 이미지를 제작해주세요. 전체 스타일은 따뜻한 색감의 일러스트이며, 배경은 흰색 또는 연한 톤으로 설정해주세요. 이미지 비율은 16:9 가로형을 반으로 나눠 왼쪽은 어지러운 책상과 스트레스받는 표정의 인물로 비효율성을 표현, 오른쪽은 정돈된 책상과 밝게 미소 짓는 인물로 효율적이고 긍정적인 업무 환경을 표현해주세요.

운영하는 블로그의 스타일에 따라 다양한 스타일을 시도해보세요. 일러스트는 밝고 친근한 분위기로 어떤 블로그에든 어울리고, 정보 전달 콘텐츠에는 깔끔한 라인이 돋보이는 펜 드로잉 스타일이 적합합니다. 설명 콘텐츠나 요약에는 간결한 플랫 디자인, 신뢰감을 주기 위한 전문적 콘텐츠에는 실사 스타일도 효과적입니다. 같은 프롬프트라도 미세한 변화를 통해 색다른 느낌의 결과물을 얻을 수 있습니다.

03 대표 이미지로 삽화 이미지 생성하기

블로그 대표 이미지를 만든 후 본문에 사용할 삽화 이미지를 추가로 제작할 때는 기존 이미지와 자연스럽게 어우러지도록 일관성을 유지하는 것이 중요합니다. 이때 생성해 둔 대표 이미지의 스타일을 참고하여 프롬프트만 수정하면 추가 작업 없이 손쉽게 일관성 있는 삽화를 제작할 수 있습니다. 이미지의 톤이 일관되면 콘텐츠의 완성도가 높아집니다.

대표 이미지를 응용해 추가 이미지 생성

 앞에서 생성한 이미지와 비슷한 톤을 유지하면서 '오른쪽 남자'만 따로 묘사해주세요.

카페에서 노트북으로 아이디어를 실행하는 모습으로, 파란색 셔츠를 입고 밝은 표정입니다. 그의 머리 위에는 전구, 그래프, 리스트 아이콘 등 아이디어를 상징하는 요소들이 생각 풍선처럼 떠 있습니다.

노트북 앞에 커피잔이 놓여 있고, 주변에는 작은 식물과 간단한 소품이 놓여 있습니다. 배경은 창문과 벽 선반이 보이고, 전체적으로 포근한 카페 분위기입니다.

이렇게 제작한 이미지는 게시글의 대표 이미지, 본문 삽화 등 여러 용도로 활용할 수 있습니다. 어떤 콘텐츠를 다루는지 한눈에 보여 주는 대표 이미지는 타깃 독자의 관심과 클릭을 유도할 수 있습니다. 본문 중간에 삽화를 배치하면 글의 핵심 메시지를 직관적으로 전달하고 독자의 이해도와 몰입감을 높이는 데 도움이 됩니다. 또는 게시글의 목차나 요약 내용을 삽화 형태로 구성하면 콘텐츠의 가독성과 정보 전달력까지 크게 개선할 수 있습니다.

[응용 ①] 원고 기반으로 대표 이미지 생성하기

콘텐츠의 내용은 파악했지만, 어떤 이미지가 어울릴지, 타깃 독자의 시선을 사로잡을 수 있을지 막막할 때가 있습니다. 이럴 때 챗GPT의 도움을 받아 이미지 생성 프롬프트까지 요청하는 방법이 있습니다. 이미지를 삽입할 원고 또는 원고를 요약한 내용을 프롬프트에 첨부해 어떤 삽화를 생성할지 프롬프트를 요청할 수 있습니다. 원고 전체를 첨부하고 어떤 대표 이미지가 적합할지 이미지 프롬프트를 요청하겠습니다.

원고 기반 이미지 아이디어 얻기

 첨부한 [원고]를 바탕으로 썸네일용 대표 이미지를 생성하려고 합니다.
- 주제: 챗GPT 플러스와 프로의 차이
- 핵심 장면 설명: 챗GPT 플러스를 사용해 만족스러운 사용자
- 이미지 스타일 및 분위기: 일러스트 스타일, white solid isolated background
- 목적: 블로그 썸네일용 대표 이미지
- 언어: 한글/영어 버전 프롬프트 각각 3개씩 제공해주세요.
- 이미지 사이즈: 16:9

[원고]
챗GPT 플러스를 사용하다 보니 프로 계정이 궁금해졌고, 이번 프로젝트를 계기로 오늘부터 프로 계정을 사용하게 되었습니다. 플러스 계정에서는 이미지 생성에 제한이 있어 다소 불편했지만, 프로에서는 이 제한이 사라져 작업이 훨씬 수월해졌습니다. 특히 이번 작업에서는 하루에 생성하는 이미지 수가 100개를 넘는 경우가 많아, 이 점만으로도 큰 도움이 됩니다. 버전 4.5(프롬프트도 넉넉하게 제공됨)와 o1 프로도 함께 사용해보고 있는데, 기존 글쓰기 기능보다 훨씬 만족스럽습니다. 무엇보다 전체적인 생성 속도가 매우 빨라진 점이 인상적입니다. 우선 한 달 동안 집중적으로 활용해보려 합니다.

프롬프트 1

[한글] 새 프로젝트 작업을 시작하며 챗GPT 프로 계정을 사용하는 사람. 노트북 화면에 챗GPT가 열려 있고, 옆에는 책 원고와 커피잔이 놓여 있음. 집중하는 표정의 직장인, 따뜻한 실내 분위기. 디지털 작업 공간, 창밖에는 봄 햇살이 비침 — 일러스트 스타일

[영문] A person starting a new project project using ChatGPT Pro. The laptop screen shows ChatGPT open, with a coffee cup and manuscript notes beside it. The person looks focused, in a cozy indoor setting. Digital workspace with spring sunlight coming through the window — illustration style.

프롬프트 2

[한글] 챗GPT 프로 계정으로 하루 100개 이상의 이미지를 생성하는 장면. 화면 속 이미지들이 빠르게 생성되고 있으며, 사용자가 놀라운 표정으로 작업을 지켜봄. 속도감과 몰입감을 표현한 디지털 일러스트

[영문] A scene of generating over 100 images per day using ChatGPT Pro. Images appear rapidly on the screen while the user watches with an amazed expression. Digital illustration capturing speed and deep focus.

프롬프트 3

[한글] 챗GPT 4.5와 o1 Pro를 활용해 원고를 작성하는 크리에이터. 다양한 창의적인 아이디어가 시각적으로 떠오르는 모습. 배경에는 디지털 노트와 플로 차트가 펼쳐져 있음. 집중력과 창작의 순간을 강조한 스타일리시한 일러스트

[영문] A creator writing a manuscript using ChatGPT 4.5 and o1 Pro. Visual ideas float around, with digital notes and flowcharts in the background. A stylish illustration emphasizing focus and the creative moment.

이렇게 원고에 맞는 삽화를 생성할 수 있는 3개의 프롬프트를 한글과 영문으로 받았습니다. 영문으로 생성하는 이유는 챗GPT 외에 미드저니, 스테이블 디퓨전 등 다른 이미지 생성형 AI에서는 영문으로 더 명확한 이미지를 생성할

수 있기 때문입니다. 따라서 다양한 이미지 생성형 AI를 활용한다면 이미지 프롬프트를 요청할 때는 한글과 영문 버전 2가지를 받는 것이 유용합니다.

이 프롬프트를 그대로 사용하는 것도 좋지만, 기존 글의 스타일과 일관성을 유지하려면, 사용하던 이미지의 스타일이나 캐릭터를 적용하는 것이 효과적입니다. 프롬프트를 그대로 복사해서 넣고 원하는 스타일의 이미지를 첨부하면 다음과 같이 원하는 스타일로 이미지를 생성할 수 있습니다.

제안한 프롬프트 & 레퍼런스 이미지 활용

 새 프로젝트 작업을 시작하며 챗GPT 프로 계정을 사용하는 사람. 노트북 화면에 챗GPT가 열려 있고, 옆에는 책 원고와 커피잔이 놓여 있음. 집중하는 표정의 직장인. 따뜻한 실내 분위기. 디지털 작업 공간. 창밖에는 봄 햇살이 비침 — 일러스트 스타일
이미지 스타일은 첨부한 이미지를 참고해 생성해주세요.

[첨부]

이렇게 이전에 생성한 이미지들과 비슷한 스타일의 새로운 이미지를 생성할 수 있습니다. 추가로 이미지 일부분을 수정하고 싶다면, 이미지를 선택하고 편집 화면으로 이동해 편집할 수 있습니다.

편집 화면에서 오른쪽 상단의 [선택 ✦] 아이콘을 클릭하고 변경하고 싶은 부분을 선택한 후 프롬프트에는 변경할 내용을 입력하면 됩니다.

이미지 부분 수정

 첨부한 캐릭터의 얼굴로 변경해주세요.

[첨부]

이런 식으로 새로운 이미지를 생성하되 원하는 캐릭터, 톤, 분위기, 배경 등을 쉽게 유지할 수 있습니다.

[응용 ②] 원고 기반으로 본문 삽화 생성하기

한 장의 이미지로 게시글 전체를 직관적으로 드러내는 대표 이미지와 달리, 본문 내 삽화는 여러 장을 사용해 게시글과 밀접하게 연관성을 가지면서도 일관적이어야 독자의 이해와 몰입도를 높일 수 있습니다. 그러면서도 대표 이미지와 스타일, 색감이 유사해야 콘텐츠의 완성도와 디자인의 통일성을 높일 수 있습니다. 이는 해당 게시글의 전문성을 높이고 신뢰감을 주는 데 큰 역할을 합니다. 따라서 이번에는 원고 전체가 아닌 일부를 첨부하고 해당 내용에 적합한 본문 삽화를 생성해보겠습니다. 다음은 전체 원고입니다.

[원고]

〈챗GPT로 쉽고 빠르게 원하는 이미지를 만드는 방법〉
블로그, SNS, 유튜브 썸네일까지 콘텐츠를 제작하다 보면 꼭 필요한 것이 바로 적절한 이미지입니다. 특히 글만으로는 부족한 메시지를 보다 효과적으로 전달하거나 독자의 관심을 빠르게 끌기 위해서는 매력적인 이미지가 필수죠. 하지만 실제로는 원하는 분위기나 주제에 정확히 맞는 이미지를 찾는 일이 생각보다 쉽지 않습니다. 무료 이미지 사이트에서는 비슷한 이미지만 반복되거나, 저작권 문제가 발생하기도 합니다.

이런 고민을 손쉽게 해결주는 것이 바로 챗GPT의 이미지 생성 기능입니다. 챗GPT는 복잡한 디자인 도구나 전문 기술 없이, 단지 간단한 텍스트(프롬프트) 입력만으로도 누구나 원하는 스타일과 분위기의 이미지를 빠르게 제작할 수 있도록 도와줍니다. 독창적인 아이디어와 간략한 설명만 준비하면 몇 초 만에 멋진 이미지를 손쉽게 얻을 수 있습니다. 특히 콘텐츠의 스타일을 일관되게 유지할 수 있어 브랜드 구축에도 효과적입니다.

이제 어렵고 복잡한 이미지 제작 과정은 잊고, 챗GPT의 편리한 기능을 활용해 간편하게 나만의 콘텐츠 이미지를 제작해보세요. 블로그 썸네일부터 본문 삽화, 제품 홍보 이미지까지 다양한 용도로 자유롭게 활용할 수 있습니다. 챗GPT로 여러분의 콘텐츠가 더욱 특별해지는 경험을 해보세요!

전체 원고에서 필요한 부분만 추출해 프롬프트에 첨부한 다음, 이 일부 원고를 기반으로 본문 삽화를 생성할 프롬프트를 요청합니다. 앞서 대표 이미지 프롬프트를 생성할 때는 글의 주제, 핵심 장면 등을 직접 입력했지만, 이번에는 이 부분까지 작성을 요청해보겠습니다.

특정 문단을 기반으로 이미지 프롬프트 요청

 첨부한 원고에 삽입할 삽화 이미지를 제작하려고 합니다. 원하는 장면을 명확하게 표현하고, 블로그의 전체적인 스타일과 자연스럽게 어울리는 이미지를 얻을 수 있는 효과적인 프롬프트를 생성해주세요. 프롬프트에는 아래 첨부한 원고를 한 줄로 요약한 문장, 핵심 장면 설명, 이미지 스타일 및 분위기, 사이즈를 명시해주세요.

[원고]
이런 고민을 손쉽게 해결해주는 것이 바로 챗GPT의 이미지 생성 기능입니다. 챗GPT는 복잡한 디자인 도구나 전문 기술 없이, 단지 간단한 텍스트(프롬프트) 입력만으로도 누구나 원하는 스타일과 분위기의 이미지를 빠르게 제작할 수 있도록 도와줍니다. 독창적인 아이디어와 간략한 설명만 준비하면 몇 초 만에 멋진 이미지를 손쉽게 얻을 수 있습니다. 특히 콘텐츠의 스타일을 일관되게 유지하는 것도 가능해, 브랜드 이미지 구축에도 효과적입니다.

 원고 한 줄 요약: 챗GPT를 이용해 복잡한 디자인 도구 없이 간단한 텍스트 입력만으로 누구나 빠르고 쉽게 원하는 이미지를 제작할 수 있습니다.
핵심 장면 설명: 책상 앞에 앉은 인물이 컴퓨터 화면에 간단한 텍스트를 입력하고 있으며, 그 화면에서 다양한 스타일의 이미지들이 즉각적으로 생성되는 장면입니다. 인물은 놀라움과 흥미를 느끼며 미소 짓고 있습니다.
이미지 스타일 및 분위기: 밝고 경쾌한 일러스트 스타일이며, 전체적으로 친근한 느낌을 줍니다. 따뜻한 파스텔 색상 톤을 사용하고 배경은 깔끔한 흰색 단색으로 설정합니다.
이미지 용도: 블로그 본문 내 삽화 이미지
이미지 사이즈: 16:9(가로형)

 앞에서 제공한 내용을 토대로 이미지를 생성해주세요.

이렇게 대표 이미지와 비슷한 톤의 본문 삽화까지 생성할 수 있었습니다. 이처럼 일관된 스타일과 명확한 연관성을 갖춘 삽화는 콘텐츠를 더욱 돋보이게 합니다.

심화 | 챗GPT에서 이미지를 수정하는 2가지 방법

챗GPT에서 이미지를 수정하는 방법은 수정 범위에 따라 두 가지 방식으로 나뉩니다. 이미지 전체를 수정할 때는 프롬프트 수정 방식, 일부만 수정할 때는 '선택' 기능 활용 방식이 있습니다. 예시를 통해 이미지를 범위별로 수정하는 방법을 살펴보겠습니다.

'선택' 기능으로 부분 수정하기

챗GPT로 생성한 이미지가 항상 완벽하지는 않습니다. 부자연스러운 표정이나 자연스럽지 않은 자세를 수정해야 할 때도 있고 옷의 색깔이나 머리 스타일, 배경 요소 등 이미지 중 일부를 바꾸고 싶을 때도 있습니다. 이때 프롬프트로 간단하게 수정을 요청할 수도 있지만, 자칫하면 이미지 전체가 재생성되면서 마음에 들던 부분도 바뀌는 경우가 비일비재합니다. 이럴 때 활용할 수 있는 챗GPT의 유용한 기능 중 하나가 '선택' 기능입니다. 프롬프트로 생성한 이미지를 클릭하면 수정 페이지로 이동하게 되는데, 오른쪽 상단에서 이 기능을 찾을 수 있습니다.

사용 예시를 위해 먼저 다음 프롬프트로 이미지를 하나 생성합니다.

예시 이미지 생성

 따뜻한 햇살이 들어오는 창가 옆에서 그릇에 담긴 고급스러운 간식을 맛있게 먹고 있는 털이 풍성한 고양이 한 마리. 만족스럽고 식욕이 넘치는 밝은 표정. 전체적으로 따뜻하고 아늑한 느낌의 미니멀 스타일 일러스트, 가로로 긴 16:9 사이즈

이렇게 생성한 이미지 수정을 위해 이미지를 클릭해 편집 화면으로 이동합니다. 오른쪽 상단의 [✂(선택)] 아이콘을 클릭합니다.

아이콘을 클릭하면 마우스 커서가 영역 선택 모드로 바뀝니다. 고양이의 간식 메뉴를 바꿔 보겠습니다. 간식 부분을 먼저 커서로 그림을 그리듯이 둥글게 선택합니다. 수정할 영역을 선택한 다음 프롬프트 입력창에 이 영역을 어떻게 수정할지 텍스트로 입력합니다.

이미지 일부 수정 예시

 고양이 앞 그릇에 담긴 간식을 생선으로 변경해주세요.

이렇게 선택한 부분만 간단하게 수정할 수 있습니다. 이처럼 '선택' 기능으로 이미지를 수정할 때는 수정할 영역보다 살짝 넓게 선택하는 것이 좋습니다. 특히 배경과 자연스러운 연결이 필요할 때 수정할 영역을 원하는 것보다 넓게 지정하면 AI가 주변 요소까지 고려해 자연스러운 결과를 생성합니다. 또, 수정 요청은 구체적으로 작성해야 합니다. 예를 들어 "간식을 다른 음식으로 바꿔 주세요."와 같이 챗GPT의 판단이 필요한 모호한 표현보다는 "간식을 맛있는 생선으로 바꿔 주세요."처럼 명확하게 작성하면 AI가 더 정확히 요청을 반영합니다. 마지막으로 여러 부분을 동시에 수정하면 AI가 요청을 정확히 이해하기 어렵습니다. 한 번에 한 부분씩 순차적으로 수정하면 정확하고 만족스러운 결과를 얻을 수 있습니다.

프롬프트로 전체 수정하기

이미지의 전체 스타일이나 분위기를 한 번에 바꾸려면 편집 화면 하단의 프롬프트 입력창에 원하는 내용을 입력하면 됩니다. 예를 들어, 생성한 고양이 이미지를 다른 스타일로 변경하려면 다음과 같이 입력할 수 있습니다.

이미지 전체 수정 예시 ①

 일본 애니메이션 스타일로 변경해주세요.

이미지 전체 수정 예시 ②

 미국 애니메이션 스타일로 변경해주세요.

프롬프트로 이미지 전체를 수정할 때는 명확한 스타일 용어를 사용하는 것이 좋습니다. 플랫 디자인, 라인 디자인, 애니메이션, 빈티지 일러스트 등 대중적으로 쓰이는 용어를 프롬프트에 포함하면 AI가 해당 스타일의 시각적 특징을 정확히 반영할 수 있습니다.

TIP 이미지 스타일 용어에 대한 자세한 내용은 'Project 03'의 '심화'를 참고하세요.

분위기나 감정 묘사를 활용하는 것도 좋은 방법입니다. 예를 들어, 프롬프트에 "더 밝고 따뜻한 분위기로 변경해주세요." 또는 "차분하고 고급스러운 느낌으로 변경해주세요."처럼 감정이나 분위기를 나타내는 표현을 사용하면 AI가 원하는 이미지의 분위기를 더욱 정확히 표현할 수 있습니다. 한 번에 원하는 스타일이나 분위기로 변경하기 어렵다면 먼저 "전체적인 분위기를 밝게 변경해주세요."라는 요청을 하고 이어서 "애니메이션 스타일로 변경해주세요."라고 요청합니다. 즉, 프롬프트를 단계별로 나누어 요청하면 더 정확하고 원하는 결과물을 얻기 쉽습니다.

프롬프트 수정 방식을 잘 활용하면 처음부터 이미지를 다시 만들지 않아도 빠르게 원하는 이미지를 얻을 수 있습니다. 이는 작업 효율성을 높이는 가장 효과적인 방법입니다.

Project 04 — 여행의 기억을 특별하게 만드는 여행 지도

여행의 즐거움은 다녀오는 순간에 끝나지 않습니다. 여행을 준비하는 설렘부터 돌아와 추억을 정리하는 순간까지, 그 모든 과정이 여행의 일부이자 특별한 경험입니다. 이제 단순히 찍은 사진을 공유하는 것을 넘어 여행 일기 형식의 감성 이미지를 만들거나 다녀온 여행지를 지도로 만들어 공유하기도 합니다.

이런 콘텐츠 역시 AI와 함께라면 복잡한 디자인 도구를 사용하지 않고도 나만의 감성과 스타일을 담아 만들 수 있습니다. 지도 기반의 여행 요약 이미지, 감성 일러스트로 표현한 하루 일정, 캐릭터를 활용한 여행 다이어리까지. 다양한 표현 방식이 여행의 추억을 더욱 특별하게 만들어 줍니다. 이번 프로젝트에서는 여행의 기억을 더욱 특별하게 만드는 여행 지도를 만들어 보겠습니다. 여행의 소중한 순간들을 간편하게 나만의 특별한 지도에 담아 보세요.

진행 단계

① 여행 일정 정리하기

② 프롬프트 작성 및 이미지 생성하기

③ 이미지 편집 및 보완하기

완성 이미지

01 여행 일정 정리하기

먼저 다녀온 여행 일정을 구체적으로 정리하는 과정이 필요합니다. 전체 여행 일정과 방문했던 주요 지역을 선정하고 각 지역의 명소에서 어떤 활동을 했는지 간단하게 정리합니다.

Day	지역	명소/활동
Day 1	오사카 도심	도톤보리, 신사이바시, 쿠로몬 시장
Day 2	유니버설	유니버설 스튜디오 재팬(USJ)
Day 3	오사카 북부	오사카성, 우메다 스카이 빌딩, 헵파이브 관람차
Day 4	교토 반일	후시미 이나리 신사 → 기온 거리 → 오사카로 귀환

일정과 장소를 상세하게 정리할수록 완성도 높은 여행 이미지를 생성할 수 있습니다.

02 프롬프트 작성 & 이미지 생성하기

이제 AI가 여행 지도 이미지를 정확하게 생성할 수 있도록 명확하고 구체적인 프롬프트를 작성해야 합니다. 다음 요소들을 포함하여 간결하고 명료하게 전달하세요.

- **여행 장소 및 기간**: "오사카 3박 4일 여행 지도를 제작해주세요."와 같이 구체적으로 표현합니다.
- **장소별 특징**: "도톤보리의 네온사인", "오사카성의 모습", "유니버설 스튜디오의 롤러코스터" 같이 각 장소의 특징을 구체적으로 적습니다.
- **스타일**: 손그림, 수채화, 미니멀 등 원하는 스타일을 정합니다.
- **분위기**: 밝고 경쾌한, 부드럽고 따뜻한 등의 분위기를 명확히 설정합니다.

손그림 스타일의 여행 지도

 3박 4일 오사카 여행 일정을 귀여운 손그림 스타일의 일러스트 지도로 제작해주세요. 전체적으로 부드러운 파스텔 색상을 사용하고, 다음 여행 일정을 참고해 Day 1부터 Day 4까지의 여행 경로를 표시해주세요. 주요 명소는 귀여운 아이콘으로 표현해주세요.

[여행 일정]
Day 1: 도톤보리(네온사인, 길거리 음식), 구로몬 시장, 신사이바시 쇼핑 거리
Day 2: 유니버설 스튜디오 재팬(롤러코스터, 지구본)
Day 3: 오사카성, 우메다 스카이 빌딩, 헵파이브 관람차
Day 4: 교토 반나절 여행(후시미 이나리 신사, 기온 거리) 후 오사카 복귀

이동 경로(기차, 지하철, 도보)는 점선과 아이콘으로 표현하고, 전체적으로 귀엽고 친근한 관광 엽서 느낌으로 제작해주세요.

Project 04 여행의 기억을 특별하게 만드는 여행 지도　111

여행 지도는 어떤 스타일을 요청하느냐에 따라 전체적인 느낌이 크게 달라집니다. 생성한 지도 이미지처럼 귀엽고 친근한 느낌으로 일상적이고 편안한 여행 기록에는 손그림 스타일이 적합하고, 따뜻하고 감성적 분위기로 SNS나 블로그 포스팅에는 수채화 스타일이 어울립니다. 이외에도 라인 위주로 된 깔끔한 미니멀 스타일로 현대적인 감성도 담을 수 있습니다.

수채화 스타일의 여행 지도

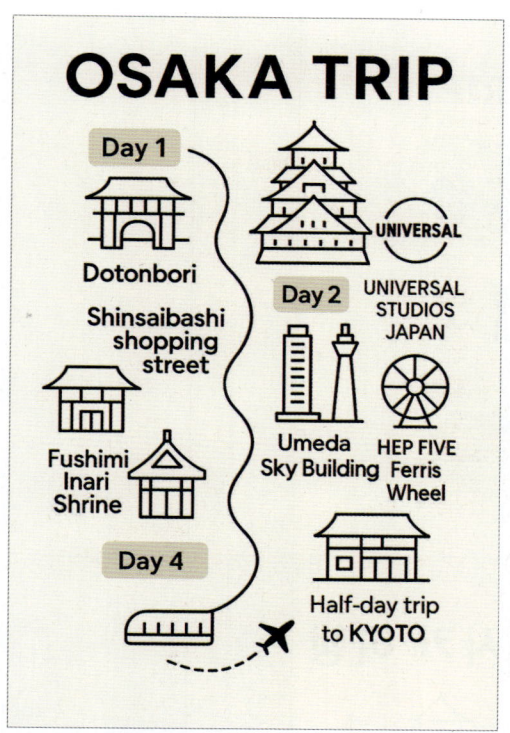

미니멀 스타일의 여행 지도

03 이미지 편집 및 보완하기

생성된 이미지를 더욱 정교하게 다듬고 싶다면 챗GPT의 이미지 편집 기능을 활용합니다. 간단한 추가 프롬프트 입력만으로도 배경색, 텍스트 변경 등 다양한 수정 작업을 수행할 수 있습니다.

지도 스타일 변경하기

 첨부한 이미지의 배경색을 밝고 따뜻한 파스텔 톤으로 변경하고 아이콘을 깔끔하고 심플한 라인 스타일로 변경해주세요. 지도 제목은 'OSAKA TRIP' 대신 '나의 오사카 여행'으로 변경해주세요.

[첨부]

여행 지도 이미지를 더 다양하고 흥미롭게 활용하려면 단순한 기록을 넘어 창의적인 콘텐츠로 발전시키는 것이 좋습니다. 여행 지도에 짧은 메모나 특별했던 에피소드를 더해 감성적인 여행 다이어리로 제작하거나 작은 스티커와 미니 포스터로 만들어 여행을 함께한 친구나 가족에게 선물할 수도 있습니다. 또, 브이로그나 숏폼 같은 영상 콘텐츠로 제작해 공유하면 여행의 생생한 기억을 더욱 즐겁고 특별하게 나눌 수 있습니다.

Project 05 평범한 일상을 포근하게 바꾸는 일러스트

산책 중 만난 풍경, 친근한 동네, 사랑스러운 반려견. 평범한 일상이지만 남기고 싶은 순간을 마주할 때 우리는 사진을 찍습니다. 이 사진을 좀 더 특별하게 기록하기 위해 편집하거나 그림으로 남기기도 하죠. 또는 원하는 이미지 콘텐츠의 레퍼런스로 사진을 활용하기도 합니다. 웹툰의 배경, 일러스트를 그리기 위해 직접 찍은 사진을 참고하는 식이죠.

이전에는 이런 과정을 위해 이미지를 변환하려면 사진을 찍고 그래픽 도구를 사용하거나 직접 그림을 그려야만 했습니다. 이제는 챗GPT에 사진을 첨부하고 원하는 이미지 스타일을 텍스트로 입력하면 **빠르게 일러스트를 얻을 수 있습니다**. 일러스트의 스타일도 간단한 프롬프트로 변형할 수 있어 목적에 맞게 활용할 수 있습니다. 예를 들어, 동네 카페 사진을 감성적인 수채화 일러스트로 변형하면 SNS 콘텐츠로 감각 있게 활용할 수 있고, 사무실 풍경 사진을 펜 드로잉 스타일로 바꾸면 프레젠테이션이나 보고서에 어울리는 이미지로 재탄생할 수 있습니다. 이처럼 하나의 이미지를 목적에 맞게 다양하게 변형하면, 콘텐츠 제작의 효율성과 활용도를 크게 높일 수 있습니다.

이번 프로젝트에서는 일상 속 평범한 사진을 다양한 스타일의 포근한 일러스트로 변환하는 과정을 살펴보겠습니다.

진행 단계

① 사진 준비하기

② 프롬프트 작성 및 이미지 생성하기

③ 이미지 최종 편집하기

완성 이미지

↓

01 사진 준비하기

먼저 일러스트로 변환할 사진을 선택합니다. 사진의 분위기와 일러스트의 활용 목적에 따라 일러스트 스타일을 정합니다. 예를 들어 건물 사진을 건물 도면으로 변환하려면 깔끔한 펜 드로잉 스타일, 여행 사진이라면 감성적인 수채화 스타일이 적합합니다. 사진과 일러스트의 목적에 따라 다음과 같은 스타일을 적용해볼 수 있습니다.

사진 종류	추천 일러스트 스타일	설명/활용 예시
건물 사진	도면 또는 펜 드로잉 스타일	심플하고 세련된 느낌으로 특정 순간, 영역을 명확하게 강조할 수 있으며, 담백하고 모던한 느낌으로 다이어리나 SNS 카드로 활용하기 좋습니다.
제품 사진	깔끔하고 심플한 스타일	제품의 기능성과 디자인을 부각시키며, 상세 정보 없이도 직관적으로 제품을 이해하게 해줍니다. 쇼핑몰, 상세 페이지, SNS 마케팅 이미지에 효과적입니다.
여행 사진	감성적인 수채화 스타일	여행의 따뜻하고 감성적인 순간을 부드럽게 표현하며, 사진 속 분위기를 자연스럽게 전달하는 데 효과적입니다.
인물 사진	플랫한 캐릭터 스타일	군더더기 없는 깔끔한 디자인으로 여행의 하이라이트 장면을 명확하고 세련되게 전달합니다. 통일성 있는 카드 세트로 제작하기에 매우 적합한 스타일입니다.
음식 사진	수채화 또는 터치감 있는 핸드드로잉 스타일	재료의 질감과 색감을 사실적으로 표현할 수 있어 미식 콘텐츠나 메뉴 소개, 요리 관련 굿즈 등에 활용하기 좋습니다.
반려동물 사진	귀엽고 단순화된 캐릭터 스타일	반려동물의 특징을 살려 사랑스럽고 친근한 이미지로 표현할 수 있으며, 반려동물 프로필, 굿즈, SNS 콘텐츠에 적합합니다.

이렇게 원하는 스타일이 텍스트로 입력하거나 또는 레퍼런스로 삼고 싶은 명확한 이미지가 있다면 해당 이미지를 사진과 함께 첨부하는 것도 좋습니다.

TIP 원하는 이미지 스타일을 찾거나 영감을 얻고 싶다면 핀터레스트(kr.pinterest.com)에서 다양한 스타일을 검색하여 활용하면 좋습니다.

02 프롬프트 작성 및 이미지 생성하기

AI가 원하는 스타일을 정확히 반영하려면 변형 목적, 핵심 요소, 스타일, 색상과 분위기 같은 요소를 프롬프트에 구체적으로 작성해야 합니다.

프롬프트 작성 시 포함할 요소

- **변형 목적**(예: 첨부한 실제 카페 사진을 펜 드로잉 스타일로 변경)
- **이미지의 핵심 요소 묘사**(예: 건물 구조, 인물의 위치나 표정 등 사진의 주요 특징 설명)
- **스타일 지정**(예: 펜 드로잉, 수채화, 일러스트 등)
- **색상과 분위기 설정**(예: 밝고 자연스러운 색감, 부드럽고 따뜻한 분위기 또는 전문적이고 모던한 분위기 등)

예시로 활용할 사진은 평범한 동네의 골목길 사진입니다. 이 사진을 부드럽고 밝은 톤의 수채화 일러스트로 변형해보겠습니다.

수채화 스타일로 사진 변형

 첨부한 사진을 부드럽고 밝은 수채화로 변형해주세요. 전체적인 색상은 따뜻한 파스텔 톤으로 표현하고, 이미지 비율은 가로 16:9로 설정해주세요.

[첨부]

사진이 마치 웹툰에서 볼 법한 부드러운 일러스트가 되었습니다. 이런 식으로 같은 사진을 새로운 스타일로 제작하면 보다 창의적이고 차별화된 시각 자료를 만들 수 있습니다.

펜 드로잉 스타일로 사진 변형

 첨부한 사진을 펜 드로잉 스타일로 변형해주세요. 색상 없이 라인으로 깔끔하게 표현하고, 이미지 비율은 가로 16:9로 설정해주세요.

[첨부]

플랫 일러스트 스타일로 사진 변형

 첨부한 사진 속 건물들을 플랫 일러스트 스타일로 변형해주세요. 선명한 라인과 강한 색감을 살려주세요. 이미지 비율은 가로 16:9로 설정해주세요.

[첨부]

다양한 스타일의 결과물 중 목적과 용도에 가장 적합한 이미지를 선택합니다.

03 이미지 최종 편집하기

생성한 이미지를 추가로 다듬고 완성도를 높이고 싶다면, 간단한 프롬프트 추가로 AI 이미지 편집 기능을 활용할 수 있습니다. 앞서 생성한 이미지의 명암 대비를 높여 더욱 선명하게 생성하면 다음과 같은 결과물을 얻을 수 있습니다.

명암 수정 예시

 첨부한 이미지의 명암 대비를 높여 더욱 선명하게 표현해주세요.

[첨부]

생성한 이미지에 원하는 요소를 추가할 수도 있습니다.

요소 추가 예시

 첨부한 이미지의 건물 입구 양옆에 작은 화분과 나무를 추가해주세요.

[첨부]

이외에도 배경 제거, 배경색 변경, 선 스타일 강조 또는 완전히 다른 스타일로 변경 등 다양한 추가 수정이 가능합니다. 몇 줄의 프롬프트만으로 손쉽게 이미지를 다듬어 콘텐츠 제작과 활용 폭을 더욱 넓혀 보세요.

[응용 ①] 일러스트로 표현하는 여행 감성

여행 중 찍은 사진을 더욱 특별하게 기록하고 싶다면 다양한 이미지 스타일을 활용해 색다른 콘텐츠로 재탄생시킬 수 있습니다.

여행 사진을 일러스트로 변형

 첨부한 사진과 구성, 텍스트, 레이아웃 구조, 폰트 및 텍스트 위치까지 모두 그대로 유지한 채 수채화 스타일 일러스트로 생성해주세요.

[첨부]

이렇게 직접 찍은 사진의 구도를 그대로 유지하면서 감성을 더한 일러스트를 쉽게 생성할 수 있습니다. 다음 이미지도 같은 프롬프트에 다른 이미지를 첨부해 생성한 일러스트입니다.

감성을 더한 여행 사진 일러스트화

[응용 ②] 미완성 설계도 이미지를 실제 건물 사진으로 변형하기

챗GPT의 이미지 변형 기능은 단순히 사진을 일러스트로 변환할 뿐만 아니라 그림을 사진처럼 변환하는 것도 가능합니다. 예를 들어 미완성된 도면이나 초기 스케치를 현실적인 건물 사진으로 변형할 수도 있죠. 이렇게 변형한 이미지는 클라이언트가 최종 결과물을 쉽게 이해할 수 있도록 제안서 및 프레젠테이션 자료로 활용할 수 있습니다.

도면을 사진으로 변형

 첨부된 미완성된 건물 설계도를 실제 건물 사진처럼 생생한 컬러 이미지로 변형해 주세요. 설계도상 구조와 크기를 정확히 유지하며, 건물 외벽은 밝은 크림색으로, 주변 환경은 화창한 날의 풍경으로 자연스럽게 표현해주세요.

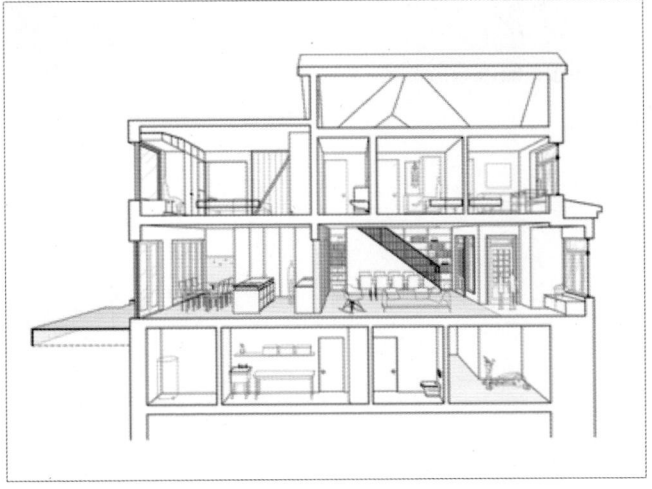

Project 06 — 나만의 캐릭터 아이콘

온라인 콘텐츠와 SNS, 개인 브랜딩 분야에는 다양한 시각적 콘텐츠가 존재합니다. 여기서 빼놓을 수 없는 요소 중 하나가 바로 '캐릭터'입니다. 짧은 시간에 이목을 끌고, 브랜드의 일관된 콘셉트를 쉽게 전달할 수 있기 때문입니다. 특히 캐릭터의 다양한 표정과 동작을 표현한 아이콘은 유튜브나 게시글의 썸네일, 게시글의 삽화처럼 활용할 수 있습니다. 즉, 캐릭터 아이콘이 콘텐츠의 분위기와 매력을 시각적으로 표현해주는 얼굴 역할을 하는 셈입니다.

하지만 캐릭터 아이콘은 나를 드러내는 모든 특징을 표현하면서도 깔끔한 디자인이 특징으로, 그래픽 도구 경험이나 그림에 대한 전문적인 스킬 없이 접근하기에는 다소 거리가 있는 디자인 요소입니다. 이번 프로젝트에서는 AI를 활용해 나만의 개성을 담은 캐릭터 아이콘을 만들고 이를 다양한 표정, 동작으로 구성된 아이콘 세트를 제작하는 과정을 살펴보겠습니다.

진행 단계

① 캐릭터 아이콘 기획하기

② 캐릭터 생성하기

③ 캐릭터 아이콘화하기

④ 아이콘 세트 생성하기

완성 이미지

01 캐릭터 아이콘 기획하기

먼저 캐릭터 아이콘을 만드는 목적과 사용 분야를 명확히 정리합니다. 기획 단계에서 구체적인 스타일과 특징을 설정하면 결과물의 완성도와 만족도가 높아집니다.

기획 시 고려 사항

- 캐릭터 아이콘 용도 및 활용 분야
  예: SNS 프로필, 유튜브 채널 아트, 블로그, 제품 홍보 등

- 아이콘 스타일
  예: 미니멀, 플랫 디자인, 귀여운 손그림 등

- 원하는 색상과 분위기
  예: 밝고 경쾌한, 차분하고 세련된, 따뜻하고 친근한 등

02 캐릭터 생성하기

AI가 캐릭터 아이콘을 정확하게 생성하기 위해서는 제작 목적, 세부 특징, 스타일 등을 명확하고 간결하게 지정합니다.

캐릭터 생성 시 포함할 요소

- **제작 목적**: 생성할 캐릭터 이미지를 어디에 어떻게 활용할지 설명합니다. 활용 목적에 따라 스타일과 구성 방향이 달라지므로 가능한 한 구체적으로 작성해주세요.
  예: SNS 프로필에서 사용할 귀여운 커피잔 아이콘을 만들어 주세요.

- **세부 특징**: 형태, 주요 요소, 액세서리, 표정, 포즈, 배경 유무 등을 간단히 설명합니다. 특정 동물, 물건, 직업 등을 반영하거나 캐릭터의 개성을 드러낼 수 있는 요소를 포함하세요.
  예: 안경을 쓰고 노트북을 들고 있는 고양이 캐릭터

- **스타일**: 원하는 일러스트 스타일을 지정합니다. 전체적인 그림 분위기와 톤앤매너를 결정하는 요소입니다.
  예: 미니멀, 플랫 디자인, 손그림 스타일 등

- **색상 및 분위기 설정**: 캐릭터의 색상 톤과 전반적인 분위기를 설명합니다. 사용하는 색상군이나 전달하고 싶은 감성을 포함합니다.
  예: 차분하고 중성적인 컬러, 지적인 느낌의 캐릭터, 빈티지한 색감과 아기자기한 분위기

이 요소들을 모두 포함한 프롬프트를 작성해 원하는 캐릭터 이미지를 생성합니다.

캐릭터 이미지 생성하기

제작 목적
SNS 프로필 이미지로 사용할 귀여운 남자 캐릭터 일러스트를 만들어 주세요.

세부 특징
뿔테 안경을 쓰고, 짧은 머리에 앞머리가 뾰족한 스타일. 밝은 표정의 남자아이. 반팔 티셔츠와 바지를 입고 있음. 손은 양옆으로 자연스럽게 둔 채 정면을 바라보는 자세

스타일
미니멀하고 플랫한 2D 카툰 스타일. 굵은 외곽선과 단순한 색면 중심의 깔끔한 일러스트

색상 및 분위기 설정
파스텔 계열의 부드럽고 따뜻한 느낌. 배경은 밝은 아이보리색 또는 투명

03 캐릭터 아이콘화하기

이렇게 생성한 캐릭터를 스티커처럼 활용할 수 있도록 이미지에 흰색과 노란색 테두리를 추가하고 배경을 없애겠습니다.

캐릭터 아이콘화하기

 첨부한 이미지 속 캐릭터가 스티커처럼 보이도록 테두리를 두껍게 둘러 주세요. 테두리 색은 각각 흰색, 노란색 2가지 버전으로 생성해주세요.
배경은 투명하게 유지해주세요.

[첨부]

이렇게 배경을 없앤 이미지를 다양하게 활용할 수 있습니다. 이외에도 프레젠테이션이나 웹사이트에 적합한 미니멀 스타일, 블로그나 SNS 콘텐츠에 효과적인 플랫 디자인 스타일, 자연스럽고 친근한 손그림 스타일 등 다양한 스타일을 시도해보세요.

미니멀 스타일

손그림 스타일

아이콘 이미지를 추가로 편집하거나 디테일하게 조정하고 싶다면 간단한 추가 프롬프트를 통해 AI의 이미지 편집 기능을 활용할 수 있습니다.

04 아이콘 세트 생성하기

이번에는 캐릭터 아이콘을 다양한 상황에 활용할 수 있도록 여러 표정, 동작을 추가한 아이콘 세트를 제작해보겠습니다. 세트로 제작할 캐릭터 이미지를 첨부하고 몇 개의 아이콘을 원하는지, 각 아이콘이 어떤 표정 또는 어떤 동작을 취해야 하는지를 구체적으로 명시합니다.

상황별 아이콘 세트 생성

 첨부한 캐릭터 이미지를 활용하여 동일한 그림체와 색상을 유지한 채 6개의 아이콘을 만들어 주세요. 아이콘은 미니멀 스타일이며 배경은 투명하게 처리해주세요. 캐릭터의 특징과 개성을 명확히 반영하고, 각 아이콘이 다음과 같은 동작을 취하도록 생성해주세요.

6개의 상황별 아이콘 세트
- 웃으며 인사하기(환영/인사 아이콘)

- 노트북을 사용하는 모습(작업/비즈니스 아이콘)
- 커피를 들고 있는 모습(휴식/카페 아이콘)
- 하트를 들고 있는 모습(좋아요/공감 아이콘)
- 질문 표시와 함께 고민하는 모습(질문/상담 아이콘)
- 전구를 들고 있는 모습(아이디어/창의성 아이콘)

[첨부]

역동적인 동작을 표현하거나 전신 캐릭터가 필요하다면 다음과 같이 프롬프트를 추가합니다.

액션 시트 생성 요청

 이 캐릭터의 다양한 액션 및 포즈 9가지가 담긴 액션 시트를 만들어 주세요.

이렇게 나만의 특징을 담은 일러스트를 아이콘 세트로 만들어 두면 SNS 프로필 또는 운영하는 채널에 활용함으로써 방문자의 이목을 끌고 콘텐츠의 일관성을 쉽게 유지할 수 있습니다.

[응용 ①] 고양이 아이콘 세트

이번에는 사람이 아닌 고양이를 캐릭터화해 아이콘 세트를 생성해보겠습니다. 먼저 앞서 캐릭터를 생성할 때와 마찬가지로 제작 목적, 세부 특징, 스타일, 색상 및 분위기 등의 요소를 프롬프트에 포함시킵니다.

고양이 캐릭터 생성 프롬프트

제작 목적:
SNS 프로필 이미지로 사용할 귀엽고 단순한 고양이 캐릭터 일러스트를 만들어 주세요.

세부 특징:
하얀 털의 통통한 고양이. 눈은 웃는 표정으로 반달 모양이며, 입은 살짝 웃고 있음. 세모난 귀 안쪽은 살구색. 수염이 짧고 정갈하게 나 있음. 앞발을 가지런히 모은 채 앉아 있는 모습

스타일:
미니멀하고 플랫한 2D 카툰 스타일. 외곽선은 부드럽고 깔끔하며, 불필요한 디테일 없이 단순화된 디자인

색상 및 분위기 설정:
전체적으로 흰색과 파스텔 오렌지 포인트로 따뜻하고 깨끗한 인상. 배경은 연한 회색 또는 투명으로 처리

고양이 캐릭터 이미지와 스타일, 특징을 유지하면서 귀엽고 심플한 아이콘 세트를 만들어 주세요. 전체 아이콘은 투명 배경에 부드러운 파스텔 톤으로 구성해주세요. 다음의 8가지 동작을 각각 다른 아이콘으로 표현해주세요.

– 인사하기: 한쪽 발을 들어 흔들며 웃고 있는 모습
– 휴식하기: 눈을 감고 편안히 누워 쉬는 모습
– 집중하기: 진지한 표정으로 노트북 화면을 보고 있는 모습
– 커피 마시기: 작은 커피잔을 양손으로 들고 마시는 모습
– 사랑 표현: 양 발로 하트를 들고 행복한 표정을 짓는 모습
– 질문하기: 머리 위에 물음표가 떠 있는 궁금한 표정의 모습
– 축하하기: 박수를 치며 기뻐하는 모습
– 하품하기: 하품을 하며 졸린 표정으로 앉아 있는 모습

[응용 ②] 부드러운 카페 아이콘 세트

이번 응용 프로젝트에서는 카페 메뉴판, SNS 홍보 이미지에 활용하기 좋은 카페 콘셉트의 아이콘 세트를 제작하겠습니다. 단순한 느낌을 주기 위해 플랫 디자인 스타일을 적용해 각각 커피잔, 디저트 케이크, 찻잔 등 총 5개의 아이콘을 생성합니다.

카페 아이콘 세트 생성

 카페에서 사용할 미니멀한 플랫 디자인 스타일의 아이콘 세트를 만들어 주세요. 다음 항목들을 포함하고, 배경은 모두 투명하게 설정해주세요.

- 따뜻한 커피잔
- 디저트 케이크
- 찻잔
- 테이크아웃 컵
- 카페 로고를 연상시키는 작은 원형 심볼

모든 아이콘은 통일된 스타일과 부드러운 브라운 톤으로 제작해주세요.

[응용 ③] 여행자의 손그림 아이콘 세트

여행 블로그를 운영하거나 다이어리를 꾸준히 쓴다면 여행 관련 아이콘을 자주 찾게 됩니다. 이때 나만의 아이콘을 활용하면 일관된 감성을 추구할 수 있어 콘텐츠의 완성도를 높일 뿐만 아니라 독자들에게도 더 친근하게 다가갈 수 있습니다.

여행 아이콘 세트 생성

블로그 여행 콘텐츠에서 사용할 귀여운 손그림 스타일의 아이콘 세트를 만들어 주세요. 배낭, 여권, 카메라, 지도, 비행기 총 5가지로 구성해주세요. 배경은 투명하게 제작해주세요.

이제 아이콘을 어떻게 만드는지 감이 잡혔을 겁니다. 단순히 이미지를 생성하거나 변형하는 것을 넘어 아이콘이라는 특정 용도를 가진 이미지도 이렇게 간단하게 생성할 수 있습니다. 이처럼 같은 이미지 생성 기능도 어떻게 활용하느냐에 따라 무궁무진한 콘텐츠를 생성할 수 있습니다. 이제 여러분도 챗GPT와 함께 나만의 아이콘을 제작해보세요.

심화 | 이미지 레퍼런스로 일관된 이미지 스타일 완성하기

이미지 콘텐츠는 브랜드의 경쟁력과 직결됩니다. 브랜드만의 개성과 통일된 이미지를 유지하는 것은 고객의 신뢰와 관심을 높이는 가장 효과적인 방법입니다. 하지만 매번 일관된 스타일과 캐릭터를 유지하는 일은 쉽지 않습니다. 이럴 때 유용한 방법이 챗GPT의 '이미지 레퍼런스' 기능을 활용하는 것입니다. 이미지 레퍼런스는 AI가 기존 이미지를 참조하도록 하는 방식입니다. 원하는 스타일의 이미지를 챗GPT에 업로드하고 구체적인 요청 사항을 프롬프트로 입력하면 첨부한 이미지의 스타일을 분석하여 비슷한 분위기와 구성으로 새로운 이미지를 제작합니다.

특히 '스타일 → 캐릭터 → 행동'이라는 3단계 구조를 활용하면 더 효과적으로 이미지 레퍼런스를 사용할 수 있습니다. 이 방법은 스타일을 먼저 명확히 정하고, 캐릭터의 외형을 설정한 후, 마지막으로 행동이나 상황을 추가하는 방식입니다. 단계별 수정이 쉽고 명확하여 이미지의 일관성을 유지하는 데 매우 효과적입니다. 지금부터 이미지 레퍼런스를 활용한 3단계 프롬프트 작성 예시를 구체적으로 살펴보겠습니다.

먼저 1단계는 이미지 레퍼런스에서 스타일만 새롭게 적용하는 단계로, 기존 이미지의 구도와 캐릭터 구성은 유지하면서 스타일만 변경합니다. 이를 통해 이미지의 톤, 색감, 선 굵기 같은 세부 스타일을 구체적으로 설명하거나, 참조할 이미지를 업로드하면 정확한 스타일을 얻을 수 있습니다.

1단계 - 스타일 적용

 첨부한 이미지 스타일을 분석하여 동일한 스타일로 새로운 이미지를 생성해주세요.

[첨부]

2단계는 스타일과 캐릭터 함께 변경하는 단계입니다. 스타일뿐만 아니라 캐릭터의 외형까지 함께 바꿔 새 이미지를 만들 때 사용합니다. 이때 원하는 색감이나 요소가 있다면 프롬프트를 구체적으로 작성하는 것도 좋습니다. 이를 통해 성별, 나이, 표정, 옷차림 등 캐릭터 요소를 구체적으로 전달할수록 원하는 결과를 더 쉽게 얻을 수 있습니다.

2단계 – 스타일과 캐릭터 적용

 첨부한 이미지 스타일과 캐릭터 외형을 분석해 동일한 스타일과 캐릭터로 다시 만들어 주세요.

[첨부]

마지막 3단계는 동일한 스타일과 캐릭터로 새로운 장면을 추가하는 단계입니다. 앞서 생성한 이미지를 첨부하고 기존 스타일과 구도, 캐릭터를 그대로 유지한 상태에서 캐릭터가 새로운 행동이나 상황을 연출할 때 사용합니다. 손의 위치나 표정, 배경과의 상호 작용을 구체적으로 묘사할수록 결과물이 자연스러운 결과를 얻을 수 있습니다

3단계 - 동일한 스타일, 캐릭터로 새로운 장면 추가

 첨부한 이미지와 스타일, 구도, 캐릭터를 유지합니다. 캐릭터가 오른손에 흰 머그컵을 들고 왼손은 책상 위에 자연스럽게 올려놓은 채 커피를 마시는 장면을 만들어 주세요.

[첨부]

Project 07 일정을 알려 주는 스마트폰 배경 화면

스마트폰을 켤 때마다 눈에 들어오는 배경 화면. 매일 보는 이미지인 만큼 좋아하는 사진, 마음에 드는 풍경, 편안한 일러스트 등 제각각 자신의 스타일 대로 배경 화면을 설정합니다. 하루에도 수없이 스마트폰을 열고 닫으면서 무심코 보는 배경 화면에 해야 할 중요한 일정을 기록한다면 어떨까요? 단순히 심미적인 기능을 넘어 배경 화면에 나를 위한 시각적 메시지를 담는다면 스마트폰을 켜는 일이 일상 속 작은 루틴의 시작점이 될 수 있습니다. 또는 오늘의 기분, 추구하는 삶의 방향을 나타내는 명언 같은 메시지를 함께 담는다면 하루를 정돈하는 힘이 되어줄 것입니다.

이번 프로젝트에서는 일정을 담은 나만의 스마트폰 배경 화면을 만들어 보겠습니다. 단순히 텍스트를 나열한 이미지를 사용하는 것이 아니라, 챗GPT의 채팅 메모리 기능을 활용해 내 일정을 알려 주면 그에 맞는 스마트폰 배경 화면을 생성해보겠습니다.

진행 단계

① 캐릭터 만들기

② 스케줄표 만들기

③ 일정 삽입하기

완성 이미지

01 캐릭터 만들기

단순히 캘린더 또는 리스트 형태로 스케줄표를 사용하는 것보다는 아기자기한 새로운 캐릭터를 만들어 추가해보겠습니다. 캐릭터를 만들기 앞서 생성할 캐릭터의 콘셉트 제안을 요청합니다.

캐릭터 생성을 위한 프롬프트 요청

스마트폰 배경 화면에 사용할 친근한 느낌의 강아지 캐릭터를 만들려고 합니다. 감정을 풍부하게 표현할 수 있는 의인화된 강아지 캐릭터로, 이 캐릭터를 활용해 일정을 담거나 명언을 기록한 이미지를 만들어 스마트폰 배경 화면으로 활용할 예정입니다.
이 캐릭터를 생성하기 위한 프롬프트 5가지를 제안해주세요.

 나만의 멍멍이 캐릭터 만들기 추천 스타일

1. 감정 표현이 풍부한 멍멍이
표정: 기뻐하고, 졸리고, 당황하고, 화내는 등 다양함
목적: 하루의 기분에 따라 바꾸는 배경 화면
스타일: 밝은 색감의 **2D** 플랫 일러스트
프롬프트 예시: 다양한 표정을 짓는 귀여운 강아지 캐릭터. 흰 배경, 플랫 스타일, 명확한 감정 표현

2. 일상을 함께하는 멍멍이
장면: 커피 마시기, 산책하기, 책 읽기 등
목적: 하루의 루틴을 반영한 일정 배경 화면
스타일: 미니멀한 수채화 느낌
프롬프트 예시: 책상에 앉아 책을 읽는 강아지 캐릭터. 부드러운 색감, 단순한 수채화 스타일, 흰 배경

3. 일을 돕는 비서 멍멍이
역할: 일정 알려 주기, '화이팅' 메시지 전하기
목적: 업무/공부 동기 부여용 배경 화면

스타일: 라인 드로잉 + 포인트 색상
프롬프트 예시: 스케줄 보드를 들고 응원하는 강아지 캐릭터. 검정 선 드로잉, 노란색 포인트, 심플한 배경

4. 꿈꾸는 몽상가 멍멍이
장면: 별 보기, 구름 위 누워 있기, 상상 속 여행
목적: 감성 배경 화면 또는 명언 배치용
스타일: 드림라이크 파스텔 일러스트
프롬프트 예시: 구름 위에서 눈 감고 누워 있는 강아지 캐릭터. 파스텔 배경, 부드러운 톤의 감성 일러스트

5. 나를 닮은 라이프스타일 멍멍이
특징: 안경 낀 강아지, 노트북 쓰는 강아지 등
목적: 나의 모습을 반영한 맞춤형 캐릭터
스타일: 밝고 심플한 평면 일러스트
프롬프트 예시: 노트북 앞에서 일하는 강아지 캐릭터, 안경 착용, 흰 배경, 밝은 평면 스타일

가장 적합한 프롬프트를 선택해 이미지를 생성합니다. 일정을 알려 주는 콘셉트이므로 5번 프롬프트를 기반으로 캐릭터의 스타일, 핵심 요소, 이미지 비율 등을 추가해 다음과 같이 프롬프트를 생성합니다.

캐릭터 생성 요청

 흰색 배경, 안경을 쓴 흰색 강아지 캐릭터가 노트북 앞에 앉아 타이핑하는 모습. 밝은 톤의 플랫 디자인 스타일 일러스트며, 캐릭터는 귀엽고 부드러운 인상을 주는 둥근 얼굴과 큰 눈, 웃는 표정을 하고 있습니다. 깔끔하고 단순한 선으로 그려졌으며, 전체적으로 따뜻하고 차분한 분위기입니다.
스마트폰 배경 화면용(9:16 비율)

02 스케줄표 만들기

생성한 강아지 캐릭터를 배치한 스케줄표 이미지를 생성하겠습니다. 이 과정에서는 캐릭터에 어떤 메시지를 담을지, 어떤 장면에 배치할지에 따라 다양한 버전의 배경 화면을 만들 수 있습니다. 이번 프로젝트에서는 일주일의 일정을 한눈에 볼 수 있도록 주간 스케줄표를 만들어 보겠습니다. 어떤 디자인의 스케줄표가 적합할지 챗GPT에 프롬프트 제안을 받아 보겠습니다.

이미지를 생성하는 단계에서 한 가지 염두에 두어야 할 요소는 바로 **이미지 비율**입니다. 챗GPT로 이미지를 생성할 때는 보통 9:16 비율로 생성하지만, 실제 결과물은 기본적으로 2:3 비율로 출력됩니다. 아직까지는 다양한 해상도나 비율을 세부적으로 지정할 수 없으므로 스마트폰 배경 화면에 활용하려면 파워포인트, 캔바와 같은 외부 도구로 사이즈를 직접 편집하거나, 스마트폰 사이즈에 맞게 이미지를 확대해도 잘리지 않도록 이미지 크기를 유지하되 캐릭터 크기를 작게 설정합니다. 따라서 다음과 프롬프트 마지막에 "전체가 보이도록 줌아웃된 구도, 캐릭터 화면에 모두 나오도록 구성해주세요."라는 문장을 추가합니다.

주간 스케줄표 프롬프트 요청

 첨부한 캐릭터를 기반으로 스마트폰 배경 화면에 사용할 스케줄표 이미지를 생성하려고 합니다. 프롬프트 예시 5개를 제안해주세요.
전체가 보이도록 줌아웃된 구도, 캐릭터 화면에 모두 나오도록 구성해주세요.

[첨부]

 프롬프트 1
흰 배경에서 월~금 스케줄이 적힌 플래너를 들고 웃고 있는 귀여운 안경 쓴 강아지 캐릭터. 밝고 심플한 평면 일러스트 스타일. 9:16 스마트폰 배경 화면 비율

프롬프트 2
창가에 앉아 커피잔을 들고 '포기하지 마'라는 문구를 바라보는 안경 쓴 강아지 캐릭터. 조용하고 따뜻한 분위기의 일러스트 스타일. 9:16 스마트폰 배경 화면 비율

프롬프트 3
책상 앞에 앉아 고민하는 귀여운 강아지 캐릭터. 머리 위에 월~금 일주일 스케줄이 말풍선처럼 떠 있으며, 밝고 유쾌한 분위기의 평면 일러스트 스타일. 텍스트 없이 시각적으로만 표현. 9:16 스마트폰 배경 화면 비율

프롬프트 4
바닥에 등을 대고 누워 눈을 감고 쉬고 있는 안경 쓴 강아지 캐릭터. 머리맡에는 다 마신 커피잔과 책 한 권이 놓여 있고, 전체적으로 조용하고 평온한 분위기. 밝고 평면적인 일러스트 스타일, 흰 배경, 9:16 비율

프롬프트 5
흰 배경 위에 작은 크기의 귀여운 안경 쓴 강아지 캐릭터가 옆모습으로 책상에 앉아 있음. 강아지는 노트북 앞에서 'TO-DO LIST'가 적힌 화면을 바라보며, 한쪽 발로 펜을 들고 메모장에 무언가를 적고 있음. 노트북 옆에는 머그잔이 놓여 있음. 전체적으로 밝고 평면적인 일러스트 스타일이며, 여백이 넓고 시각적으로 정돈된 구도. 9:16 스마트폰 배경 화면 비율

5개의 프롬프트를 각각 실행해 생성한 스케줄표 이미지는 다음과 같습니다.

프롬프트 1

프롬프트 2

프롬프트 3

프롬프트 4

프롬프트 5

03 일정 삽입하기

이제 생성한 스케줄표에 일정 텍스트를 삽입해보겠습니다. 이미지에 텍스트를 삽입하는 방법은 2가지가 있습니다. 첫 번째는 프롬프트에 스케줄표 이미지와 일정을 입력하고 새로운 이미지를 생성하는 방법입니다. 먼저 챗GPT에 일정을 삽입할 때는 다음과 같이 프롬프트를 입력할 수 있습니다.

스케줄표에 일정 입력하기

 첨부한 이미지의 톤을 유지한 상태에서 아래 입력한 월~금 일정을 추가해주세요.

월: 기획 회의/자료 수집
화: 콘텐츠 작성/이미지 편집
수: 슬라이드 정리/강의 준비
목: 회의 피드백/원고 수정
금: 결과 공유/다음 주 계획

[첨부]

이 방법을 활용하면 간단하게 챗GPT에 일정을 입력하는 것만으로 스케줄표를 완성할 수 있다는 장점이 있지만, 결과물을 보면 생성형 AI의 특성상 완전히 똑같은 이미지가 아니라 이미지를 새로 생성하여 전체적인 색상이나 캐릭터의 생김새, 세부 요소 등이 조금씩 달라진 것을 확인할 수 있습니다. 만약 기존 이미지를 그대로 유지하면서 텍스트만 변경하려면 캔바, 파워포인트와 같은 외부 편집 도구를 사용해 텍스트 박스를 얹는 형태로 수정할 수 있습니다.

외부 편집 도구로 텍스트를 얹은 이미지

이렇게 완성한 이미지를 스마트폰에 적용하면, 주간 일정을 한눈에 볼 수 있는 나만의 배경 화면이 완성됩니다.

일정을 알려 주는 스마트폰 배경 화면

심화 이미지에 텍스트를 더하는 효과적인 방법

이미지는 보는 이의 시선을 빠르게 사로잡는 콘텐츠지만, 이미지만으로는 전달하고 싶은 메시지가 충분히 표현되지 않을 때가 있습니다. 이때 간결한 텍스트를 추가하면 콘텐츠의 의미와 맥락이 더 분명해집니다. 예를 들어 제품 이미지만 게시하는 것보다는 제품의 핵심 기능을 강조하는 짧은 텍스트를 이미지에 추가하면 고객이 제품을 더 빠르고 명료하게 파악할 수 있습니다.

이미지와 텍스트가 어우러진 콘텐츠의 완성도를 높이기 위해서는 이미지의 목적, 스타일에 따라 텍스트를 삽입하는 방식도 조금씩 달라야 합니다. 이미지와 텍스트를 함께 쓰는 대표적인 7가지 방법의 특징과 활용 방법 그리고 프롬프트 예시까지 살펴보겠습니다.

① 일반 텍스트 넣기

이미지 위에 텍스트를 직접 추가하는 가장 기본적인 방법입니다. 슬로건, 키워드, 명언, 감성적 문구 등 간결하게 강조할 때 사용합니다.

일반 텍스트 삽입 예시

[한글] 첨부한 이미지의 분위기와 어울리는 스타일리시한 폰트로 "Breathe Relax Enjoy"라는 텍스트를 넣어 주세요.

[영문] Add the clear and stylish text "Breathe Relax Enjoy" directly onto the image, matching the mood of flowing water.

② 박스형 텍스트 넣기

텍스트를 별도의 박스 형태로 강조하여 명확한 구분과 가독성을 높이는 방법입니다. 이벤트 공지, 제품 안내, 할인 안내 등 강조하고 싶은 메시지를 담을 때 사용합니다.

박스형 텍스트 삽입 예시

 [한글] 남자가 굵고 선명한 글씨로 "SAVE OUR PLANET"이라고 적힌 표지판을 들고 카메라를 쳐다보는 모습을 만들어 주세요.
[영문] The man holds a sign clearly written with bold letters "SAVE OUR PLANET" as he looks up into the camera.

③ 말풍선 형태로 텍스트 넣기

말풍선을 통해 캐릭터가 독자와 직접 대화하는 듯이 친근하고 생동감 있는 표현이 가능합니다. 만화형 콘텐츠, 캐릭터 소개, 유머, 대화형 메시지를 전달할 때 사용합니다.

말풍선 텍스트 삽입 예시

[한글] 만화 스타일. 자신감 있는 표정의 남성 캐릭터가 한 손을 위로 들어 올리며 서 있다.
캐릭터 머리 위에는 말풍선이 있고, 그 안에는 "자, 이 세계의 숨겨진 룰을 보여 줄 시간이야."라는 문구가 들어 있다.
[영문] A confident cartoon-style character standing with one hand pointing upward, a clear speech bubble above saying "자, 이 세계의 숨겨진 룰을 보여 줄 시간이야."

④ 상단 제목 스타일로 텍스트 넣기

이미지 상단에 제목이나 핵심 문구를 넣어 즉각적으로 시선을 사로잡는 방식입니다. 썸네일 이미지, 포스터, 광고 배너 등 콘텐츠의 주제를 강조할 때 효과적입니다.

상단 제목 텍스트 삽입 예시

 [한글] 이미지 상단에 "TINTIN: INTO THE FUTURE CITY"라는 제목을 강렬하고 드라마틱한 느낌으로 뚜렷하게 넣어 주세요. 틴틴과 스노위가 사이버펑크 분위기의 도시 뒷골목에서 경계를 늦추지 않고 걷고 있으며, 배경에는 네온사인과 드론이 날아다니는 어두운 미래 도시가 펼쳐져 있습니다.
[영문] At the top of the image, prominently write the title "Tintin: Into the Future City" clearly, capturing an engaging and dramatic feel. Tintin and Snowy are sneaking through a cyberpunk alleyway, surrounded by neon lights, flying drones, and futuristic skyscrapers in a dark dystopian setting.

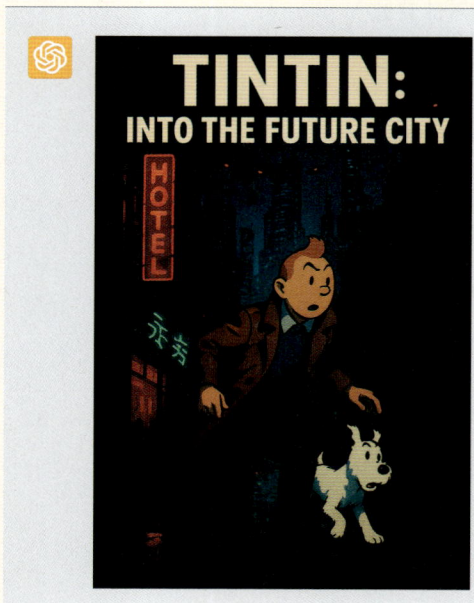

⑤ 반투명 텍스트 박스 넣기

반투명 박스를 활용해 이미지와 텍스트의 균형을 유지하며 세련된 느낌을 연출합니다. 제품 상세 페이지, 프로모션 배너, 홈페이지 헤더 등 메시지를 강조하면서 감각적인 느낌을 드러내고 싶을 때 사용합니다. 이미지만으로 부족한 메시지를 명확하게 전달하고 독자의 관심과 몰입도를 효과적으로 높일 수 있습니다.

반투명 텍스트 박스 삽입 예시

[한글] 밝은 조명의 고급 레스토랑 테이블 위, 여름 시즌을 테마로 한 셰프 특선 요리가 정갈하게 플레이팅되어 있음. 도톰하고 노릇하게 구워진 흰살 생선이 접시 중앙에 놓여 있고, 위에는 신선한 루꼴라가 풍성하게 얹혀 있음. 생선 아래에는 얇게 썬 그릴드 주키니, 반으로 자른 방울토마토, 동그랗게 썬 옥수수 조각이 균형 있게 배치됨. 접시 바닥에는 초록색 허브 소스가 넓게 펼쳐져 있으며, 생선 위에는 크리미한 화이트 소스가 자연스럽게 흘러내림. 배경은 나무 질감이 강조된 따뜻한 톤의 테이블, 전체적으로 고급 레스토랑 분위기. 이미지 상단에는 흰색 반투명 박스(불투명도 50%) 위에 고급스러운 세리프 서체로 "Chef's Special: Summer Delight" 문구가 선명하게 삽입되어 있음.

[영문] On a wooden fine-dining restaurant table, a summer-themed chef's special dish is beautifully plated. At the center of the ceramic plate is a thick, golden-seared white fish fillet, topped with a generous handful of fresh arugula.Below the fish are thinly sliced grilled zucchini, halved cherry tomatoes, and a neatly cut round of corn, arranged with balance and symmetry.The dish is served on a vibrant green herb sauce that spreads across the plate base. A creamy white sauce is gently drizzled over the fish. The table has a warm wood texture, contributing to an upscale dining atmosphere. At the top of the image, a semi-transparent white box(50% opacity) contains the elegantly styled serif text: "Chef's Special: Summer Delight"

⑥ 하단에 설명 문구 넣기

이미지 하단에 추가 정보를 간단히 설명하는 형태로 콘텐츠의 맥락과 의미를 명확히 전달합니다. 제품 상세 설명, 날짜나 장소 표시, 사진 출처 및 저작권 표시 등에 활용합니다.

이미지 하단에 텍스트 삽입 예시

[한글] 이미지 하단에 작은 글씨로 "2024년 5月, 제주도 성산일출봉"이라고 추가해주세요.
[영문] At the bottom of the image, clearly add the small-sized text "2024년 5月, 제주도 성산일출봉"

⑦ 배경과 텍스트 대비 강조하기

이미지 위의 텍스트가 선명히 드러나도록 텍스트와 배경 간의 강한 대비를 주는 방식입니다. 홍보 배너, 할인 이벤트, 긴급 공지와 같이 즉각적으로 주의를 끌어야 할 때 효과적입니다.

배경과 대비되는 텍스트 예시

[한글] 밝은 베이지 톤의 배경 위에 다양한 화장품 용기가 상단에서 평면으로 촬영된 구성.
왼쪽에는 크림 용기, 미스트 스프레이, 드롭형 세럼 용기, 튜브형 로션 등이 자연스럽게 배치되어 있고, 오른쪽에는 투명 플라스틱 병과 베이지색 파우더 케이스가 깔끔하게 놓여 있음. 이미지 중앙에는 굵고 선명한 텍스트로 프로모션 문구가 삽입되어 있음. "LIMITED TIME"는 흰색 대문자 고딕체로, 그 아래에 "50% OFF!"는 빨간색 대형 볼드체로 강조되어 있음. 전체적으로 심플하고 고급스러운 코스메틱 브랜드 광고 배너 스타일. 카메라 시점은 위에서 내려다보는 탑 뷰(top view), 이미지 비율은 16:9

[영문] A flat lay composition shot from a top-down perspective on a light beige background. Various cosmetic containers are arranged with a clean and minimal aesthetic. On the left side: a cream jar, a mist spray bottle, a dropper serum bottle, and a white lotion tube are naturally placed. On the right side: a transparent plastic bottle and a beige-colored compact powder case are neatly positioned. In the center of the image, bold promotional text is overlaid: **"LIMITED TIME"** in white uppercase sans-serif font, and directly below, **"50% OFF!"** in large, bold red lettering for strong emphasis. The overall design resembles a sleek and premium cosmetic brand advertisement banner. Aspect ratio is 16:9, with a clean and spacious layout ideal for product marketing visuals.

3부

마케팅 & 프로모션

현대 소비자들은 긴 설명 대신 핵심 메시지가 담긴 간결하고 직관적인 콘텐츠를 선호하기 때문에 시각적으로 매력적인 콘텐츠의 필요성은 더욱 커지고 있습니다. 하지만 디자인 경험이 부족한 마케터나 소규모 사업자에게는 매번 새로운 프로모션 콘텐츠를 기획하고 제작하는 것이 어렵고 부담스럽습니다. 복잡한 그래픽 도구를 배우거나 전문 디자이너에게 의뢰하기엔 시간과 비용이 많이 들기 때문입니다.

3부에서는 챗GPT의 이미지 생성 기능을 활용해 시간과 비용 부담을 줄이고 누구나 쉽게 제품 홍보 이미지, 카드 뉴스, 행사 포스터, 상품 상세 페이지 같은 마케팅 및 프로모션 콘텐츠를 제작하는 방법을 안내합니다. 이제 디자인 경험이 없어도 저비용 고효율로 마케팅 경쟁력을 높일 수 있을 것입니다.

Project 08 — 5분 만에 기획부터 디자인까지 완성하는 카드 뉴스

온라인 세상에는 매 순간 방대한 정보가 쏟아집니다. 사람들은 더 이상 긴 글과 복잡한 설명을 선호하지 않습니다. 핵심만 빠르게 파악하고자 합니다. 이런 흐름 속에서 카드 뉴스는 짧고 명확한 메시지와 시선을 끄는 이미지가 결합된 콘텐츠 형식으로, SNS뿐 아니라 기업 내부 커뮤니케이션용으로도 활용도가 높습니다. 이제 카드 뉴스는 마케팅을 위한 기본 콘텐츠가 되어 미리캔버스, 망고보드, 캔바 등 누구나 쉽게 제작할 수 있는 다양한 서비스가 등장하기도 했죠.

최근에는 AI 이미지 도구의 발전으로 카드 뉴스 제작 환경이 크게 달라졌습니다. 특히 미드저니를 비롯한 이미지 생성 도구들이 등장하면서, 누구나 시각 콘텐츠를 손쉽게 만들 수 있게 되었습니다. 여기에 챗GPT도 이미지 생성 기능을 통합하면서, 단순한 이미지 제작을 넘어 콘텐츠 기획까지 아우를 수 있는 강력한 도구로 자리 잡고 있습니다.

카드 뉴스 제작에서 가장 어려운 단계는 콘텐츠 기획과 이미지 구성입니다. 특히 어떤 이미지를 만들고, 어떤 흐름으로 배치해야 할지 막막합니다. 이때 텍스트 생성에 특화된 챗GPT가 큰 도움이 됩니다. 프롬프트 몇 줄만으로 이미지 제작은 물론, 콘텐츠 기획과 메시지 구성까지 모두 처리할 수 있기 때문입니다. 이처럼 AI 도구를 적절히 활용하면 브랜드의 메시지를 명확하고 매력적으로 전달하는 카드 뉴스를 누구나 제작할 수 있습니다.

진행 단계

① 타깃, 핵심 키워드, 목표 설정하기

② 구성 기획하기

③ 프롬프트 작성 및 이미지 생성하기

완성 이미지

01 타깃, 핵심 키워드, 목표 설정하기

카드 뉴스를 통해 소개할 제품은 에어핏 텀블러라는 가상의 초경량 휴대용 텀블러입니다. 이 단계에서는 제품 이미지를 미리 준비해, 이후 제작 과정에서 레퍼런스로 활용할 수 있도록 합니다. 제품 이미지는 전체 카드 뉴스의 스타일과 방향을 결정하는 핵심 요소 중 하나입니다. 가상의 제품을 활용하기 위해 다음과 같은 제품 이미지를 직접 제작하겠습니다.

가상의 제품 이미지 생성

 하얀 배경 위에 세련된 미니멀 디자인이 특징인 '에어핏 텀블러' 단독 제품 이미지. 슬림한 실루엣과 매트한 무광 재질, 다크그레이 색상. 텀블러 앞면 중앙에 흰색 산세리프체로 "AirFit" 로고가 선명하게 인쇄되어 있음. 제품 하단에 가볍고 간결한 그림자. 텍스트나 배경 요소 없이 제품만 강조된 구성. 1:1 비율

이제 이 제품의 홍보를 위한 타깃, 핵심 메시지, 목표를 다음과 같이 정리합니다.

타깃
- 카페 이용이나 야외 활동이 잦고, 친환경 소비에 관심이 있는 사람
- 매일 텀블러를 들고 다니지만 무게나 부피 때문에 불편함을 느끼는 사람
- 스타일을 중요하게 생각하면서도 실용성도 포기하지 않는 사람

핵심 키워드
- 가벼운 동반자
- 170g 초경량
- 10시간 보온 · 보냉
- 친환경 코팅

목표
- 제품의 가벼움, 보온력, 친환경성, 감성 스타일을 감각적으로 전달
- 사용자의 일상에 녹아든 다양한 활용 장면을 통해 공감 유도

이렇게 SNS 홍보 및 상세 페이지에 활용할 수 있는 5장 구성의 카드 뉴스를 만들어 보겠습니다.

02 구성 기획하기

카드 뉴스에서 콘텐츠 구성은 매우 중요한 단계입니다. 독자들이 내용을 명확히 이해하고 기억할 수 있도록 각 카드마다 핵심 메시지와 독립적인 스토리를 구성하고, 전체 카드가 자연스럽게 연결되도록 구성해야 합니다. 따라서 강조하려는 요소마다 개별 카드 뉴스를 제작하는 경우가 많습니다. 이번에 제작할 에어핏 텀블러 카드 뉴스는 타깃 중에서도 '야외 활동이 잦은 사람'에 초점을 맞춰 구성하고자 합니다. 이 타깃에 맞춰 5장의 카드 뉴스 구성 기획을 챗GPT

에 요청하면 빠르게 카드 뉴스 콘텐츠를 구성할 수 있습니다. 프롬프트에 앞서 정리한 타깃, 핵심 키워드, 목표를 포함해주세요.

카드 뉴스 구성 요청

 제품 홍보용 카드 뉴스의 구성을 표로 정리해주세요. 제품에 대한 정보는 다음과 같습니다.

제품명: 에어핏 텀블러
타깃:
– 카페 이용이나 야외 활동이 잦고, 친환경 소비에 관심이 있는 사람
– 매일 텀블러를 들고 다니지만 무게나 부피 때문에 불편함을 느끼는 사람
– 스타일도 중요하게 생각하면서도 실용성도 포기하지 않는 사람

핵심 키워드:
– 가벼운 동반자
– 170g 초경량
– 10시간 보온·보냉
– 친환경 코팅

목표:
– 제품의 가벼움, 보온력, 친환경성, 감성 스타일을 감각적으로 전달
– 사용자의 일상에 녹아든 다양한 활용 장면을 통해 공감 유도

카드 뉴스는 총 5장으로 구성하고, 그중 1장은 타깃 중 '야외 활동이 잦은 사람', 나머지 장은 제품의 핵심 키워드를 담아 주세요. 각 장의 내용 구성과 핵심 메시지를 표 형태로 정리해주세요.

카드	내용 구성	핵심 메시지
1장	캠핑, 등산 등 야외 활동 시나리오 제시	가벼운 동반자
2장	무게 강조 - 타 텀블러와 비교	170g 초경량
3장	밀폐+보온 기능 강조	360° 밀폐 / 10시간 보온 · 보냉
4장	색상+친환경 코팅 강조	친환경 코팅
5장	SNS 이벤트 참여 유도	#airfitlover 인증 이벤트

요청한 대로 1장은 '야외 활동이 잦은 사람'을 고려해 캠핑, 등산 등 야외 활동을 하는 독자를 대상으로 하고 2장부터 4장까지 제품의 강점, 마지막 5장은 실사용자 리뷰를 유도하는 이벤트 안내로 구성되었습니다.

03 프롬프트 작성 및 이미지 생성하기

프롬프트는 카드 뉴스 제작 단계의 핵심으로, 구체적인 이미지 생성의 기초가 됩니다. 원하는 스타일과 내용을 구체적으로 전달하도록 프롬프트를 구성해야 합니다. 제품 및 브랜드 특성을 반영해 시각적 요소를 명확히 설정하고, 캐릭터, 배경색, 톤앤매너 등을 사전에 명확히 기획해야 합니다. 또, 카드마다 의도한 메시지와 브랜드 정체성을 정확히 표현할 수 있도록 스타일과 컬러를 통일하며, 일관된 시각 요소를 유지해야 합니다. 에어핏 텀블러 카드 뉴스는 모든 카드가 일관된 플랫 일러스트와 감성 톤으로 구성되도록 프롬프트를 설계했습니다. 이를 통해 브랜드의 감성적이고 친근한 느낌을 강조했습니다.

이렇게 원하는 카드 뉴스의 톤을 정했다면, 앞서 정리한 구성 표를 활용해 각 장의 이미지를 생성하기 위한 프롬프트를 요청합니다.

이미지 생성 프롬프트 요청

다음 표를 참고해 5장의 카드 뉴스 이미지 생성을 위한 **프롬프트**를 작성해주세요. 생성할 이미지의 스타일은 플랫한 일러스트로, 편안한 파스텔 톤입니다.

카드	내용 구성	핵심 메시지
1장	캠핑, 등산 등 야외 활동 시나리오 제시	가벼운 동반자
2장	무게 강조 - 타 텀블러와 비교	170g 초경량
3장	밀폐+보온 기능 강조	360° 밀폐/10시간 보온·보냉
4장	색상+친환경 코팅 강조	친환경 코팅
5장	SNS 이벤트 참여 유도	#airfitlover 인증 이벤트

- **1장(캠핑)**
따뜻한 카키 톤 배경의 플랫 일러스트. 캠핑 의자 옆 야외 테이블에 "에어핏 텀블러"를 들고 미소 짓는 캐주얼 복장의 친근한 남성 캐릭터. 뒤로는 텐트와 나무, 파란 하늘이 보이며, 텀블러 위로는 "가벼운 동반자" 텍스트를 삽입할 공간을 남겨 두기. 편안한 파스텔 톤의 플랫 일러스트 스타일. 1:1 비율

- **2장(무게)**
화이트 배경의 깔끔한 플랫 일러스트. 중앙에 170g 저울 위에 올려진 에어핏 텀블러, 옆에는 눈금 표시된 저울 다이얼. 옆에는 심플한 데일리룩(니트 상의와 슬림 팬츠)의 친근한 여성 캐릭터가 미소 지으며 텀블러 쪽을 바라보는 모습. 편안한 파스텔 톤의 플랫 일러스트 스타일. 1:1 비율

- **3장(밀폐/보온)**
화이트+라이트 블루 포인트 배경의 플랫 일러스트. 물방울을 막아내는 밀폐 뚜껑 아이콘과 온도계를 들고 있는 캐릭터(스마트 정장 차림의 남성)가 에어핏 텀블러를 소개하는 장면. 편안한 파스텔 톤의 플랫 일러스트 스타일. 1:1 비율

> **• 4장(친환경 코팅)**
> 화이트 배경의 모던 플랫 일러스트. 모던 그레이·민트·테라코타·네이비 4가지 컬러의 에어핏 텀블러가 일렬로 나열된 모습. 앞쪽에서 팔짱 낀 채 미소 짓는 귀여운 여성 캐릭터(친환경 콘셉트 의상)와 작은 나뭇잎 아이콘을 함께 배치. 편안한 파스텔 톤의 플랫 일러스트 스타일. 1:1 비율
>
> **• 5장(SNS 인증 이벤트)**
> 라이트 민트 배경의 플랫 일러스트. 인스타그램 프레임 안에 "#airfitlover" 해시태그와 하트·댓글 아이콘이 보이고, 중앙에 에어핏 텀블러를 들고 인증 포즈를 취하는 남녀 커플 캐릭터. 편안한 파스텔 톤의 플랫 일러스트 스타일. 1:1 비율

챗GPT가 생성한 프롬프트를 보면 매번 스타일과 카드 뉴스에 적합한 비율을 기재하는 것을 확인할 수 있습니다. 필요한 이미지는 5장이지만, 하나의 카드 뉴스로 기능할 수 있도록 일관된 스타일과 비율로 생성할 수 있어야 하기 때문입니다. 직접 이미지 생성 프롬프트를 입력한다면, 모든 카드가 브랜드 아이덴티티와 메시지를 명확히 전달할 수 있도록 이미지 구도, 색상 팔레트, 캐릭터 스타일 등을 신중하게 고려하는 것이 좋습니다.

이제 이 프롬프트를 기반으로 카드 뉴스 이미지를 제작합니다.

카드 뉴스 이미지 생성

 1장(캠핑)
따뜻한 카키 톤 배경의 플랫 일러스트. 캠핑 의자 옆 야외 테이블에 "에어핏 텀블러"를 들고 미소 짓는 캐주얼 복장의 친근한 남성 캐릭터. 뒤로는 텐트와 나무, 파란 하늘이 보이며, 텀블러 위로는 "가벼운 동반자" 텍스트를 삽입할 공간을 남겨 두기. 파스텔 톤의 플랫 일러스트 스타일. 1:1 비율

2장(무게)
화이트 배경의 깔끔한 플랫 일러스트. 중앙에 170g 저울 위에 올려진 에어핏 텀블러, 옆에는 눈금 표시된 저울 다이얼. 옆에는 심플한 데일리룩(니트 상의와 슬림 팬츠)의 친근한 여성 캐릭터가 미소 지으며 텀블러 쪽을 바라보는 모습. 파스텔 톤의 플랫 일러스트 스타일. 1:1 비율

3장(밀폐/보온)
화이트+라이트 블루 포인트 배경의 플랫 일러스트. 물방울을 막아내는 밀폐 뚜껑 아이콘과 온도계를 들고 있는 캐릭터(스마트 정장 차림의 남성)가 에어핏 텀블러를 소개하는 장면. 파스텔 톤의 플랫 일러스트 스타일. 1:1 비율

4장(친환경 코팅)
화이트 배경의 모던 플랫 일러스트. 모던 그레이 · 민트 · 테라코타 · 네이비 4가지 컬러의 에어핏 텀블러가 일렬로 나열된 모습. 앞쪽에서 팔짱 낀 채 미소 짓는 귀여운 여성 캐릭터(친환경 콘셉트 의상)와 작은 나뭇잎 아이콘을 함께 배치. 파스텔 톤의 플랫 일러스트 스타일. 1:1 비율

5장(SNS 인증 이벤트)
라이트 민트 배경의 플랫 일러스트. 인스타그램 프레임 안에 "#airfitlover" 해시태 그와 하트·댓글 아이콘이 보이고, 중앙에 에어핏 텀블러를 들고 인증 포즈를 취하 는 남녀 커플 캐릭터. 파스텔 톤의 플랫 일러스트 스타일. 1:1 비율

카드 뉴스에 브랜드 로고를 장마다 추가하거나 원하는 디자인 템플릿이 있다면 구성을 기획하는 단계에서 원하는 참고 이미지를 첨부해서 디테일을 더하는 것도 방법입니다.

이렇게 챗GPT만으로 카드 뉴스 기획부터 디자인까지 빠르게 완성했습니다. 이 과정을 따르면 전문 디자이너가 아니더라도 누구나 쉽게 브랜드 카드 뉴스를 제작할 수 있습니다. 이는 제품 홍보, 기업 브랜딩, SNS 콘텐츠 등 다양한 마케팅과 커뮤니케이션 영역에서 효과적으로 활용할 수 있습니다.

[응용] 제품을 홍보할 가상의 모델 캐스팅하기

실제 제품 홍보 사진을 사용할 때는 일러스트나 캐릭터보다 실제 제품의 디자인이 돋보이도록 모델을 활용하는 경우가 많습니다. 이 경우 챗GPT를 통해 가상의 모델을 캐스팅하는 방법도 있습니다. 앞서 생성한 카드 뉴스 중 1장을 실제 사진 스타일로 변경하여 더욱 현실감 있게 표현할 수 있습니다. 이 과정에서는 기존 이미지를 유지하면서 스타일만 변경하거나, 기업에서 보유한 실제 제품 및 캐릭터 이미지를 반영하여 브랜드 정체성을 더욱 명확히 드러낼 수 있습니다.

일러스트를 실사로 변경

첨부한 일러스트 이미지(첨부 1)와 동일한 구도를 유지하되, 스타일은 실사 이미지로 변경해주세요.
인물은 동양인 남성으로 설정해주세요.
일러스트 속 텀블러 이미지는 두 번째 첨부한 제품 사진을 그대로 활용해주세요.

[첨부 1]

[첨부 2]

이렇게 생성한 이미지를 바탕으로 인물의 성별, 옷 색깔, 배경 등을 원하는 대로 조금씩 수정할 수 있습니다. 특정 요소만 변경할 때는 다른 요소들을 그대로 유지하도록 프롬프트에 요청하는 것이 중요합니다.

이미지 세부 사항 수정

 첨부한 이미지에서 인물과 구도를 모두 최대한 그대로 유지하되, 남성이 들고 있는 텀블러의 색을 민트색으로 바꿔 주세요.

이처럼 챗GPT의 이미지 생성 기능을 활용하면 간편한 프롬프트 입력만으로 제품이나 브랜드에 맞게 이미지를 편집하여 완성도를 높일 수 있습니다.

Project 09 디자인 경험 없어도 뚝딱 만드는 행사 포스터

세미나, 워크숍, 축제 등 다양한 행사에 빠질 수 없는 것이 바로 행사 홍보를 위한 포스터입니다. 포스터는 행사에 대한 첫인상을 주는 콘텐츠로서, 빠르게 시선을 끌고 핵심 정보를 명확히 전달하여 사람들의 참여를 유도하는 역할을 합니다. 행사의 성공 여부는 포스터 디자인이 결정한다고 해도 과언이 아닙니다.

하지만 포스터 제작 경험이 부족하거나 디자인 도구에 익숙하지 않다면 포스터를 제작하는 일이 결코 쉽지 않습니다. 행사명, 일정, 장소 등의 필수 정보를 보기 좋게 배치하고, 시각적으로 매력적인 이미지를 구성하는 과정에서 어려움과 시간이 많이 소요됩니다. 특히 급하게 홍보 포스터를 준비해야 하는 상황에서는 이런 고민이 더욱 크게 느껴질 수밖에 없습니다.

이러한 문제를 챗GPT의 이미지 생성 기능이 효과적으로 해결해줄 수 있습니다. 간단한 프롬프트만으로 행사 분위기와 목적에 맞는 포스터 이미지를 손쉽게 만들 수 있습니다. 이 과정은 사용자의 시간을 절약해줄 뿐만 아니라, 핵심 메시지와 시각적 요소에 집중할 수 있도록 도와줍니다.

AI를 활용한 행사 포스터를 제작할 때 가장 많은 시행착오를 겪는 것은 전달할 행사 정보를 눈에 띄게 잘 배치하는 것과 한글 텍스트가 깨지지 않는 것입니다. 포스터를 제작하고 편집하는 과정을 단계별로 살펴보겠습니다.

진행 단계

① 포스터 구성 요소 정리하기

② 프롬프트 작성 및 이미지 생성하기

③ 이미지 및 텍스트 편집하기

완성 이미지

01 포스터 구성 요소 정리하기

포스터를 기획할 때 가장 먼저 해야 할 일은 목적을 명확하게 설정하는 것입니다. 신제품 홍보 포스터라면 '언제, 어디서, 어떤 제품을' 알릴지, 행사 홍보 포스터라면 '누구의 참여를, 어떻게 유도할지'를 구체적으로 정리합니다. 이때 타깃의 연령대, 관심사, 라이프스타일과 같은 프로필을 명확히 그려보면 톤앤매너와 메시지 방향을 보다 효과적으로 잡을 수 있습니다.

목적이 정해지면 전달하고자 하는 핵심 메시지를 한 문장으로 압축합니다. 메시지는 '누구에게, 무엇을, 왜'의 요소를 명확히 담아 누구나 한눈에 이해할 수 있게 작성합니다. 그런 다음 전체적인 포스터의 스타일과 분위기, 이에 따른 주요 색상과 강조할 문구 등을 정합니다.

포스터 구성 요소

- 포스터의 목적(행사 안내, 할인 이벤트, 공지사항 등)
- 핵심 메시지(누구에게, 무엇을, 왜 등)
- 포스터 분위기(경쾌한, 진지한, 감성적인, 현대적인 등)
- 주요 색상
- 주요 키워드

목적에 맞는 스타일 선택도 중요합니다. 어떤 스타일을 선택하느냐에 따라 세부 요소의 디자인이 달라집니다. 포스터의 용도와 분위기에 따라 적합한 디자인 스타일을 결정하세요.

포스터 스타일과 세부 요소

- **타이포그래피 중심 디자인**
  - 굵은 메시지 한 줄
  - 상단/중앙에 강렬한 텍스트 배치
  - 배경은 심플하게, 컬러 포인트 강조

- **일러스트 활용 디자인**
  - 감성적 장면 중심(사람, 공간 등)
  - 아랫부분 또는 상단에 타이틀 삽입 공간 확보
  - 플랫 스타일 또는 수채화 느낌 활용

- **컬러풀한 그래픽 디자인**
  - 추상 패턴, 팝아트 요소
  - 비비드 컬러 배합
  - 좌우 균형보다 컬러 임팩트 중심

- **모던하고 세련된 디자인**
  - 여백 + 그리드 기반 정렬
  - 아이콘, 인포그래픽 활용
  - 회색/네이비 계열 바탕에 포인트 컬러 구성

우리가 제작할 포스터는 서울숲 공원에서 개최되는 가상 행사인 '봄 플리마켓'을 홍보하고, 시민들이 행사일에 이곳을 방문하도록 유도하는 것이 목적입니다. 주요 대상은 봄 나들이를 계획 중인 서울 시민과 가족, 친구들이며, 포스터는 밝고 따뜻한 파스텔 톤의 감성적인 일러스트 스타일로 친근감을 전달합니다. 전달할 핵심 메시지는 "서울숲 공원에서 만나는 봄 플리마켓, 4월 20일에 열립니다"로 구성하며, 포스터의 주요 키워드는 봄, 플리마켓, 4월 20일, 서울숲 공원입니다.

포스터 구성 요소 예시

- **포스터의 목적**: 4월 20일 서울숲 공원에서 개최되는 '봄 플리마켓' 홍보
- **주요 대상**: 봄 나들이를 계획 중인 서울 시민과 가족, 친구
- **핵심 메시지**: 서울숲 공원에서 만나는 봄 플리마켓, 4월 20일에 열립니다.
- **포스터 분위기**: 밝고 따뜻한 톤, 감성적인 일러스트 디자인
- **주요 색상**: 봄 느낌이 물씬나는 분홍색, 노란색
- **주요 키워드**: 봄, 플리마켓, 4월 20일, · 서울숲 공원

기획 단계에서 이러한 내용을 명확히 할수록 챗GPT가 제공하는 결과물의 완성도와 만족도가 높아집니다.

02 프롬프트 작성 및 이미지 생성하기

이번 포스터의 콘셉트는 봄맞이 나들이로, 밝고 따뜻한 톤의 일러스트를 사용하고, 행사명과 날짜, 장소가 한눈에 들어오도록 구성해야 합니다. 이를 효과적으로 전달하려면 앞서 기획 단계에서 작성한 목적, 주요 대상, 분위기 등을 구조화한 포스트 템플릿을 만들어 프롬프트를 작성하는 것이 좋습니다.

행사용 포스터 생성

 다음 포스터 템플릿을 참고해 봄맞이 플리마켓 홍보를 위한 세로형(9:16) 포스터를 제작해주세요. 밝고 따뜻한 파스텔 톤(파스텔 핑크, 민트, 옐로 등)을 메인 컬러로 사용하며, 전체적으로 미니멀하고 현대적인 느낌을 강조합니다. 전체적으로 여백을 충분히 확보하여 편안한 느낌이 들도록 디자인해주세요.

포스터 템플릿
[기본 정보]
- 포스터 제목: 봄 플리마켓
- 목적: 행사 홍보 및 방문 유도

- 대상(타깃): 봄 나들이를 원하는 서울 시민, 가족, 연인, 친구
- 제작 목적 및 기대 효과: 서울숲 공원에서 열리는 봄 플리마켓을 알려 시민들의 적극적인 참여 유도

[메시지 구성]
- 핵심 메시지: 서울숲 공원에서 만나는 봄 플리마켓, 4월 20일에 열립니다.
- 강조할 키워드(최대 3가지): 봄 플리마켓, 4월 20일, 서울숲 공원

[분위기 및 스타일 설정]
- 포스터 분위기: 밝고 따뜻한, 미니멀하고 현대적인 스타일
- 주요 색상: 파스텔 핑크, 파스텔 민트, 파스텔 옐로 등 화사하고 부드러운 톤
- 글꼴 스타일: 간결하고 현대적인 산세리프체

[디자인 스타일 선택]
일러스트레이션 활용 디자인

[레이아웃 상세 구성]
상단(타이틀):
- '봄 플리마켓'이라는 타이틀을 큰 크기의 명확한 텍스트로 배치
- 부드러운 파스텔 톤의 밝은 컬러 활용

중앙(메인 비주얼):
- 봄을 상징하는 벚꽃나무, 꽃, 플리마켓 부스 등이 포함된 미니멀한 플랫 스타일 일러스트
- 보는 이의 시선을 편안하고 자연스럽게 유도하는 밝은 이미지 구성

하단(세부 정보, CTA):
- 날짜 "4월 20일"과 장소 "서울숲 공원"의 정보를 명확히 강조 배치
- 방문 독려 문구(예: 지금 방문 일정을 확인하세요!) 추가

이렇게 생성한 이미지는 포스터의 시안 역할로, 행사 주제와 목적에 맞는 스타일과 톤을 유지하는지, 요청한 문구가 모두 제대로 작성되었는지 확인하고 필요에 따라 재생성이나 보완을 요청합니다.

03 이미지 및 텍스트 편집하기

마지막으로 생성한 이미지를 목적에 맞게 세밀하게 다듬고, 전달력을 높이는 최종 보정 단계를 거칩니다. 이 단계에서는 텍스트, 레이아웃, 시각 요소 등을 수정하여 디자인의 완성도를 높입니다. 특히 텍스트 편집이 필요할 때는 챗GPT 프롬프트를 통해 간단한 문구 수정이나 위치 조정은 가능하지만, 폰트 변경이나 세부 배치 조정 등은 외부 편집 도구를 활용하면 더욱 유연하고 정교하게 작업할 수 있습니다. 다음은 앞서 생성한 이미지에 파워포인트를 통해 추가 텍스트 작업을 한 이미지입니다. 최상단에 카피를 추가하고, 하단에 참여를 유도하는 문구를 보완했습니다.

추가 편집을 거친 최종 행사 포스터

챗GPT를 활용해 이미지를 편집한다면 프롬프트로 필요한 부분을 명확하게 짚어 주는 것이 중요합니다. 다음은 챗GPT로 포스터 이미지 편집 시 활용할 수 있는 프롬프트 예시입니다.

텍스트 편집 프롬프트 예시
포스터의 핵심 메시지를 효과적으로 전달하기 위해 텍스트의 내용, 크기, 색상, 위치, 정렬을 조정할 수 있습니다. 강조하고 싶은 문장은 색상이나 크기를 달리해 시선을 유도하면 효과적입니다.

> 상단 타이틀 '봄 플리마켓'의 글씨 크기를 키워 주세요.

> 하단 문구를 가운데 정렬로 변경해주세요.

> 날짜와 장소 텍스트 색상을 어두운 회색에서 파스텔 블루로 바꿔 주세요.

레이아웃 재배치

레이아웃 편집은 요소 간 배치와 간격을 조정해 시각적 흐름을 개선하고 균형감 있는 디자인을 완성하는 데 유용합니다. 예를 들어, 행사명은 상단에, 장소와 날짜는 하단에 배치하는 구성이 대표적입니다.

> 날짜와 장소 정보를 중앙 하단으로 옮겨 주세요.

> 메인 일러스트와 텍스트 사이 간격을 더 벌려 주세요.

> 전체 요소를 화면 중심 정렬로 맞춰 주세요.

시각 요소 추가/삭제

포스터의 시각적 완성도를 높이기 위해 불필요한 요소를 제거하거나, 필요에 따라 아이콘·배경·장식 등의 시각 요소를 추가할 수 있습니다. 예를 들어 봄 분위기를 살리고자 벚꽃 잎이나 캐릭터를 추가하는 작업이 여기에 해당합니다.

 배경에 벚꽃 잎이 흩날리는 효과를 추가해주세요.

 포스터 하단의 불필요한 가로선은 제거해주세요.

 우측 하단에 인스타그램 아이콘과 해시태그 "#봄플리마켓"을 삽입해주세요.

이미지 교체

기존 포스터 구성을 유지하면서 특정 요소를 교체하여 분위기를 바꾸는 것도 가능합니다. 예를 들어, 일러스트 캐릭터를 실제 사진이나 다른 스타일로 대체할 수 있습니다. 이 경우 원하는 이미지를 첨부하는 것이 더 명확한 결과물을 얻을 수 있습니다.

 중앙의 플리마켓 부스를 실사 스타일 일러스트로 변경해주세요.

 주요 캐릭터를 엄마와 아이가 함께 걷는 모습으로 바꿔 주세요.

 벚꽃나무 대신 연둣빛 잎이 풍성한 나무로 교체해주세요.

이처럼 이미지 편집은 디자인의 방향성과 의도를 더욱 정확하게 구현하기 위해 꼭 필요한 과정입니다. 챗GPT로 이미지 초안을 제작한 후에는 목적에 맞게 정교한 편집 요청을 단계적으로 진행하는 것이 좋습니다.

Project 10 레이아웃을 활용한 행사 포스터

대부분 행사 포스터는 로고, 메인 카피, 서브 카피, 메인 이미지, 행사 날짜와 CTA_{Call To Action} 버튼으로 구성되어 있어 구도와 요소가 비슷합니다. 이전 프로젝트에서는 구체적인 구성 요소를 작성해 포스터를 만들었다면 이번에는 포스터에 반드시 포함되는 요소들이 어디에 배치되어야 할지 정리한 레이아웃 이미지를 활용해 행사 포스터를 만들어 보겠습니다. 이렇게 만든 레이아웃 이미지를 활용하면 구성 요소만 정리해 두어도 즉각 원하는 구도로 포스터를 만들 수 있어 여러 포스터를 만들어야 할 때 무척 유용합니다.

이번 프로젝트에서는 레이아웃 이미지를 첨부해 지정된 영역에 원하는 콘텐츠 요소를 배치하는 과정을 살펴보겠습니다.

진행 단계

　　① 레이아웃 정리하기

　　② 프롬프트 작성 및 이미지 생성하기

　　③ 레이아웃 응용하기

완성 이미지

01 레이아웃 정리하기

보편적으로 포스터는 최상단부터 차례대로 로고, 메인 카피, 서브 카피, 메인 이미지, 행사 날짜 그리고 최하단은 CTA 버튼으로 구성되어 있습니다. 이를 차례대로 알파벳을 붙여 이미지로 나타내면 다음과 같습니다.

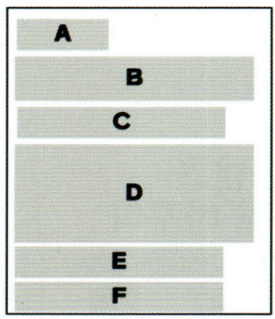

이제 정리한 내용을 바탕으로 포스터의 레이아웃을 구성합니다. 행사의 목적과 주요 메시지, 대상, 이미지 스타일, CTA 버튼 등 각 요소를 구체적으로 정의하고 배치 위치를 명시적으로 정리합니다. 예를 들어, 다음과 같은 항목으로 포스터 내용을 준비할 수 있습니다.

포스터 레이아웃 상세 요소

- **A**(로고): 상단 좌측 배치(예: hongslab)
- **B**(메인 카피): AI로 콘텐츠 디자인을 바꾸다
- **C**(서브 카피): 디지털 마케팅을 위한 AI 디자인 전략 완전 정복
- **D**(메인 이미지): 도시 배경의 사무 공간에서 노트북과 태블릿을 든 직장인 3명의 밝고 친근한 일러스트 이미지
- **E**(행사 날짜): 2025.5.10(Sat.)
- **F**(CTA 버튼): 무료 세미나 신청하기

각 요소는 배치 순서와 크기를 미리 결정하여 포스터의 시각적 흐름을 설계합니다. 이렇게 레이아웃을 만들어 두고 행사의 내용에 따라 순서나 텍스트를 수정하면 손쉽게 새로운 포스터 레이아웃을 만들 수 있습니다.

02 프롬프트 작성 및 이미지 생성하기

이제 준비한 레이아웃을 바탕으로 구체적이고 명확한 프롬프트를 작성합니다. 이때 참고할 만한 이미지를 첨부하거나 원하는 스타일을 요청하면 머릿속으로 그리던 포스터를 얻을 수 있습니다. 원하는 스타일을 명시할 때도 전체 스타일, 메인 이미지 스타일, 텍스트 스타일을 나눠서 세부적으로 요청하는 것이 좋습니다.

요소별 스타일

- **전체 스타일**: 화이트 톤 중심, 밝고 현대적, 깔끔한 느낌
- **메인 이미지 스타일**: 플랫하고 선명한 일러스트, 비즈니스 분위기의 밝고 친근한 장면
- **텍스트 스타일**: 명확하고 간결한 산세리프체

이렇게 프롬프트를 명확하게 설정하고 레퍼런스를 제시하면 AI가 목적에 맞게 최적화된 이미지를 제공합니다.

레이아웃 기반 포스터 생성 ①

 첨부된 이미지의 레이아웃과 내용을 기반으로 행사 포스터 이미지를 생성해주세요. 전체 분위기는 밝고 정제된 스타일, 화이트 배경, 테크 감성, 모던하고 미니멀한 느낌으로 제공해주세요.

[레이아웃]
A(로고): 상단 좌측 배치(예: hongslab)
B(메인 카피): AI로 콘텐츠 디자인을 바꾸다

C(서브 카피): 디지털 마케팅을 위한 AI 디자인 전략 완전 정복
D(메인 이미지): 도시 배경의 사무 공간에서 노트북과 태블릿을 든 직장인 3명의 밝고 친근한 일러스트 이미지
E(행사 날짜): 2025.5.10(Sat.)
F(CTA 버튼): 무료 세미나 신청하기

[첨부]

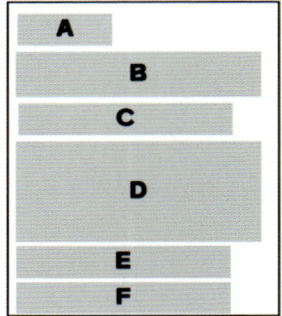

이렇게 정리된 레이아웃을 활용하면 챗GPT가 위치뿐만 아니라 각 텍스트의 중요도와 역할을 파악할 수 있어 그에 맞게 텍스트 크기, 두께를 조정해 완성도 높은 포스터를 생성하는 것을 확인할 수 있습니다.

03 레이아웃 응용하기

레이아웃을 활용하면 무척 간단하게, 다양한 포스터를 만들 수 있습니다. 앞서 만든 레이아웃에서 내용만 바꿔 또 다른 포스터를 만들어 보겠습니다. A부터 F까지 정리해 둔 요소에 해당하는 행사 내용과 원하는 스타일을 텍스트로 작성한 다음 이미지 생성을 요청합니다.

레이아웃 기반 포스터 생성 ②

 첨부된 이미지의 레이아웃과 내용을 기반으로 행사 포스터 이미지를 생성해주세요.

[레이아웃]
A(로고): 포스터 상단 좌측에 교육 브랜드 로고 "EduAI Lab"을 심플한 고딕체로 작고 정갈하게 배치해주세요.
B(메인 카피): 로고 하단 중앙에 주요 메시지 "AI와 함께하는 미래 교육"을 Noto Sans KR 폰트로 크고 선명하게 삽입해주세요.
C(서브 카피): 메인 제목 하단에 작은 크기의 텍스트로 "교육 현장에서 AI를 활용한 콘텐츠 제작 방법 완전 정복"이라는 부제목을 깔끔하게 추가해주세요.
D(메인 이미지): 포스터 중앙에는 교실에서 선생님과 학생들이 함께 스마트보드와 태블릿을 사용해 수업하는 장면을 플랫 스타일 일러스트로 밝고 긍정적인 분위기로 표현해주세요.
E(행사 날짜): 하단에 행사 일정 "2025.6.15(토) 오후 2시"를 고딕체로 명확하고 크게 강조해서 삽입해주세요.
F(CTA 버튼): 포스터 최하단에 "무료 강의 신청하기"라는 문구가 들어간 버튼을 넣고, 초록 계열 색상으로 클릭을 유도할 수 있도록 디자인해주세요.

[첨부]

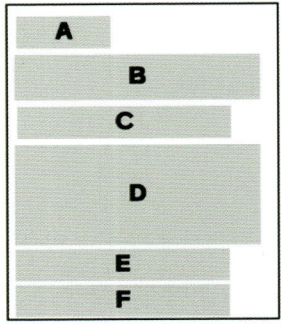

마지막으로 생성한 포스터와 요청한 프롬프트가 모두 일치하는지 확인하고 최종적으로 원하는 수준으로 미세한 조정을 진행합니다. 생성된 이미지 자체로도 충분히 사용할 수 있지만, 더 완성도를 높이려면 외부 편집 도구를 활용

하여 텍스트 크기, 위치, 배치, CTA 버튼 색상이나 크기 등 세부 조정을 하면 좋습니다.

이와 같이 명확한 레이아웃과 레퍼런스 이미지를 기반으로 포스터를 제작하면, 디자인에 익숙하지 않더라도 효과적이고 전문적인 결과물을 간편하게 얻을 수 있습니다. 이러한 방식으로 각 구성 요소를 명확히 정리한 후 프롬프트를 작성하면 원하는 스타일과 분위기의 포스터를 빠르게 제작할 수 있습니다. 디자인 경험이 없는 사람도 쉽게 따라 할 수 있어 업무의 효율성을 높이는 데 큰 도움이 됩니다. 이제 여러분도 AI를 활용해 멋진 포스터를 직접 만들어 보세요.

Project 11 — 눈길을 끄는 감성 신메뉴 홍보 이미지

SNS, 포털 메인 화면 심지어 버스 정류장이나 지하철 어디든 마주하는 곳에서 우리는 광고 이미지를 보게 됩니다. 이처럼 수많은 광고 콘텐츠 속에서 소비자의 관심을 끌기 위해서는 제품의 특징을 빠르게 전달할 수 있는 매력적인 홍보 이미지가 필수입니다. 특히 스크롤 몇 번으로 모든 정보가 지나가는 웹이나 모바일 환경에서는 이미지만으로도 제품의 가치를 명확히 보여 주는 것이 중요합니다.

하지만 소규모 매장이나 개인 브랜드에서는 홍보 이미지 제작이 쉽지 않습니다. 디자인 작업에 시간을 들이기 어렵고, 일정은 촉박한 경우가 많기 때문입니다. 이러한 상황에서 챗GPT 이미지 생성 기능은 현실적인 해결책이 될 수 있습니다. 제품 콘셉트에 맞는 이미지를 구성하고 구체적인 프롬프트만 입력하면 원하는 분위기의 제품 홍보 이미지를 만들 수 있습니다. 마케팅 일정이 빠듯할 때도 즉시 반응할 수 있어 콘텐츠 제작의 유연성과 속도를 모두 높일 수 있습니다.

이번 프로젝트에서 만들 홍보 이미지는 카페의 시즌 메뉴를 홍보하는 이미지입니다. 이렇게 만든 이미지는 SNS에 업로드하거나 인쇄해 카페의 전면에 붙여 신메뉴를 알리는 용도로 사용할 수 있습니다.

진행 단계

① 콘셉트 기획 및 시안 생성하기

② 프롬프트 작성 및 이미지 생성하기

③ 이미지 편집 및 보완하기

완성 이미지

01 콘셉트 기획 및 시안 생성하기

제품 콘셉트 기획은 홍보 이미지 제작의 첫 단계로, 매우 중요합니다. 이 단계에서 제품이 소비자에게 전달하고 싶은 핵심 가치와 특장점, 이미지의 톤앤무드를 명확히 설정하면 이미지 생성 과정이 한결 쉬워집니다.

핵심 가치

- **감성 비주얼**: SNS 인증샷 유도!
- **계절감**: 봄 시즌에 어울리는 상큼함 + 포근함

특장점

- **리얼 딸기**: 블렌딩한 생딸기를 넣어 씹는 재미와 상큼한 풍미
- **휘핑크림**: 부드럽고 달콤한 휘핑크림 토핑으로 고급 디저트 같은 만족감
- **밸런스**: 딸기, 우유, 휘핑이 조화롭게 어우러지는 맛
- **비주얼**: 레이어드된 색감과 휘핑 위 딸기 조각으로 감성 가득

이미지의 톤앤매너

- 파스텔 톤 중심(딸기 핑크, 우유 화이트, 부드러운 레드)
- 포근하고 편안한 분위기
- 설렘 가득한 봄날 느낌
- 카페 테이블 위 햇살 받는 감성 컷

이렇게 정리한 내용을 바탕으로 시안 이미지를 생성하겠습니다. 시안 이미지는 직접 촬영한 이미지를 첨부해 콘셉트 기획에 작성한 이미지의 톤앤매너에 맞게 배경이나 세부 요소를 수정한 시안 이미지로 생성해도 좋습니다. 예를 들

어, "햇살이 밝게 들어오는 아늑한 카페의 원목 테이블 위에 신선한 딸기와 휘핑크림으로 장식된 딸기 라떼가 놓인 모습"과 같이 제품이 놓인 환경을 구체적으로 연출하는 것이 중요합니다. 이번 프로젝트에서는 예시로 가상의 딸기 라떼 이미지 한 장을 생성해서 활용하겠습니다.

신메뉴 이미지 시안 생성

햇살이 밝게 들어오는 아늑한 카페, 원목 테이블 위에 신선한 딸기 조각과 휘핑크림으로 장식된 투명 유리잔 속 딸기 라떼가 놓여 있는 모습
감성적인 분위기의 SNS 홍보 이미지 스타일

02 프롬프트 작성 및 이미지 생성하기

프롬프트 작성 단계에서는 원하는 이미지 결과물을 챗GPT가 정확하게 생성할 수 있도록 핵심 정보와 스타일, 분위기 등을 분명히 전달하는 것이 중요합니다. 앞서 생성한 시안 이미지를 첨부하고 다음과 같이 프롬프트를 입력해 홍보 이미지를 생성합니다.

홍보 이미지 생성

 홍보 이미지를 생성해주세요.
이미지 상단에 필기체로 "봄날의 딸기 라떼"라고 적고, 그 아래 그보다 작은 크기로 "Cafe La Bien"을 넣어 주세요.
전체적인 분위기와 스타일은 첨부한 이미지를 참고하여 자연스럽고 밝은 카페 홍보 이미지 스타일로 생성해주세요.

[첨부]

03 이미지 편집 및 보완하기

마지막 단계로 이미지 편집과 보완을 진행합니다. 생성된 이미지를 그대로 활용해도 되지만, 세부 요소를 수정하거나 강조할 부분을 보완하면 더 높은 품질과 전문성을 갖춘 결과물을 얻을 수 있습니다. 추가 작업은 이미지를 생성한 채팅 창에서 이어서 해도 좋지만, 생성형 AI의 특성상 이미지 수정을 거칠 때마다 세부 요소나 톤이 조금씩 바뀔 수 있으므로 원하는 초안을 얻었다면 그 이미지를 파워포인트 같은 외부 편집 도구에서 수정하는 것도 방법입니다.

외부 편집 도구로 추가 편집을 거친 최종 이미지

[응용] 일러스트 배경에 제품 사진 활용하기

앞서 만든 이미지들을 활용해 이번에는 색다르게 일러스트 배경에 제품 사진을 활용한 신메뉴 홍보 이미지를 만들어 보겠습니다.

신메뉴 홍보 이미지 생성 - 일러스트 스타일

 첨부한 이미지 구도를 그대로 유지해주고 이미지 스타일을 일러스트로 변경해주세요.
다음 3가지 사항을 반영해 수정해주세요.

① 상단 타이틀 텍스트 강조
"봄날의 딸기 라떼" 문구는 지금보다 더 선명하게 강조해주세요.
짙은 브라운 색상으로 변경하고, 텍스트 뒷배경에 흐림 효과나 반투명 흰색 박스(50% 투명도)를 추가해 시인성을 높여 주세요.

② "Cafe La Bien" 위치 재배치
지금보다 더 작은 크기로 정갈하게 조정해주세요.
위치는 왼쪽 하단 또는 오른쪽 하단 구석, 로고처럼 배치해주세요.

③ 정보 문구 추가 삽입(중단 여백 또는 컵 하단에 공간 활용)
아래 문구 2줄을 자연스럽게 배치해주세요.
첫 줄: 딸기 시즌 한정 판매
둘째 줄: ₩6,500 | Takeout 가능(할인 제공)

이렇게 일러스트로 재생성한 이미지에 처음 생성했던 시안 이미지를 추가하면 아기자기한 일러스트 배경에 실사를 얹어 시각적으로 신메뉴가 더 돋보이는 연출을 할 수 있습니다.

신메뉴 홍보 이미지 생성 - 일러스트 + 실사 스타일

 첨부 1 이미지 속 딸기 라떼 이미지를 첨부 2의 딸기 라떼 사진으로 교체해주세요.
첨부 1 이미지의 구도, 텍스트, 색상은 모두 유지해주세요.

[첨부 1]

[첨부 2]

이처럼 직접 촬영한 사진을 기반으로 일러스트 스타일의 이미지를 생성하면 훨씬 자연스러운 결과물을 얻을 수 있습니다. 이제는 더 이상 제품을 홍보하는 데 전문적인 디자인 기술이 필수는 아닙니다.

Project 12 역동적인 신제품 홍보 이미지

신제품을 성공적으로 홍보하기 위해서는 단순히 제품 자체만을 강조하는 것을 넘어, 소비자들이 일상 속에서 제품을 착용한 모습을 상상할 수 있도록 생생하고 역동적으로 이미지를 구성하는 것이 중요합니다. 특히 옷이나 신발처럼 소비자가 직접 착용하는 제품은 일상에서 어떻게 제품이 보이는지를 잘 드러내는 것이 중요합니다. 실제 착용했을 때의 느낌이나 분위기, 스타일에 따라 소비자의 반응이 크게 달라지기 때문입니다. 이때 이미지 속 인물의 다양한 포즈나 구도를 적극 활용하면 더욱 풍부한 스토리텔링이 가능합니다. 예를 들어, 운동화는 역동적인 장면을 통해 활동성을 강조할 수 있고, 캐주얼 신발은 일상 속 자연스러운 포즈로 편안함을 강조할 수 있습니다. 이러한 연출을 통해 소비자들은 제품을 자신의 라이프스타일과 연결 지어 쉽게 공감하고 이는 구매로 이어집니다. 여기에 브랜드나 제품의 가치를 잘 전달하는 감각적인 메시지나 슬로건을 배치하면 더욱 인상 깊은 홍보 효과를 얻을 수 있습니다.

이번 프로젝트에서 홍보할 신제품은 역동적인 제스처가 돋보여야 하는 기능성 운동화입니다. 구매자들이 운동화의 다양한 모습을 볼 수 있도록 3가지 제품 홍보 이미지를 생성해보겠습니다. 물론 직접 촬영을 하러 밖으로 나갈 필요도 없고, 모델이나 스튜디오를 섭외하지 않아도 됩니다. 다음 단계를 따라 역동적인 제품 홍보 이미지를 생성하는 과정을 살펴보겠습니다.

진행 단계

① 레퍼런스 이미지 준비하기

② 프롬프트 작성 및 이미지 생성하기

완성 이미지

 +

01 레퍼런스 이미지 준비하기

먼저 홍보할 신제품 사진을 준비합니다. 다양한 배경에서 자연스럽게 합성될 수 있도록 가급적 배경이 깔끔한 이미지가 좋습니다.

배경이 깔끔한 제품 이미지

이제 제품 사진을 입힐 레퍼런스 이미지를 준비합니다. 제품의 활동적인 이미지를 강조하는 이미지, 신발을 착용하거나 끈을 묶는 자연스럽고 일상적인 이미지, 제품의 디테일과 디자인을 강조하기 위해 제품을 클로즈업한 이미지 3장을 준비하겠습니다.

> **TIP** 레퍼런스 이미지는 저작권 문제가 없도록 직접 촬영한 사진 또는 상업적 용도로 허용된 이미지를 사용하는 것이 안전합니다.

레퍼런스 이미지 준비

각 이미지는 신발의 역동성을 소비자에게 효과적으로 전달할 뿐만 아니라 소비자가 일상에서 이 제품을 활용했을 때 어떻게 보일 수 있는지, 또 제품의 질감, 색상, 형태는 어떤지를 볼 수 있습니다. 이처럼 생동감 있는 포즈와 구도는 제품의 특성을 강조해주어 스포츠나 활동성을 중시하는 소비자들에게 강한 인상을 남길 수 있습니다.

02 프롬프트 작성 및 이미지 생성하기

준비한 레퍼런스 사진과 제품 사진을 한 장씩 매칭해 레퍼런스 사진에 제품을 입혀 보겠습니다. 이때 슬로건 문구를 추가하면 제품에 담긴 메시지와 가치를 한층 더 강하게 전달할 수 있습니다.

제품의 활동성을 강조하는 이미지

 첨부 1 이미지 속 신발을 첨부 2의 신발로 교체하고, 하단에 "EVERY STEP, A NEW JOURNEY"라는 문구를 광고처럼 두꺼운 폰트로 인상 깊게 삽입해주세요.

[첨부 1]

[첨부 2]

일상성을 표현한 이미지

 첨부 1 이미지 속 신발을 첨부 2의 신발로 교체하고, 하단에 "Every step, a new journey"라는 문구를 광고처럼 두꺼운 폰트로 인상 깊게 삽입해주세요.

[첨부 1]

[첨부 2]

제품 중심의 클로즈업 스타일로 강조하기

 첨부 1 이미지 속 신발을 첨부 2의 신발로 교체하고, 하단에 "Every step, a new journey"라는 문구를 광고처럼 두꺼운 폰트로 인상 깊게 삽입해주세요.

[첨부 1]

[첨부 2]

이렇게 4장의 이미지만으로 카메라도 모델도 없이 역동적인 신제품 홍보 이미지를 만들 수 있습니다. 제품의 디테일을 살리려면 제품 사진을 다각도로 촬영한 이미지를 추가하는 것이 좋습니다.

Project 13 깔끔한 온라인 배너

온라인 배너는 소비자와 브랜드를 연결하는 핵심 마케팅 수단입니다. 웹사이트, 블로그, 쇼핑몰, SNS 등 다양한 플랫폼에서 짧은 시간 안에 소비자의 시선을 끌고 핵심 메시지를 효과적으로 전달하는 역할을 합니다. 특히 모바일처럼 콘텐츠를 빠르게 스크롤하는 환경에서는 명확하고 매력적인 배너가 클릭과 구매를 유도하는 중요한 요소가 됩니다.

하지만 제한된 영역에서 이미지와 텍스트를 조화롭게 구성하고, 브랜드 메시지를 선명하게 표현하는 배너를 만드는 것은 디자인 경험이 부족하다면 쉽지 않습니다. 이때 챗GPT를 활용하면 짧은 프롬프트만으로 광고 목적과 분위기를 반영한 이미지를 완성할 수 있어 디자인보다 전략과 운영에 집중할 수 있습니다. 챗GPT의 이미지 생성 기능은 광고 콘텐츠 제작의 효율성과 반응력을 높이는 유용한 도구입니다. 지금부터 누구나 따라 할 수 있는 배너 이미지 제작 방법을 단계별로 소개하겠습니다.

이 프로젝트에서 만들 배너는 시원한 여름을 책임질 휴대용 탁상 선풍기입니다. 제품 사진 한 장만으로 다양한 배경, 카피, CTA 버튼 등을 배치하는 과정을 살펴보겠습니다.

진행 단계

① 배너 기획하기

② 프롬프트 작성 및 이미지 생성하기

③ 이미지 편집 및 보완하기

완성 이미지

01 배너 기획하기

배너 제작의 첫 단계는 제품이나 서비스, 프로모션 목적 등을 명확하게 설정하는 것입니다. 배너의 주제와 목적, 타깃 고객의 특징을 명확히 하여 핵심 메시지와 디자인 스타일을 결정합니다. 이 프로젝트에서 제작할 배너 광고의 제품은 '휴대용 USB 탁상 선풍기'로, 여름 시즌 세일 프로모션을 알리는 밝고 산뜻한 톤으로 기획했습니다. 타깃층은 사무실에서 근무하는 직장인, 재택근무자입니다.

- **제품**: 휴대용 USB 탁상 선풍기
- **목적**: 여름 시즌 세일 프로모션 홍보
- **콘셉트**: 밝고 산뜻한 컬러, 시원한 느낌
- **타깃층**: 직장인, 재택근무자 등

제품, 목적, 타깃 등을 설정했다면 콘셉트에 맞는 디자인과 카피가 필요합니다. 배너 광고 아이디어 역시 챗GPT의 도움을 받아 보겠습니다.

배너 광고 아이디어 요청

'휴대용 USB 탁상 선풍기' 제품을 광고할 배너를 제작하려고 합니다. 전체 콘셉트는 여름 시즌 세일 프로모션을 알리는 것이며, 밝고 산뜻한 컬러 톤과 시원한 느낌이 전달되는 디자인을 원합니다. 이에 맞는 배너 광고 아이디어를 5개 추천해주세요.

다음은 '휴대용 USB 탁상 선풍기'를 주제로 한 여름 시즌 세일 배너 광고 아이디어 5가지입니다. 각 아이디어마다 콘셉트, 헤드라인 문구, 시각적 포인트, CTA 문구까지 함께 구성해 실전 활용에 가깝게 제안드릴게요.

1. 시원한 데스크 위의 바람
- **헤드라인**: 책상 위 나만의 쿨링존
- **서브 카피**: 미니 선풍기 지금 20% 할인!

- **비주얼 포인트**: 책상 위에 놓인 선풍기에서 바람결이 퍼져 나가는 이미지
- **CTA 버튼**: 사무실 쿨링 시작하기

2. 포켓 속 여름 필수템
- **헤드라인**: 주머니 속 바람, 지금 만나 보세요
- **서브 카피**: USB 충전식 미니 선풍기 최대 30% OFF
- **비주얼 포인트**: 작은 선풍기를 가방이나 손에 든 모습, 민트/화이트 계열 배경
- **CTA 버튼**: 시원하게 담기

3. 컬러풀한 쿨링 타임
- **헤드라인**: 올여름, 당신의 컬러는?
- **서브 카피**: 민트 · 핑크 · 블루 컬러 선풍기 출시!
- **비주얼 포인트**: 다양한 컬러의 선풍기를 정렬해 강조
- **CTA 버튼**: 컬러 선택하러 가기

4. 책상 위 힐링템
- **헤드라인**: 집중력 + 시원함, 동시에 잡자!
- **서브 카피**: 탁상 미니 선풍기 1+1 여름 특가
- **비주얼 포인트**: 사무실 인테리어 속 선풍기와 노트북, 연한 블루톤 배경
- **CTA 버튼**: 혜택 확인하기

5. 어디서나 쿨링존
- **헤드라인**: 사무실도, 언제나 쿨링존
- **서브 카피**: 책상 위 미니 선풍기 20% OFF
- **비주얼 포인트**: 데스크톱 모니터 옆에 놓인 소형 선풍기 + 화이트 배경
- **CTA**: 사무실 쿨링

02 프롬프트 작성 및 이미지 생성하기

챗GPT가 생성한 배너 광고 아이디어 중 '5. 어디서나 쿨링존'을 활용해 모바일 웹용 배너를 제작해보겠습니다. 배너 크기는 어떤 환경에 노출되느냐에 따라 설정합니다. 따라서 이 예시에서는 구글 애드센스에서 자주 활용하는 모바

일 배너 크기인 320×100 크기로 제작하겠습니다. 참고로 구글 애드센스에서 권장하는 광고 크기는 다음과 같습니다.

광고 크기	설명
728x90	'리더보드'라고도 하는 이 형식은 일반적으로 광고주에게 더 많은 광고 인벤토리를 제공합니다. 따라서 텍스트 광고와 이미지 광고가 모두 게재되도록 사용 설정하면 더 많은 수입을 올릴 수 있습니다. 주요 콘텐츠 위에 배치하거나 포럼 사이트에 배치할 때 실적이 우수합니다. 태블릿에 최적화된 페이지에서도 사용할 수 있습니다.
336x280	'큰 직사각형'이라고도 하는 이 형식은 일반적으로 광고주에게 더 많은 광고 인벤토리를 제공합니다. 따라서 텍스트 광고와 이미지 광고가 모두 게재되도록 사용 설정하면 더 많은 수입을 올릴 수 있습니다. 텍스트 콘텐츠 중간이나 끝에 삽입할 때 실적이 우수합니다.
300x250	'중간 직사각형'이라고도 하는 이 형식은 일반적으로 광고주에게 더 많은 광고 인벤토리를 제공합니다. 따라서 텍스트 광고와 이미지 광고가 모두 게재되도록 사용 설정하면 더 많은 수입을 올릴 수 있습니다. 텍스트 콘텐츠 중간이나 끝에 삽입할 때 실적이 우수합니다.
300x50	'모바일 배너'라고도 하는 모바일 친화적 웹 크기입니다. 큰 휴대전화 화면(화면 상단 또는 하단)에 적합합니다.
160x600	'수평형 스카이스크래퍼'라고도 하는 이 형식은 일반적으로 광고주에게 더 많은 광고 인벤토리를 제공합니다. 따라서 텍스트 광고와 이미지 광고가 모두 게재되도록 사용 설정하면 더 많은 수입을 올릴 수 있습니다. 웹페이지의 사이드바에 사용할 때 가장 효과적입니다.

구글 애드센스의 광고 크기(출처: Google Ad Manager 고객센터)

노출할 환경, 광고할 내용 등을 고려해 배너 크기를 설정했다면 해당 영역에 이미지, 카피 등을 어떻게 배치해야 할지 각 요소를 정리해야 합니다. 만약 원하는 요소를 어떻게 배치해야 할지 이미 아이디어가 있다면 원하는 위치를 프롬프트에 추가하거나 레퍼런스 이미지를 첨부하면 보다 정확하게 위치에 맞게 배너를 생성할 수 있습니다.

배너 제작을 위한 요소 정리

 앞에서 추천해준 '5. 어디서나 쿨링존' 콘셉트를 활용하여 '휴대용 USB 탁상 선풍기' 제품으로 배너를 제작할 수 있도록 각 요소를 정리해주세요. 배너 크기는 모바일 웹용입니다.

- **배너 규격**: 320 x 100(모바일용)
- **전체 배경**: 화이트
- **메인 이미지**: 탁상 USB 미니 선풍기 사진을 왼쪽에 배치
- **헤드라인(큰 글씨, 산세리프체)**: 사무실도, 언제나 쿨링존(팬 이미지 오른쪽 상단)
- **서브 카피(작은 글씨)**: 책상 위 미니 선풍기 20% OFF(헤드라인 바로 아래)
- **버튼(둥근 모서리, 파스텔 민트 컬러)**: 사무실 쿨링(오른쪽 하단)
- **비주얼 포인트**: 버튼 주변에 작고 부드러운 바람결 라인 그래픽 추가
- **여백**: 텍스트와 팬 이미지 사이 및 프레임 경계에 충분한 마진 확보
- **스타일**: 플랫 디자인, 머티리얼 UI

이렇게 정리된 요소들을 활용해 이제 배너 이미지를 생성하겠습니다. 이때 챗GPT가 생성해준 아이디어를 활용하되 카피나 위치 등 원하는 요소가 있다면 세부 사항을 직접 수정합니다. 다음 프롬프트와 제품 이미지를 첨부합니다.

배너 이미지 생성

 배너 이미지를 생성해주세요.
'휴대용 USB 미니 선풍기'는 첨부한 탁상 선풍기 이미지를 사용해주세요.

- 배너 규격: 320 x 100(모바일용)
- 전체 배경: 화이트
- 메인 이미지: 첨부된 탁상 USB 미니 선풍기 사진을 왼쪽에 배치
- 헤드라인(큰 글씨, 산세리프체): 사무실도, 언제나 쿨링존(팬 이미지 오른쪽 상단)
- 서브 카피(작은 글씨): 책상 위 미니 선풍기 20% OFF(헤드라인 바로 아래)
- 버튼(둥근 모서리, 파스텔 민트 컬러): 사무실 쿨링(오른쪽 하단)
- 비주얼 포인트: 버튼 주변에 작고 부드러운 바람결 라인 그래픽 추가

- 여백: 텍스트와 팬 이미지 사이 및 프레임 경계에 충분한 마진 확보
- 스타일: 플랫 디자인, 머티리얼 UI

[첨부]

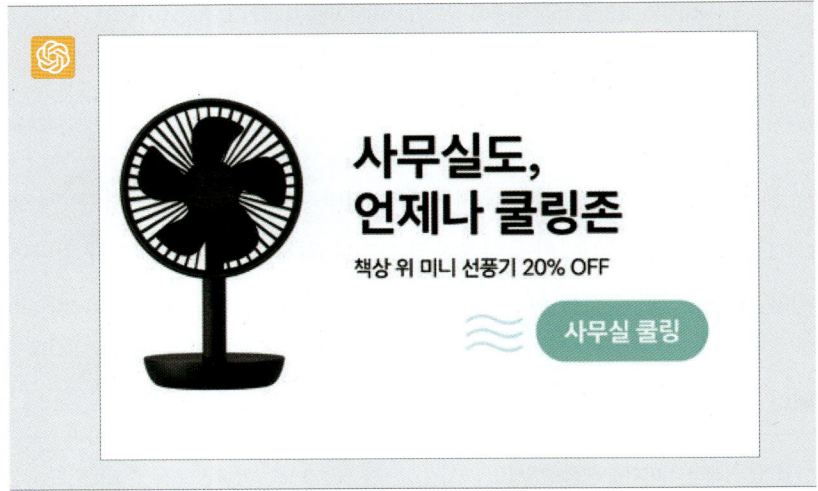

03 이미지 편집 및 보완하기

기본 배치를 마쳤다면 이제 배경을 더해 제품이 돋보이도록 편집할 차례입니다. 앞서 만든 이미지를 첨부하고 배경을 요청하는 프롬프트를 입력합니다. 타깃층에 맞춰 사무실 배경의 이미지와 시원한 여름을 연상시키는 바다 배경 이미지 2가지를 생성해보겠습니다.

배너 배경 추가 요청 ①

첨부한 이미지 배경에 심플한 모던 오피스 인테리어(화이트 책상 · 노트북 · 식물), 반투명 화이트 오버레이를 추가해주세요.
텍스트와 제품 이미지는 구도, 스타일 모두 그대로 유지해주세요.

[첨부]

배너 배경 추가 요청 ②

 첨부한 이미지 배경에 잔잔한 파도와 푸른 하늘이 보이는 해변 전경을 부드럽게 블러 처리해주세요.
텍스트와 제품 이미지는 구도, 스타일 모두 그대로 유지해주세요.

[첨부]

마음에 드는 배경을 얻었다면 배너 요소를 하나 추가해보겠습니다. 신제품이라는 걸 볼 수 있도록 'NEW'라는 배지 아이콘을 추가해보겠습니다.

첨부한 이미지 오른쪽 상단에 'NEW'라는 빨간색 원형 배지를 만들어 삽입해주세요.

[첨부]

이미지 생성 단계에서는 동일한 프롬프트를 여러 번 실행하거나 프롬프트를 조금씩 바꾸면서 여러 가지 배너 광고 시안을 생성하는 것이 좋습니다. 배너의 목적과 스타일을 더욱 효과적으로 반영하는 결과물을 얻을 확률이 높아지기 때문입니다. 이렇게 생성한 다양한 시안 중에서 가장 목적에 부합하고 디자인 완성도가 높은 이미지를 최종적으로 선택합니다.

이미지를 선택한 후에는 최초의 광고 목적과 기획한 메시지, 분위기와 일치하는지 꼼꼼히 점검해야 합니다. 다음과 같은 기준을 활용하여 선택한 이미지의 적합성을 판단할 수 있습니다.

최종 결과물 점검 항목

- **텍스트 가독성**: 핵심 메시지가 명확하게 전달되고 읽기 편한가?
- **이미지 명확성**: 제품 이미지가 선명하고 소비자의 눈에 잘 띄는가?
- **디자인 일관성**: 선택한 디자인 스타일이 이미지 전반에 걸쳐 일관되게 잘 표현되어 있는가?
- **CTA 버튼 강조 여부**: 클릭을 유도하는 버튼의 위치, 색상, 크기가 충분히 눈길을 끄는가?
- **목적성**: 광고의 주요 목적과 CTA가 효과적으로 반영되었는가?
- **디자인 완성도**: 시각적 균형이 잘 잡히고 일관된 스타일로 구성되었는가?
- **디바이스별 최적화**: 모바일과 데스크탑 등 다양한 화면에서도 동일하게 잘 보이는가?

최초 결과물이 이 기준에 부합하지 않으면 원하는 결과물을 얻기 위해 프롬프트를 조금씩 수정하면서 여러 차례 이미지 생성을 요청할 수 있습니다. 예를 들어, 배경을 변경하거나 텍스트 위치 및 크기를 조정하고 싶다면 다음과 같이 구체적인 내용을 담아 반복적으로 생성해봅니다. 이러한 과정을 통해 의도에 더욱 가까운 결과물을 얻고 배너 광고의 효과를 극대화할 수 있습니다.

이미지 보완을 위한 프롬프트 예시

 배경을 심플한 사무실 이미지로 변경하고 밝기를 높여서 산뜻한 느낌을 추가해주세요.

 CTA 버튼 위치를 하단 중앙으로 옮기고 크기를 더 키워 클릭 유도 효과를 높여 주세요.

 헤드라인 텍스트의 크기를 20% 정도 더 크게 조정하여 명확성을 높여 주세요.

시안 이미지 생성이 끝나면 마지막으로 직접 이미지 편집 도구를 활용해 세부적인 부분을 조정하여 완성도를 높이는 과정이 필요합니다. 예를 들어, 이미지 생성 단계에서 완벽하게 표현되지 못한 텍스트의 위치와 크기, 이미지 배치 및 여백 등을 좀 더 세밀하게 조정해야 합니다. 이 작업은 파워포인트나 피그마와 같이 접근하기 쉬운 디자인 도구를 활용하면 쉽게 진행할 수 있습니다. 특히 배너에서는 강조하고 싶은 텍스트나 CTA 버튼이 시각적으로 더 잘 드러나도록 보완하는 것이 중요합니다. 글씨 크기, 색상, 폰트 스타일 등을 명확히 조정하여 배너의 메시지가 더욱 효과적으로 전달되도록 합니다. CTA 버튼은 크기를 키우거나 그림자 효과를 주어 시선을 사로잡도록 디자인하고, 할인 정보와 같은 핵심 문구는 빨간색이나 대비되는 색상을 활용해 강조하면 클릭 유도 효과가 크게 향상됩니다.

또, 필요에 따라 배경 이미지를 교체하거나 아이콘, 강조 포인트 등과 같은 그래픽 요소를 추가 삽입하여 배너의 시각적 매력과 완성도를 더욱 높일 수도 있습니다. 최종적으로 편집 작업을 마친 후에는 완성된 배너의 품질을 점검하고 완벽히 준비되었는지 꼼꼼하게 확인합니다.

이러한 명확하고 체계적인 배너 광고 제작 프로세스를 따르면, 누구나 쉽고 빠르게 매력적이고 효과적인 배너 광고를 제작할 수 있습니다. 여러분도 챗GPT를 적극 활용하여 효율성을 극대화하고 디자인 역량의 한계를 넘어 더욱 창의적인 마케팅 콘텐츠를 제작해보세요.

심화 | 디테일을 높이는 캐릭터의 방향·시선·표정 설정하기

AI로 캐릭터 이미지를 만들다 보면 손이 어색하거나, 옆면을 보게 하고 싶은데 정면을 보고 있다거나, 웃는 표정을 요청했는데 무표정하거나 과하게 웃는 등 의도하지 않은 결과물을 경험하게 됩니다. 특히 캐릭터가 특정 위치에 있거나, 특정 행동을 해야 하는 장면에서는 AI가 원하는 대로 표현하지 못해 당황스러운 경우도 많습니다. 이럴 땐 단순히 '자세히 설명하면 해결되지 않을까?'라고 생각할 수 있지만, 사실은 '어디에, 어떻게, 무슨 표정으로'라는 기본적인 세부 지시가 빠진 경우가 대부분입니다.

AI로 이미지를 생성할 때 방향, 시선, 표정은 단순한 묘사를 넘어 이미지 전체의 설득력을 좌우하는 핵심 요소입니다. 인물이 어떤 방향을 향해 있고, 무엇을 바라보며, 어떤 표정을 짓고 있는지가 정확하게 드러나야 자연스러운 이미지를 생성합니다. 예를 들어 "커피를 마시는 남자"만 입력하면 포즈를 다양하게 해석할 수 있어 부자연스러운 결과물이 나올 수 있습니다. 하지만 "정면을 향해 앉은 남자가 오른손에 머그컵을 들고 밝게 웃으며 커피를 마시는 장면"처럼 구체적으로 프롬프트를 작성하면, 의도에 훨씬 가까운 이미지를 만들 수 있습니다. 방향, 시선, 표정 이 3가지 요소를 명확히 지정하는 것이야말로 원하는 결과를 얻는 가장 확실한 방법입니다. 각 요소를 어떻게 설정하느냐에 따라 어떤 이미지를 생성하는지 자세히 살펴보겠습니다.

방향(시점)

챗GPT를 포함한 대부분 이미지 생성형 AI는 캐릭터를 정면에서 바라볼 때 사용자(보는 사람)의 시점을 기준으로 손의 방향을 설정합니다. 이 때문에 프롬프트를 작성할 때 좌우가 헷갈리는 경우가 종종 발생합니다. 착오를 방지하기 위해 프롬프트를 작성할 때는 다음과 같이 사용자 시점 또는 **캐릭터 시점**을 명확히 구분해서 표현하는 것이 좋습니다.

- 사용자 시점 기준(정면에서 볼 때)
  예: 사용자 시점에서 오른쪽(캐릭터의 왼손)에 스마트폰을 들고 있다.
- 캐릭터 시점 기준(캐릭터의 시점)
  예: 캐릭터의 오른손(사용자 시점 왼쪽)을 책상 위에 올려 놓고 있다.

시점으로 방향을 지정한 프롬프트

 카페 테이블에 앉은 남자가 오른손에 흰 머그컵을 들고 커피를 마시고 있습니다. 왼손은 책상 위에 자연스럽게 올려놓고 있으며, 표정은 여유롭고 차분합니다. 배경은 따뜻한 톤의 인테리어로 구성된 현대적인 카페. 창밖으로 은은한 햇살이 들어오며, 전체 분위기는 조용하고 편안합니다. 디지털 일러스트 스타일, 16:9 비율

시선

AI는 사용자(보는 사람)가 묘사한 시점과 방향을 그대로 적용하기 때문에 캐릭터의 위치와 시선이 향하는 방향을 정확히 설정하는 것이 중요합니다.

- **캐릭터의 위치(정면 기준)**: 캐릭터가 사용자와 마주 보는 상황을 기준으로 방향을 표현합니다.
  예: 그 여자는 **정면**을 향해 앉아 사용자와 눈을 마주치고 있다.
  예: 그 여자는 **사용자 기준으로** 몸을 왼쪽으로 약간 돌려 앉아 있다.
  예: 그 여자는 **보는 사람 기준으로** 왼쪽을 향해 앉아 책을 읽고 있다.
  예: 그 여자는 **보는 사람을 향해** 45도 각도로 자연스럽게 서 있다.

- **캐릭터의 시선**: 시선의 방향을 명확히 지정하면 캐릭터가 어디를 보고 있는지 확실히 표현할 수 있습니다.
  예: 그 남자는 **정면**을 바라보며 밝게 미소 짓고 있다.
  예: 그 남자의 시선은 **아래쪽**의 스마트폰 화면을 향하고 있다.
  예: 그 남자는 **사용자 기준으로** 왼쪽을 바라보며 창밖을 응시한다.
  예: 그 남자는 **보는 사람 기준으로** 오른쪽 아래를 바라보며 생각에 잠겨 있다.

이처럼 캐릭터의 위치와 시선 방향을 명확하고 구체적으로 표현하면 이미지의 전체적인 구성과 표현력이 크게 향상됩니다.

캐릭터의 시선을 지정한 프롬프트 ①

 카페 테이블에 앉은 남자가 정면을 향해 앉아 있으며, 오른손에 흰 머그컵을 들고 커피를 마시고 있습니다. 왼손은 책상 위에 자연스럽게 올려놓고 있으며, 시선은 정면을 바라보며 여유롭고 차분한 표정입니다.

캐릭터의 시선을 지정한 프롬프트 ②

 카페 테이블에 앉은 남자가 사용자 기준으로 몸을 왼쪽으로 살짝 돌린 채 앉아 있으며, 오른손(정면 기준 사용자 왼쪽 손)에 흰 머그컵을 들고 커피를 마시고 있습니다. 왼손(정면 기준 사용자 오른쪽 손)은 책상 위에 자연스럽게 올려놓고 있고, 시선은 창밖을 바라보며 은은한 미소를 띤 여유롭고 차분한 표정입니다.

표정

캐릭터의 감정이나 분위기를 표현할 때는 구체적인 표정 묘사가 중요합니다. 예를 들어 "커피를 마시면서 행복한 표정"과 같이 모호한 표현보다 "밝고 자연스럽게 미소 짓고 있다." 또는 "눈은 부드럽게 웃고, 입꼬리는 살짝 올라간 채 편안한 미소를 짓고 있다."와 같이 표정을 구체적으로 묘사하는 것이 좋습니다.

구체적인 표정 묘사 예시

 카페 테이블에 앉은 남자가 오른손에 흰 머그컵을 들고 커피를 마시고 있습니다. 왼손은 책상 위에 자연스럽게 올려놓고 있으며, 입꼬리를 활짝 올려 환하게 웃고 있는 표정으로, 눈도 함께 웃고 있어 명랑하고 따뜻한 분위기를 연출합니다.

Project 14 첫인상에서 사로잡는 매력적인 로고

로고는 브랜드의 첫인상을 결정짓는 핵심적인 시각 요소입니다. 소비자들은 로고를 통해 브랜드의 정체성과 가치를 직관적으로 인식하고, 브랜드를 기억하게 됩니다. 특히 스타트업이나 소규모 브랜드일수록 개성 있고 직관적인 로고는 강한 인상을 남기고 브랜드의 신뢰도를 높이는 데 중요한 역할을 합니다. 역할의 무게만큼 로고를 디자인한다는 것은 전문적인 영역처럼 느껴지기도 합니다. 브랜드의 핵심 메시지를 하나의 이미지로 담는 과정은 디자인 경험이 부족한 사람들에게는 막막한 일입니다. 그러나 챗GPT와 단계별로 차근차근 만들다 보면 어느새 브랜드의 콘셉트를 함축적으로 담은데다 시각적으로도 매력적인 로고를 완성할 수 있습니다.

이번 프로젝트에서는 가상의 수제 맥주 브랜드 'CopperHop'의 로고를 만드는 과정을 통해 브랜드의 콘셉트에 따라 어떤 로고가 적합한지, 또 챗GPT로 아이데이션부터 로고 이미지 생성 과정까지 어떤 단계를 거치는지 자세히 소개하겠습니다.

이번 프로젝트에서 로고를 만들 수제 맥주 브랜드 'CopperHop'은 로고에 브랜드명과 제품 정체성을 함께 담고자 했습니다. 로고를 기획할 때 필요한 사전 지식부터 로고를 생성하는 프롬프트, 생성한 이미지를 편집하고 보완하는 과정까지 다음 단계를 따라 살펴보겠습니다.

진행 단계

① 로고 기획하기

② 로고 스타일 설정하기

③ 프롬프트 작성 및 이미지 생성하기

완성 이미지

 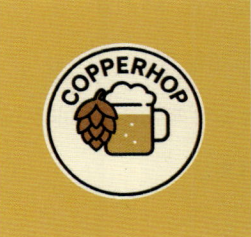 

01 로고 기획하기

로고를 기획하는 과정은 브랜드의 정체성과 가치를 명확히 설정하는 단계입니다. 로고를 만들기 전에 브랜드의 목적, 주요 타깃층, 전달하고자 하는 분위기 등을 구체적으로 정리하고 결정합니다.

브랜드 목적

- 수제 맥주의 즐거움과 대중성을 동시에 전달
- 감각적이고 직관적인 브랜드 경험 제공
- 누구나 쉽게 접근할 수 있는 수제 맥주 브랜드 이미지 구축
- 젊고 밝은 분위기의 펍 문화 확산

주요 타깃층

- **20~30대 도시 거주자**: 편하고 세련된 라이프스타일을 추구하는 세대
- **맥주 입문자~중급자**: 너무 마니악하지 않은, 캐주얼한 수제 맥주에 끌리는 층
- **디자인 감각에 민감한 소비자**: SNS, 패키지 디자인, 브랜드 감성에 반응하는 소비층
- **퇴근 후 한 잔의 여유를 즐기는 직장인**: 집에서 가볍게 즐기거나, 단골 펍에서 하루를 마무리하는 문화를 가진 소비층

이렇게 브랜드의 목적과 주요 타깃층을 정리하다 보면 로고에 어떤 분위기를 담을지 자연스럽게 도출할 수 있습니다.

전달하고자 하는 분위기

- **밝고 친근한 느낌**: 노란색 계열의 맥주색과 둥근 외곽선이 주는 따뜻함
- **심플하고 직관적인 인상**: 플랫 디자인 기반의 아이콘으로 브랜드 접근성을 높임
- **신선하고 활기찬 이미지**: 맥주의 거품, 맑은 색감이 상쾌함을 암시

- **캐주얼하고 젊은 분위기**: 복잡하지 않고 누구나 친근하게 느낄 수 있는 톤
- **브랜드 네임과 잘 어우러진 일관된 아이덴티티**: 'CopperHop'이라는 이름의 명확한 전달력과 비주얼의 조화

02 로고 스타일 설정하기

가상의 크래프트 맥주 회사인 CopperHop은 주요 타깃층인 20-30대에게 친근감 있게 다가가기 위해 플랫 디자인을 선택했습니다. 구체적으로 어떤 디자인이 어울릴지, 앞서 정리해 둔 전달하고자 하는 분위기를 활용해 5개의 로고 아이디어를 챗GPT에게 요청해보겠습니다.

로고 디자인 아이데이션 요청

 새롭게 오픈하는 크래프트 맥주 회사 'CopperHop'에 적합한 로고를 만들고자 합니다. 플랫 디자인 스타일의 아이콘과 텍스트를 조합하여 창의적인 로고 아이디어 5개를 제안해주세요.
이 로고를 통해 전달하고자 하는 분위기는 다음과 같습니다.

전달하고자 하는 분위기
- 밝고 친근한 느낌: 노란색 계열의 맥주색과 둥근 외곽선이 주는 따뜻함
- 심플하고 직관적인 인상: 플랫 디자인 기반의 아이콘으로 브랜드 접근성을 높임
- 신선하고 활기찬 이미지: 맥주의 거품, 맑은 색감이 상쾌함을 암시
- 캐주얼하고 젊은 분위기: 복잡하지 않고 누구나 친근하게 느낄 수 있는 톤
- 브랜드명과 잘 어우러진 일관된 아이덴티티: 'CopperHop'이라는 이름의 명확한 전달력과 비주얼의 조화

 'CopperHop' 플랫 디자인 로고 아이디어 5개

1. 홉 콘 + 맥주잔 조합 아이콘
홉 콘(맥주 재료)과 맥주잔을 하나의 아이콘으로 심플하게 결합
밝은 오렌지(#C76F2B) 계열과 짙은 그레이(#444444) 컬러 사용
아이콘 왼쪽, 'CopperHop' 텍스트 오른쪽 배치

2. 구릿빛 방울 형태 심볼
동그란 구릿빛 방울이 터지는 듯한 심플 아이콘
활기찬 느낌을 주는 선명한 플랫 컬러 활용
방울 위에 'CopperHop' 곡선 배치

3. 홉 콘을 단순화한 실루엣
홉 콘을 심플한 실루엣으로 표현해 플랫 스타일 강조
직선과 곡선을 조화롭게 사용하여 현대적인 느낌
텍스트는 고딕 계열 플랫 폰트로 조합

4. 맥주 거품을 형상화한 추상 아이콘
맥주잔 위 거품을 동글동글하게 단순화
상단에 아이콘, 하단에 'CopperHop' 깔끔히 정렬
밝은 배경과 부드러운 주황/브라운 계열 매칭

5. 'H'를 홉 모양으로 변형
'CopperHop' 텍스트의 H를 홉 모양 아이콘처럼 변형
플랫 아이콘과 텍스트가 자연스럽게 이어지도록 디자인
심플하지만 브랜드 개성이 강조되는 구성

03 프롬프트 작성 및 이미지 생성하기

지금까지 정리한 내용을 바탕으로 로고를 생성할 프롬프트를 작성하겠습니다. 로고 생성용 프롬프트를 작성할 때는 스타일과 구성을 명확하게 정의하면 원하는 결과물을 얻을 확률이 높아집니다. 다음은 로고 프롬프트 작성을 위한 규칙 예시입니다.

로고 프롬프트 작성 규칙 예시

- **로고 스타일**: [로고의 전체 스타일 방향성]
  (예: 미니멀리스트, 플랫 디자인, 라인 아트, 빈티지, 워드마크, 3D 스타일 등)

- **아이콘**: [주요 아이콘 또는 심볼의 모양과 특징 설명]
- **텍스트**: [로고에 사용할 텍스트]
- **폰트**: [텍스트에 적용할 폰트 스타일]
- **컬러**: [아이콘과 텍스트 각각의 색상 코드 지정]
- **비율**: [로고의 가로 세로 비율 및 크기 지정]
- **배경**: [배경 처리 방식 지정]

이 규칙을 프롬프트에 추가하고, 앞서 챗GPT가 제안한 로고 아이디어 중 '1. 홉 콘 + 맥주잔 조합 아이콘'을 규칙에 맞게 작성해줄 것을 요청합니다.

로고 프롬프트 생성

'1. 홉 콘 + 맥주잔 조합 아이콘'을 기반으로, 다음 '로고 프롬프트 작성 규칙'에 맞게 로고 생성용 프롬프트를 생성해주세요. 로고 스타일은 플랫 디자인으로 설정해주세요.

[홉 콘 + 맥주잔 조합 아이콘]
- 심플한 홉 콘(맥주 재료)과 맥주잔을 하나의 아이콘으로 결합
- 밝은 오렌지(#C76F2B) 계열과 짙은 그레이(#444444) 컬러 사용
- 아이콘 왼쪽, 'CopperHop' 텍스트 오른쪽 배치

[로고 프롬프트 작성 규칙]
- 로고 스타일: [로고의 전체 스타일 방향성]
   (예: 미니멀리스트, 플랫 디자인, 라인 아트, 빈티지, 워드마크, 3D 스타일 등)
- 아이콘: [주요 아이콘 또는 심볼의 모양과 특징 설명]
- 텍스트: [로고에 사용할 텍스트]
- 폰트: [텍스트에 적용할 폰트 스타일]
- 컬러: [아이콘과 텍스트 각각의 색상 코드 지정]
- 비율: [로고의 가로 세로 비율 및 크기 지정]
- 배경: [배경 처리 방식 지정]

> 크래프트 맥주 'CopperHop' 로고 생성을 위한 프롬프트 규칙
> - 로고 스타일: 플랫 디자인(Flat Design)
> - 아이콘: 홉 콘과 시원하고 청량한 맥주잔 라인을 조합한 심플 아이콘
> - 배치: 아이콘 왼쪽, 텍스트 오른쪽 배치
> - 텍스트: 'CopperHop'
> - 폰트: 볼드 세리프
> - 컬러: 아이콘 #C76F2B, 텍스트 #444444
> - 비율: 1:1 (1024×1024)
> - 배경: 투명

이렇게 완성된 로고 프롬프트를 실행해 로고를 생성합니다. 이때 동일한 프롬프트를 다양한 스타일로 바꿔서 여러 개의 결과물을 만들어 보는 것을 권합니다. 예를 들어, 색상 조합, 폰트 스타일, 아이콘의 형태 등을 각각 다르게 설정하여 생성하면 더 나은 최종 시안을 찾는 데 도움이 됩니다.

동일한 프롬프트로 여러 번 생성한 로고

이렇게 생성한 로고 디자인들을 비교한 뒤 브랜드의 콘셉트와 목적에 부합하는 가장 적합한 결과물을 선택합니다. 시안에서 최종 로고를 선택할 때 확인해야 할 사항은 다음과 같습니다.

로고 최종 선택 시 고려 요소

- **브랜드 표현력**: 로고가 브랜드의 핵심 가치와 특징을 효과적으로 전달하는가?
- **가독성과 명확성**: 브랜드명이 명확히 잘 보이는가?
- **디자인 완성도**: 전체 디자인 스타일이 세련되고 일관되는가?

만약 세부 편집을 통해 완성도를 높이고 싶다면 외부 편집 도구를 이용해 아이콘과 텍스트의 크기, 위치, 간격과 같은 세부적인 레이아웃을 조정해 로고를 정교하게 다듬을 수 있습니다.

[응용] 로고 스타일 변경하기

완성한 로고 이미지를 활용해 다양한 스타일로 변경할 수 있습니다. 이 브랜드의 주요 타깃층에 맞게 깔끔하면서도 산뜻한 느낌을 주는 미니멀한 디자인의 로고로 변경해보겠습니다.

로고 스타일 변경 예시 ①

 첨부한 로고 이미지의 스타일을 바꿔 주세요. 원형 배지 안에 깔끔한 선 일러스트로 구성하고, 노란 배경에 검정 테두리, 중앙에는 맥주잔과 홉 아이콘을 단순한 선 드로잉 스타일로 넣어 주세요. 브랜드명은 원형 상단에 곡선을 따라 넣고, 전체적으로 미니멀하고 밝은 느낌으로 만들어 주세요.

[첨부]

이번에는 완전히 색다른 느낌을 내기 위해 또 다른 스타일을 적용해보겠습니다. CopperHop의 주요 타깃층 중 디자인 감각에 민감한 소비자, 퇴근 후 한 잔의 여유를 즐기는 직장인을 대상으로 펍 느낌이 나는 네온사인 디자인으로 변경해보겠습니다.

로고 스타일 변경 예시 ②

 첨부한 로고 이미지를 펍에서 볼 법한 네온사인 디자인으로 변경해주세요.

[첨부]

심화 | 브랜드 특성에 따른 9가지 로고 스타일

1. 미니멀리스트 Minimalist : 단순한 선과 형태로 직관적인 인상을 주며, 깔끔하고 세련된 이미지를 강조합니다. 스타트업, IT 기업, 카페, 패션 브랜드 등 현대적인 인상을 원하는 곳에 적합합니다.

미니멀리스트 로고

2. 플랫 디자인 Flat Design : 입체감 없이 평면적 색상과 선명한 구성을 사용해 직관성과 친근감을 높일 수 있습니다. 앱, 웹사이트, SNS, 스타트업 브랜드에서 가볍고 밝은 이미지를 전달할 때 활용합니다.

플랫 디자인 로고

3. 라인 아트 Line Art : 얇은 선만으로 구성하여 섬세하고 세련된 느낌을 줍니다. 핸드메이드, 친환경 브랜드, 감성적인 소규모 비즈니스에 적합합니다.

라인 아트 로고

4. 레트로/빈티지 Retro/Vintage : 복고풍 타이포그래피와 클래식한 심볼 디자인으로 따뜻하고 전통적인 이미지를 연출합니다. 수제 맥주, 빈티지 카페, 수공예 상품 브랜드에 효과적입니다.

레트로/빈티지 로고

5. 엠블럼 Emblem : 아이콘과 텍스트를 하나로 통합해 견고하고 전통적인 인상을 줍니다. 스포츠팀, 학교, 기관, 전통적 브랜드 아이덴티티 구축에 많이 사용합니다.

엠블럼 로고

6. **워드마크**Wordmark: 텍스트 디자인만으로 브랜드를 표현해 인지도를 높이고 심플함을 강조합니다. 테크 기업, 패션 브랜드, 고급 서비스 브랜드에서 강한 이름 인식을 원할 때 적합합니다.

워드마크 로고

7. **마스코트**Mascot: 캐릭터를 활용해 친근하고 기억에 남는 브랜드 이미지를 만듭니다. 음식, 어린이 용품, 팬시, 엔터테인먼트 분야 브랜드에서 감성적 연결을 강화할 때 활용합니다.

마스코트 로고

8. **서명**Signature: 손글씨 느낌의 자연스러운 글꼴을 활용해 고급스러운 분위기 또는 장인 정신을 연출합니다. 아트 갤러리, 개인 브랜드, 럭셔리 소규모 브랜드에 적합합니다.

서명 스타일 로고

9. 3D 스타일 Three-dimensional: 입체적 표현과 그림자 효과로 시각적 깊이와 현실적인 질감 등을 강조합니다. 테크, 게임, 하이엔드 제품, 미래 지향적 브랜드에 어울립니다.

3D 스타일 로고

Project 15 : 제품의 정체성을 드러내는 로고

앞서 프로젝트에서는 가상의 맥주 브랜드, CopperHop의 로고를 제작하며 로고가 브랜드의 정체성과 이미지를 시각적으로 전달하는 방식에 대해 살펴보았습니다. 감성적 접근이 중요했으므로 고객에게 어떤 분위기와 인상을 줄 것인가에 중점을 두었습니다.

이번 프로젝트에서는 앞서 'Project 13 깔끔한 온라인 배너'에서 제작했던 '휴대용 탁상 선풍기'라는 제품에 사용할 로고를 만들어 보겠습니다. 브랜드 전반이 아닌 제품 자체의 기능, 특징, 사용 환경을 고려한 실용적이고 직관적인 디자인이 요구됩니다. 즉, 감성보다는 정보 전달과 인식의 명확성이 중요합니다.

이 프로젝트에서는 챗GPT를 활용하여 제품 콘셉트를 정리하고, 타깃 사용자와 제품 특성을 기반으로 핵심 키워드를 도출한 뒤 이를 바탕으로 로고 방향성을 설정합니다. 기능 중심 제품의 정체성을 효과적으로 드러내는 로고가 어떻게 만들어지는지 살펴보겠습니다.

진행 단계

① 로고 방향성 잡기

② 프롬프트 작성 및 이미지 생성

③ 배너에 로고 삽입하기

완성 이미지

↓

01 로고 방향성 잡기

제품 로고 제작의 첫 단계는 제품의 방향성을 명확하게 설정하는 것입니다. 챗GPT를 활용해 로고 디자인에 대한 아이디어를 구체화하겠습니다.

로고 디자인 아이디어 요청

 '휴대용 USB 탁상 선풍기' 제품의 로고를 디자인하려 합니다. 로고 디자인 아이디어를 제안해주세요.

 요청하신 '휴대용 USB 탁상 선풍기' 제품 로고 디자인 아이디어를 다음과 같이 제안드립니다.

📌 **로고 디자인 아이디어 제안**

1. 심볼 중심형
- 아이콘: 작고 심플한 3~4개의 선풍기 날개를 형상화한 심볼(회전하는 듯한 곡선이나 바람결 모양을 추가해 '바람' 느낌 강조)
- 느낌: 콤팩트함, 휴대성, 쿨링감을 직관적으로 표현
- 컬러 제안: 쿨 민트(#AEE8E0) + 화이트, 약간의 다크 그레이 포인트

2. 워드마크 중심형
- 텍스트 디자인: 제품명을 감각적인 산세리프체로 디자인(특히 'USB' 부분은 얇게, '선풍기' 부분은 둥글게 강조하여 가벼운 느낌)
- 포인트: '선풍기' 글자 주변에 미세한 회오리 라인 또는 작은 바람 아이콘 삽입

3. 심볼 + 텍스트 조합형
- 구성: 왼쪽에 심플한 선풍기 아이콘 → 오른쪽에 제품명 워드마크
- 포인트: 휴대성을 나타내기 위해, 손 위에 올려진 작은 선풍기 그림을 넣거나 선풍기에 작게 USB 케이블이 연결된 형태를 심볼에 추가

📌 **추가 제안 – 스타일 방향성**
- 전체 분위기: 심플하고 모던한 느낌(모바일·디지털 친화적)
- 폰트 스타일: 둥글고 부드러운 산세리프체(ex. Noto Sans, Poppins, Pretendard)
- 톤앤매너: 가볍고 신선한 인상, 누구나 부담 없이 사용할 수 있는 느낌

챗GPT가 제안한 로고 아이디어 중 '심볼 + 텍스트 조합'을 선택하겠습니다. 아이콘과 더불어 브랜드명까지 하나의 로고로 만들기 위해 로고에 어울리는 브랜드명도 제안해 달라고 요청합니다.

브랜드명 제안 요청

 '심볼 + 텍스트 조합'으로 하고, 해당 제품에 어울리는 브랜드명을 제안해주세요.

 브랜드명 제안(콘셉트별 추천)
1. 기능 강조형
- BreezeGo(브리즈고) → Breeze(산들바람) + Go(휴대): 언제 어디서나 시원한 바람을
- AirClip(에어클립) → Air(공기, 바람) + Clip(간편한 설치): 간단히 설치하고 시원함을 즐기자
- Cooliny(쿨리니) → Cool(시원한) + Tiny(작은): 작지만 강력하게 시원한

2. 감성/휴대성 강조형
- FanGo(팬고) → Fan(선풍기) + Go(가지고 다니다): 들고 다니는 나만의 선풍기
- Breezy(브리지) → Breezy(산들바람처럼 상쾌한): 부드럽고 가벼운 느낌
- PocketAir(포켓에어) → Pocket(주머니) + Air(바람): 휴대성과 쿨링을 모두 담다

3. 짧고 강렬한형
- Venty(벤티) → Vent(통풍) + y: 가볍고 친근한 느낌
- Aireo(에어리오) → Air + eo: 세련되고 신선한 감성

챗GPT가 제안한 브랜드명 중 'FanGo'를 선택하겠습니다. 이렇게 로고의 구체적인 스타일과 브랜드명까지 방향성을 일관되게 잡았다면 본격적으로 로고 이미지를 생성할 수 있습니다.

02 프롬프트 작성 및 이미지 생성

이제 로고를 생성하기 위한 프롬프트를 요청하겠습니다. 이때 한 번의 프롬프트로 모든 것을 요청하는 것보다 단계별로 제품과 브랜드의 특성을 먼저 파악할 수 있도록 구체적으로 로고 디자인을 요청한 다음, 그에 맞는 프롬프트를 요청하는 것이 좋습니다. 이렇게 프롬프트를 단계별로 작성하면 복잡한 요청을 해도 원하는 결과물을 얻기가 쉬워집니다.

로고 디자인을 위한 이미지 프롬프트 생성

 FanGo 브랜드의 로고 디자인을 더 구체적으로 제안해주세요.

 FanGo 로고 디자인 제안

1. 심볼 디자인 방향
- 미니멀 선풍기 심볼
  → 3~4개의 얇은 곡선 선풍기 날개 + 부드럽게 퍼지는 바람결 라인
  → 단순하지만 세련된 동적 움직임을 표현
- 포인트 디테일
  → 팬 중앙에 아주 심플한 원형 또는 G 이니셜을 조화롭게 삽입

2. 텍스트 디자인 방향
- 폰트 선택
  → 고급스러운 세미 세리프체 또는 모던 산세리프체 추천(예. DM Serif Display, Lora, 또는 Poppins SemiBold 변형)
  → F와 G를 약간 강조하고, 나머지는 심플하게 흐름 유지
- 커스텀 처리
  → F와 G 일부를 부드럽게 연결하거나 G 꼬리에 바람결 디테일 추가
  (너무 과하지 않게, 자연스럽고 품격 있게)

3. 컬러 제안
- 메인 컬러: 딥 네이비(#1A1F36)

- 포인트 컬러: 쿨 민트(#AEE8E0) 또는 실버 그레이(#C0C0C0)
- 배경 컬러: 화이트 또는 다크 그레이(#222222)

4. 전체 톤&무드
- 깔끔하고 고급스럽지만, 부담 없이 친근한 인상
- 모던 테크 감성 + 프리미엄 휴대용 기기 느낌
- 가볍지만 성능 좋은 프리미엄 가전처럼 인식되게 설계

해당 내용으로 로고 생성을 위한 이미지 프롬프트 5개를 제안해주세요.

📌 **FanGo 로고 프롬프트 5개 제안**

[프롬프트 1]
브랜드명 FanGo를 활용한 고급스러운 로고를 제작해주세요.
심볼은 얇은 곡선으로 구성된 4개의 미니멀한 선풍기 날개와 부드러운 바람결 라인을 조합해 표현합니다.
텍스트는 세련된 산세리프체(Poppins SemiBold 스타일)로 FanGo를 디자인하고, F와 G를 약간 강조합니다.
메인 컬러는 딥 네이비(#1A1F36), 포인트는 쿨 민트(#AEE8E0)를 사용합니다.
전체 느낌은 모던하고 고급스러우며 깔끔하게 유지해주세요.

[프롬프트 2]
휴대용 USB 탁상 선풍기 브랜드 FanGo의 로고를 만들어 주세요.
심볼은 심플한 3개의 선풍기 날개에 자연스럽게 흐르는 바람결을 곡선으로 추가합니다.
텍스트는 고급스러운 세미 세리프체(DM Serif Display 스타일)로 FanGo를 표현하고, G 글자의 꼬리 부분에 가벼운 바람 느낌을 넣어 주세요.
컬러는 다크 그레이(#222222)와 실버 그레이(#C0C0C0)를 메인으로 사용합니다.
전체적으로 프리미엄하고 부드러운 인상을 강조해주세요.

[프롬프트 3]
FanGo 브랜드 로고를 심플하고 프리미엄한 스타일로 제작해주세요.

심볼은 작은 원형 중심에서 네 방향으로 퍼지는 바람결 형태를 미니멀하게 표현합니다.
텍스트는 FanGo를 모던 산세리프체(Noto Sans)로 타이트하게 배치하고, F와 G를 시각적으로 조금 더 강조합니다.
색상은 네이비 블루(#1A1F36)와 밝은 민트(#AEE8E0) 조합을 사용합니다.
전체는 모던하고 세련되며 휴대성과 기술 감각을 담아 주세요.

[프롬프트 4]
FanGo 휴대용 선풍기 브랜드를 위한 고급형 로고를 제작해주세요.
로고 심볼은 3개의 선풍기 날개와 함께 오른쪽으로 퍼지는 미세한 바람 디테일을 포함합니다.
텍스트는 Poppins SemiBold 스타일을 기반으로 FanGo와 부드럽게 이어지도록 디자인합니다.
F와 G 글자에만 약간의 커스텀 곡선을 추가해 자연스러운 흐름을 살려주세요.
컬러는 다크 네이비(#1A1F36)와 쿨 민트(#AEE8E0) 기반, 심플하고 직관적인 구조로 구성해주세요.

[프롬프트 5]
휴대용 USB 선풍기 브랜드 FanGo의 로고를 모던하고 고급스럽게 제작해주세요.
로고 심볼은 4개의 곡선형 날개와 부드럽게 흐르는 바람을 미니멀하게 형상화합니다.
텍스트는 둥글고 고급스러운 느낌의 산세리프체로 FanGo를 표현하며, 전체 라인은 견고하면서도 가벼운 느낌을 유지합니다.
메인 컬러는 딥 네이비(#1A1F36), 보조 컬러는 실버 그레이(#C0C0C0)를 사용합니다.
전체 무드는 세련되고 프리미엄하며 신뢰감이 느껴지게 해주세요.

챗GPT가 제안한 5개 프롬프트를 하나씩 실행해 총 5개의 시안을 만들어 본 다음 목적, 분위기, 디자인의 완성도를 비교하여 가장 적합한 로고 이미지를 선택합니다.

프롬프트 1

프롬프트 2

프롬프트 3

프롬프트 4

프롬프트 5

03 배너에 로고 삽입하기

이렇게 생성한 로고를 배경 없는 이미지로 출력해 그대로 활용하거나 외부 편집 도구를 사용해 정교하게 다듬어 브랜드 이미지에 최적화하는 과정을 거쳐도 좋습니다. 이번 프로젝트에서는 프롬프트 5로 생성한 로고를 앞서 완성한 배너 이미지에 얹어 보겠습니다.

 첨부 1의 로고 이미지를 첨부 2 이미지의 메인 카피 상단에 배치해주세요.

[첨부 1]

[첨부 2]

이렇게 만든 제품 로고는 배너뿐만 아니라 신제품 홍보 이미지, 카드 뉴스, 행사 포스터 등 다양한 디자인 콘텐츠에 활용할 수 있습니다.

Project 16 구매를 부르는 상세 페이지

상품 상세 페이지는 소비자의 구매 결정에 직접적인 영향을 미치는 핵심 요소입니다. 고객은 상세 페이지를 통해 제품의 특장점, 사용법, 후기 등 구매에 필요한 정보를 한눈에 파악하고 구매 여부를 판단합니다. 잘 구성된 상세 페이지는 제품의 신뢰도와 매력을 높이고, 실제 구매로 이어지게 만듭니다.

상세 페이지를 만들 때는 제품의 핵심 메시지를 어떻게 보여 줄지, 어떤 이미지와 레이아웃이 가장 효과적인지까지 여러 요소를 전략적으로 구성해야 합니다. 따라서 제품의 특징을 강조하는 방식, 이미지로 전달할 분위기나 정보의 흐름 등을 명확히 설계하는 것이 중요합니다.

챗GPT는 상세 페이지의 구조와 흐름을 자연스럽게 제안하는 것은 물론이고 제품의 특성과 메시지를 시각적으로 구성하는 과정을 훨씬 수월하게 도와줍니다. 이번 프로젝트에서는 챗GPT를 활용해 제품 콘셉트에 최적화된 상세 페이지를 기획하고 제작하는 과정을 소개하겠습니다.

진행 단계

① 상세 페이지 기획하기

② 이미지 생성하기

③ 인포그래픽 생성하기

④ 이미지 편집 및 보완하기

완성 이미지

01 상세 페이지 기획하기

상세 페이지 기획 단계에서는 제품의 특장점과 고객이 얻을 수 있는 혜택을 명확히 정리하여 고객의 구매 욕구를 자극할 핵심 메시지를 설정합니다. 이를 바탕으로 대표 이미지와 상품의 주요 메시지를 담은 히어로 섹션(첫 시선에서 보이는 메인 메시지), 주요 기능과 특장점을 직관적으로 전달할 수 있는 아이콘 및 이미지, 제품의 사용법과 상세 스펙 안내, 고객의 신뢰감을 높이는 사용 후기와 실제 사용 사례 이미지, 마지막으로 고객의 구매 행동을 유도하는 명확한 CTA 버튼으로 상세 페이지를 구성합니다. 또한, 유사한 경쟁 제품의 우수 사례를 조사하여 고객의 구매 결정과 전환율을 높일 수 있도록 상세 페이지 기획에 반영합니다.

먼저 상세 페이지에 사용할 주요 메시지, 히어로 섹션, 주요 기능 그리고 제품의 특장점을 다음과 같이 정리합니다.

주요 메시지
- 더운 여름, 휴대용 탁상 선풍기로 더위를 날려요
- 충전식으로 어디든 자유롭게!
- 어디서나 시원함 유지

히어로 섹션
- 제품 이미지와 함께 강조되는 문구: **"더운 여름, 휴대용 탁상 선풍기로 더위를 날려요"**
- 제품 대표 이미지가 중앙에 배치되어 주목도 높음

주요 기능

  1. 풍량 3단 조절 가능

  2. 충전식(USB 케이블 연결)

  3. 10시간 배터리 지속 시간

  4. 상하 각도 조절 기능

  5. 전원 버튼으로 간편 조작

특장점

- **휴대성 우수**: 200g의 가벼운 무게
- **콤팩트한 크기**: 18×30cm로 책상, 사무실, 카페 등 어디든 사용 가능
- **무선 사용 가능**: 충전식으로 자유로운 이동
- **직관적인 사용법**: ① USB 연결 → ② 전원 버튼 → ③ 각도 조절
- **활용도 높음**: 작업 중, 음료 타임, 외부 공간 등 다양한 환경에 적합

이렇게 정리한 내용을 바탕으로 상세 페이지 제작을 위한 기획안을 요청합니다.

상세 페이지 기획안 요청

 '휴대용 탁상 선풍기' 제품 홍보를 위한 상세 페이지를 기획해주세요. 다음 제품 정보를 참고해 상세 페이지를 섹션별로 정리해주세요.

[제품 정보]
주요 메시지
– 더운 여름, 탁상 선풍기로 더위를 날려요
– 충전식으로 어디든 자유롭게!
– 어디서나 시원함 유지

히어로 섹션(첫 시선에서 보이는 메인 메시지)
- 제품 이미지와 함께 강조되는 문구: 더운 여름, 탁상 선풍기로 더위를 날려요
- 제품 대표 이미지가 중앙에 배치되어 주목도 높음

주요 기능
- 풍량 3단 조절 가능
- 충전식(USB 케이블 연결)
- 10시간 배터리 지속 시간
- 상하 각도 조절 가능
- 전원 버튼으로 간편 조작

특장점(강조된 장점 요약)
- 휴대성 우수: 200g의 가벼운 무게
- 콤팩트한 크기: 18×30cm로 책상, 사무실, 카페 등 어디든 사용 가능
- 무선 사용 가능: 충전식으로 자유로운 이동
- 직관적인 사용법: ① USB 연결 → ② 전원 버튼 → ③ 각도 조절
- 활용도 높음: 작업 중, 음료 타임, 외부 공간 등 다양한 환경에 적합

휴대용 탁상 선풍기 상세 페이지 기획서

1. 히어로 섹션
목적: 첫 시선에서 제품명과 주요 혜택을 강조해 구매 관심 유도
구성 요소:
- 제품 대표 이미지 1컷(단독 제품 이미지)
- 메시지:
  - 메인 카피: 더운 여름, 탁상 선풍기로 더위를 날려요
  - 컬러 포인트 강조: "탁상 선풍기" 등 주요 단어 컬러 하이라이트

2. 제품 자유도 강조 섹션(휴대성과 활용도 어필)
목적: 다양한 공간에서 사용 가능한 점을 강조해 실용성 부각
구성 요소:
- 카페, 사무실, 여행 등 다양한 장소에서 제품 사용하는 이미지 컷 2~3개
- 카피 문구 예시:
  - 충전식으로 어디든 자유롭게!
  - 어디서나 시원함 유지

3. 기능 강조 섹션(조작성 및 편의 기능 안내)
목적: 제품의 조작성과 조절 기능을 강조해 사용자 경험 상상 유도
구성 요소:
- 제품 사용 중인 근거리 컷(노트북 옆, 회의 중 등)
- 상하 각도 조절하는 이미지 포함
- 설명 문구:
  - 상하 각도 조절 기능
  - 3단 풍량 조절

4. 제품 스펙 및 사양 안내 섹션
목적: 소비자에게 제품의 구체적 정보 제공
구성 요소:
- 표 또는 아이콘 기반 구성
- 포함 내용:
  - 풍량: 3단
  - 배터리 지속 시간: 10시간
  - 무게: 200g
  - 크기: 18x30cm

5. 사용법 안내 섹션(구매 후 사용 장벽 해소)
목적: 누구나 쉽게 사용할 수 있음을 강조
구성 요소:
- 아이콘 3개를 통한 직관적 안내
  - USB 케이블 연결
  - 전원 버튼 누르기
  - 각도 조절
- "휴대용 탁상 선풍기 사용법"이라는 제목 포함

6. 제품 단독 이미지 마무리(심플하게 강조)
목적: 제품의 외형을 다시 한번 강조하며 마무리
구성 요소:
- 제품 단독 이미지 1컷(깔끔한 배경)
- 간단한 제품명 또는 로고 삽입

콘텐츠 톤앤매너 제안
- 컬러 톤: 시원하고 청량한 블루 계열 포인트 컬러 사용
- 폰트 스타일: 깔끔하고 명료한 고딕체, 키워드 컬러 강조
- 이미지 톤: 밝은 실내, 여름 햇살, 편안한 분위기 연출

이렇게 총 6개의 섹션으로 구성된 상세 페이지 기획안이 완성되었습니다. 이 기획안에 따라 차례대로 필요한 이미지를 생성하겠습니다.

02 이미지 생성하기

이제 앞서 완성한 기획안에 따라 이미지를 하나씩 생성하겠습니다. 먼저 제품을 사용하는 상황을 보여 주기 위해 인물을 생성합니다.

인물 이미지 생성 예시

 젊은 한국인 여성이 현대적인 사무실 책상 앞에서 노트북으로 작업하고 있는 이미지를 생성해주세요. 여성의 손은 노트북 위에 올려져 있으며 흰색 반팔 셔츠를 입고 있습니다. 인물은 측면으로 제공해주세요. 이미지 사이즈 16:9

생성한 인물 이미지에 제품 이미지를 얹기 위해 먼저 제품 사진을 다양한 각도로 생성하겠습니다. 다양한 각도의 제품 이미지가 필요한 이유는 이미지를 더 정확하게 생성하기 위해서입니다. 예를 들어 선풍기를 위치와 방향이 다르면 제품이 정확하게 구현되지 않을 수 있습니다. 따라서 여러 각도의 제품 이미지를 미리 생성해 두고, 하나씩 적합한 이미지를 적용하는 것이 좋습니다.

다양한 각도의 제품 이미지 생성 예시

 첨부한 휴대용 탁상 선풍기의 측면과 뒷면, 45도 옆면 등 여러 각도에서 보는 제품 이미지를 생성해주세요.

[첨부]

이제 앞서 생성한 인물 이미지와 제품 이미지를 합쳐서 휴대용 탁상 선풍기를 소비자가 어떻게 활용할 수 있는지 보여 주기 위한 이미지를 생성합니다.

제품 활용 이미지 생성 예시 ①

 첨부한 휴대용 탁상 선풍기 이미지(첨부 1)를 여성의 사진(첨부2)에 추가해주세요. 선풍기는 노트북 왼쪽에 놓여 있으며, 45도 각도로 여성을 바라보고 있습니다. 선풍기에서 시원한 바람이 불고 있다는 것을 그래픽으로 표현해주세요. 비율 16:9

[첨부 1]

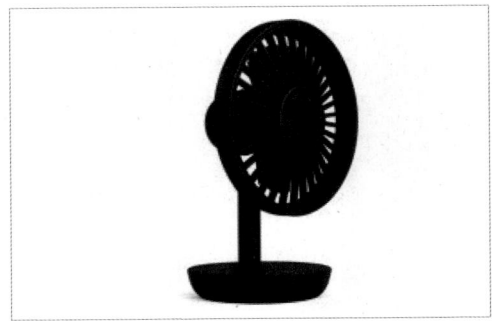

[첨부 2]

같은 방식으로 인물과 제품이 같이 등장하되 다양한 환경을 보여 주기 위해 추가 이미지를 생성합니다.

제품 활용 이미지 생성 예시 ②

 첨부한 이미지의 여성(첨부 1)의 배경을 현대식 카페로 옮겨 주세요. 여성은 시원한 아이스 커피 한 잔을 들고 있으며 그 앞에 놓인 휴대용 탁상 선풍기(첨부 2)에서 시원한 바람이 불고 있습니다. 배경은 창문이 시원한 카페 공간입니다. 비율 16:9

[첨부 1]

[첨부 2]

이번에는 제품의 다양한 색상을 보여 줄 수 있도록 제품 사진을 활용해 다른 색상의 제품 사진을 생성하겠습니다. 시원하고 청량한 느낌을 주기 위해 배경은 바다로 설정하겠습니다.

제품 디자인 강조 이미지 생성 예시

 첨부한 선풍기 이미지와 동일한 선풍기를 오른쪽에 하나 생성하고, 새로 생성한 선풍기 색상은 흰색으로 변경해주세요. 2대의 선풍기 모두 측면(45도 각도)으로 배치하고 배경은 파도가 치는 바다를 살짝 흐리게 처리해주세요.

[첨부]

이제 제품의 특징인 '탁상'을 강조하기 위해 사무실에서 제품을 사용하는 이미지를 생성하겠습니다.

제품 특징 강조 이미지 생성 예시

 첨부한 선풍기 이미지가 모던한 사무실의 나무 책상 위에 놓여 있는 이미지를 생성해주세요. 선풍기는 측면(45도 각도)으로 배치하고, 선풍기에서 반투명한 푸른빛 바람결이 오른쪽으로 부드럽게 퍼져나가는 효과를 추가해주세요. 전경이 흐릿하게 보이도록(블러 처리) 연출하고, 자연광이 들어오는 밝은 느낌을 유지해주세요. 선풍기 디테일(그릴, 버튼)은 선명하게 표현하되 전체적인 톤은 따뜻하고 부드러운 느낌을 살려주세요. 하단에는 약 30% 정도 빈 공간을 남겨 텍스트 삽입이 가능하도록 구성해주세요.

[첨부]

03 인포그래픽 생성하기

제품의 특징, 사용법 등을 정리한 인포그래픽은 상세 페이지에 반드시 필요한 영역 중 하나입니다. 단, 인포그래픽을 생성할 때는 인물 이미지를 생성할 때와 달리 텍스트, 아이콘 디자인 요소를 구체적으로 짚어 주는 것이 중요합니다. 제품의 기능과 사용법을 설명하는 2가지 인포그래픽을 다음과 같이 생성하겠습니다.

기능 설명 인포그래픽 생성 예시

 휴대용 탁상 선풍기 기능 설명 인포그래픽
휴대용 탁상 선풍기의 주요 스펙(풍량:3단, 배터리 지속 시간:10시간, 무게:200g, 크기:18x30cm)을 4열 표 형태로 시각화한 그래픽
각 셀에 해당 기능 아이콘 포함, 800×400px, 테두리는 투명, 셀 배경은 화이트, 텍스트는 다크 그레이(#444444)
폰트는 산세리프체(예: Pretendard)

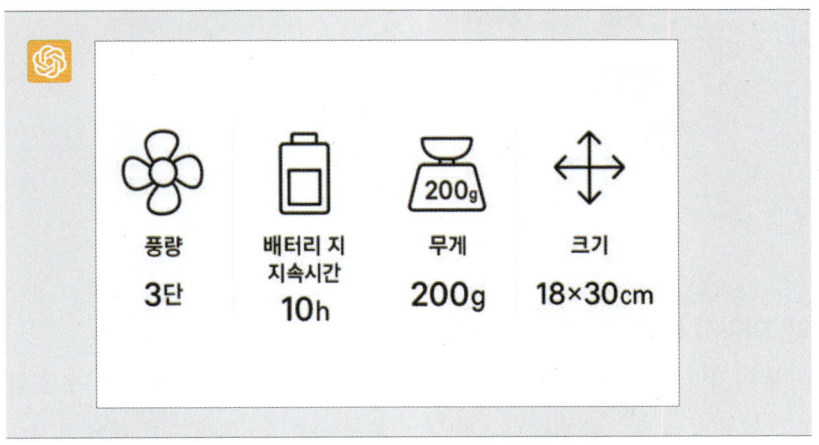

사용법 설명 인포그래픽 생성 예시

휴대용 탁상 선풍기 사용법 3단계 인포그래픽
① USB 케이블 연결 충전 ② 전원 버튼 누르기 ③ 각도 조절
각 단계별로 심플한 아이콘과 1-2단어 캡션(한글) 삽입
전체 구성은 600x800px, 배경은 연한 그레이(#F5F5F5), 아이콘은 다크 그레이(#333333)와 민트(#AEE8E0) 조합

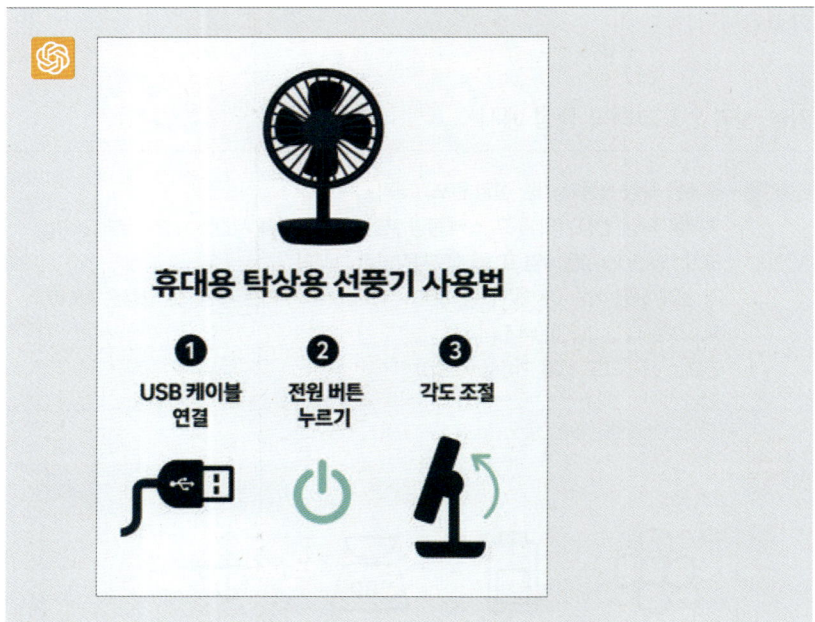

04 이미지 편집 및 보완하기

이제 마지막으로 이미지에서 의도하지 않은 부분들을 다듬습니다. 외부 편집 도구를 활용해 잘못 생성된 텍스트, 의도하지 않은 톤, 배치 등을 세부 조정해 완성할 수 있습니다. 만약 인물이나 제품 이미지의 디테일을 수정하고 싶다면 프롬프트로 다음과 같이 간단하게 수정할 수 있습니다. 인물 이미지에서 표정, 성별을 바꾸는 예시를 살펴보겠습니다.

인물 표정 변경

 시원한 바람을 맞은 여성의 얼굴에는 환한 미소가 번지고 있다.

[첨부]

인물 성별 변경

 첨부한 이미지와 동일한 배경, 구도를 유지하되 인물을 남성으로 변경해주세요.

[첨부]

이렇게 지금까지 생성한 이미지들을 기획안에 맞게 나열하고 정리하면 다음과 같이 하나의 상세 페이지를 완성할 수 있습니다.

완성한 상세 페이지

[응용] 상세 페이지용 무드보드 제작하기

상세 페이지를 제작하기 전 무드보드 제작을 요청해 전체적인 톤, 배치할 사물, 분위기 등을 미리 잡고 제작하는 방법도 있습니다.

챗GPT로 생성한 제품의 상세 페이지용 무드보드

이렇게 이미지를 한 컷씩 만드는 형태로 다양한 제품의 상세 페이지를 완성할 수 있습니다. 또 다른 예시로 실제 판매 중인 킨토사의 여행용 텀블러 제품의 상세 페이지를 다음과 같이 제작할 수 있습니다.

제품 상세 이미지 생성

제품 활용 이미지 생성

제품 소개 인포그래픽 생성

4부

업무 & 전문 디자인

4부에서는 모델 없이 제품 사진만으로 만드는 광고 사진, 그림을 그릴 줄 몰라도 책에 넣을 수 있는 삽화 디자인 등 전문적인 디자인 업무에 챗GPT를 활용하는 방법을 소개합니다. 디자인 경험이 없거나 그래픽 도구에 익숙하지 않아도 누구나 간단한 프롬프트 입력만으로 수준 높은 콘텐츠를 제작할 수 있습니다. 어떤 이미지를 어떤 목적으로 만들지 기획 단계부터 프롬프트를 구체화하고 생성한 이미지를 정교하게 다듬는 과정까지 단계별로 살펴보겠습니다. 이를 통해 작업의 효율성을 높이고, 실무에서 즉시 활용할 수 있는 디자인 역량을 갖출 수 있도록 돕습니다. 뿐만 아니라 누구나 쉽게 챗GPT를 활용해 전문 디자이너 못지않은 결과물을 만들 수 있는 방법과 노하우를 얻을 수 있을 것입니다.

Project 17 — 모델, 카메라 없이 끝내는 제품 연출 컷

소비자의 관심을 끄는 첫 번째 요소는 단연 매력적인 제품 연출 컷입니다. 단순히 제품의 형태나 기능을 보여 주는 데 그치지 않고, 사용하는 모습을 연출해 제품의 분위기와 감성까지 함께 전달할 수 있기 때문입니다. 제품이 어떤 상황에서 어떻게 활용될 수 있는지 보여 주는 이 연출 컷은, 소비자의 상상력을 자극하고 구매 욕구를 높이는 데 탁월한 효과를 발휘합니다.

하지만 제품 연출 컷을 직접 제작하는 과정에는 모델 섭외, 장면 연출, 조명, 카메라, 편집 등 많은 준비와 전문가가 필요합니다. 특히 촬영이나 편집에 익숙하지 않다면 원하는 결과물을 얻기까지 많은 시간과 큰 비용이 소모되기도 합니다.

이런 전문적인 작업에도 챗GPT는 효과적인 대안입니다. 제품의 용도, 분위기, 배경 등을 프롬프트로 섬세하게 설정하면 직접 촬영한 제품 연출 컷에 못지않은 이미지를 생성할 수 있습니다. 이를 통해 비용과 시간을 아껴 브랜드에 어울리는 이미지 구성을 유연하게 실험할 수 있습니다.

이 프로젝트에서는 기획부터 생성, 보완까지 제품 연출 컷 제작의 전 과정을 단계별로 소개합니다. AI로 제품 연출 컷을 제작할 때는 실제 제품 디테일이 왜곡되지 않도록 주의해야 합니다. 또, 생성한 인물이 부자연스러워 보이지 않도록 생성하는 것도 중요합니다. 다음 단계를 따라 차근차근 제품 사진 하나로 완성하는 제품 연출 컷을 만들어 보겠습니다.

진행 단계

① 광고 기획안 작성하기

② 프롬프트 작성 및 이미지 생성하기

③ 추가 연출 컷 생성하기

완성 이미지

01 광고 기획안 작성하기

제품 연출 컷 제작의 첫 단계는 제품의 핵심 메시지와 소비자에게 전달할 감성을 설정하는 것입니다. 이 단계에서는 제품을 어떤 상황에서, 어떤 방식으로 연출할지 정리하고 이미지의 전체적인 콘셉트와 분위기를 결정합니다.

이번 프로젝트에서는 제품 예시로 카페의 신메뉴인 딸기 라떼 제품의 연출 컷을 생성하겠습니다. 먼저 실제 제품 촬영을 하듯이 광고 기획안 작성이 필요합니다. 광고 기획안에는 광고명, 이미지 스타일, 주요 대상, 주요 촬영 컷 구성 등이 포함되어야 합니다.

광고 기획안 포함 요소
- 콘셉트명
- 이미지 스타일
- 주요 대상
- 주요 촬영 컷 구성(제품 집중 컷/인물 메인 컷/스페셜 컷)

챗GPT의 도움을 받아 기획안을 구체화해보겠습니다. 다음과 같이 프롬프트를 입력해 주요 촬영 컷의 내용까지 작성한 구체적인 기획안을 생성합니다.

신제품 광고 기획안

 카페의 신메뉴 '딸기 라떼' 제품을 홍보할 광고 사진을 만들어 주세요.
광고에 등장하는 인물은 한국의 젊은 연인입니다.
딸기 라떼 제품 이미지와 연출 컷 3장을 생성해주세요.
다음 포함 요소를 참고해 해당 제품의 광고 기획안을 구체적으로 작성해주세요.

[광고 기획안 포함 요소]
- 콘셉트명
- 이미지 스타일

- 주요 대상
- 주요 촬영 컷 구성(제품 집중 컷/인물 메인 컷/스페셜 컷)

 딸기 라떼 신제품 광고 기획안(커플 촬영 버전)

1. 콘셉트 개요
- 콘셉트명: 달콤한 순간을 함께, 딸기 라떼로
- 주제: 따뜻한 카페 분위기, 딸기 라떼를 함께 즐기며 웃음 짓는 젊은 한국인 커플의 자연스러운 모습
- 이미지 톤: 실사 스타일, 부드럽고 따뜻한 햇살 감성, 자연광 중심
- 대상 연령대: 20대 초중반 남녀
- 목표 메시지: 딸기 라떼 한 잔이 사랑을 더 달콤하게 만든다.

2. 촬영 컷 기획(총 3컷)
[1컷] 딸기 라떼 첫 등장(제품 집중 컷)
- 구성: 테이블 위에 딸기 라떼 2잔이 놓여 있고, 커플은 자연스럽게 기대어 딸기 라떼를 바라보고 있음
- 포인트: 컵 안 딸기 라떼의 선명한 컬러와 풍성한 크림 강조
- 설정: 햇살이 비치는 창가 자리, 부드러운 포커스 처리(딸기 라떼에 초점)

[2컷] 함께 즐기는 순간(커플 메인 컷)
- 구성: 남자와 여자가 각각 딸기 라떼를 들고 서로 바라보며 웃고 있음
- 포인트: 자연스러운 웃음, 서로를 향한 따뜻한 시선
- 설정: 여자 머리카락 사이로 햇살이 비치는 장면 포함 → 로맨틱한 느낌 연출

[3컷] 장난스럽게 입술에 크림 묻히기(스페셜 컷)
- 구성: 여자 또는 남자가 라떼를 한 모금 마신 뒤 입술에 크림을 묻히고 장난스럽게 웃는 모습
- 포인트: 장난기 어린 따뜻한 분위기와 친밀감 표현
- 설정: 둘이 웃으며 서로를 바라보는 자연스러운 표정 포착

3. 추가 연출 아이디어
- 소품: 테이블 위에 작은 꽃병, 딸기 한 접시, 밝은색 테이블 매트 사용
- 의상: 부드러운 톤(아이보리, 베이지, 연핑크) 캐주얼 커플룩
- 배경음악(영상 활용 시): 부드럽고 경쾌한 어쿠스틱 기타 배경음
- 조명: 자연광 + 소프트 보조광 활용해 부드러운 톤 유지

02 프롬프트 및 이미지 생성하기

앞서 생성한 기획한을 바탕으로 딸기 라떼 제품 집중 컷 1장과 연출 컷 3장을 생성하기 위한 이미지 프롬프트를 요청합니다. 구체적인 장면과 스타일을 명시하는 것이 중요합니다.

제품 이미지 프롬프트 생성

 '맛있는 딸기 라떼' 이미지 생성 프롬프트를 작성해주세요.

 나무 테이블 위에 딸기 라떼 1잔이 놓여 있다.
딸기 퓌레, 우유, 딸기 크림이 선명하게 층을 이루며, 위에는 부드러운 생크림과 반짝이는 신선한 딸기가 장식되어 있다.
컵 표면에는 살짝 물기가 있고, 라떼의 색감은 진한 딸기색과 부드러운 우유빛이 조화를 이루고 있다.
자연광 또는 부드러운 조명 아래, 신선하고 맛있어 보이는 고해상도 이미지(16:9 비율, 실사 스타일)

생성한 이미지 프롬프트를 실행해 다음과 같은 제품 이미지를 생성합니다. 같은 프롬프트를 여러 번 실행하면서 가장 원하는 분위기와 가까운 이미지를 얻는 것이 좋습니다.

제품 이미지 생성

다음으로 앞서 작성한 기획안에서 '촬영 컷 기획' 부분을 프롬프트에 입력해 3장의 이미지 생성을 위한 프롬프트를 요청합니다.

주요 연출 컷 이미지 프롬프트 생성

 다음 촬영 컷 기획을 참고해 컷별 이미지 프롬프트를 생성해주세요.

촬영 컷 기획(총 3컷)

[1컷] 딸기 라떼 첫 등장(제품 집중 컷)
- 구성: 테이블 위에 딸기 라떼 2잔이 놓여 있고, 커플은 자연스럽게 기대어 딸기 라떼를 바라보고 있음
- 포인트: 컵 안 딸기 라떼의 선명한 컬러와 풍성한 크림 강조
- 설정: 햇살이 비치는 창가 자리, 부드러운 포커스 처리(딸기 라떼에 초점)

[2컷] 함께 즐기는 순간(커플 메인 컷)
- 구성: 남자와 여자가 각각 딸기 라떼를 들고 서로 바라보며 웃고 있음
- 포인트: 자연스러운 웃음, 서로를 향한 따뜻한 시선
- 설정: 여자 머리카락 사이로 햇살이 비치는 장면 포함 → 로맨틱한 느낌 연출

[3컷] 장난스럽게 입술에 크림 묻히기(스페셜 컷)
- 구성: 여자 또는 남자가 라떼를 한 모금 마신 뒤 입술에 크림을 묻히고 장난스럽게 웃는 모습
- 포인트: 장난기 어린 따뜻한 분위기와 친밀감 표현
- 설정: 둘이 웃으며 서로를 바라보는 자연스러운 표정 포착

 딸기 라떼 광고 컷별 이미지 생성용 프롬프트

[1컷] 딸기 라떼 첫 등장(제품 집중 컷)
햇살이 부드럽게 비추는 카페 테이블 위에, 신제품 딸기 라떼 2잔이 예쁘게 놓여 있다.
젊은 한국인 커플(남성과 여성)이 테이블에 기대어 딸기 라떼를 바라보며 미소를 짓고 있다.
테이블 위에는 작은 꽃병과 딸기 한 접시가 자연스럽게 놓여 있으며, 전체 분위기는 따뜻하고 부드럽다.

초점은 딸기 라떼에 맞춰져 있고, 커플은 흐릿하게 배경에 자리하고 있다.
(16:9 비율, 리얼리틱 실사 스타일)

[2컷] 함께 즐기는 순간(커플 메인 컷)
젊은 한국인 커플(남성과 여성)이 각각 딸기 라떼를 손에 들고, 서로를 바라보며 환하게 웃고 있다.
따뜻한 햇살이 카페 창문을 통해 들어오고 있으며, 커플의 표정은 자연스럽고 행복하다.
배경은 부드럽게 흐릿하고, 전체적인 분위기는 로맨틱하고 편안하다.
여자의 머리카락 사이로 햇살이 부드럽게 비쳐 로맨틱한 느낌을 더한다.
(16:9 비율, 리얼리틱 실사 스타일)

[3컷] 장난스럽게 입술에 크림 묻히기(스페셜 컷)
젊은 한국인 남자 또는 여자가 딸기 라떼를 한 모금 마신 후, 입술에 크림을 묻힌 채 장난스럽게 웃고 있다.
상대방은 그 모습을 보며 미소를 지으며 바라보고 있다.
카페 내부는 따뜻한 햇살로 가득 차 있고, 분위기는 밝고 사랑스럽다.
입술에 묻은 크림과 자연스러운 웃음이 강조된 장면입니다.
(16:9 비율, 리얼리틱 실사 스타일)

챗GPT가 제안한 이미지 프롬프트로 생성한 3장의 제품 연출 컷은 다음과 같습니다.

1컷(제품 집중 컷)

2컷(커플 메인 컷)

3컷(스페셜 컷)

03 추가 연출 컷 생성하기

이번에는 여성 인물 위주로 추가 연출 컷을 생성해보겠습니다. 추가 연출 컷을 위한 이미지 프롬프트 생성을 먼저 요청합니다.

추가 연출 컷 이미지 프롬프트 생성

 여성만 등장하는 새로운 컷 4장을 생성할 수 있도록 이미지 프롬프트를 작성해주세요.
딸기 라떼를 마시는 장면 등 다양하게 4컷을 구성해주세요.

 여성 단독 컷 – 딸기 라떼를 즐기는 순간

[4-1 컷]
젊은 한국인 여성이 딸기 라떼를 들고 한 모금 마시는 순간을 포착한 장면.
눈은 라떼를 바라보고, 입술이 컵에 살짝 닿아 있다.

부드러운 햇살이 옆 얼굴에 스며들고 있다. 표정은 평온하고, 컵 안의 층층이 쌓인 딸기 라떼가 강조된다.
(16:9 비율, 실사 스타일)

[4-2 컷]
딸기 라떼를 마신 후 입술에 생크림이 묻은 젊은 한국인 여성이 장난스럽게 웃고 있다.
한 손으로는 컵을 들고 있고, 다른 손은 입술을 살짝 가리려는 듯한 동작.
자연광이 얼굴에 부드럽게 떨어지며, 분위기는 사랑스럽고 유쾌하다.
(16:9 비율, 실사 스타일)

[4-3 컷]
창가에 앉아 따뜻한 햇살을 받으며 딸기 라떼를 바라보는 젊은 한국인 여성.
두 손으로 컵을 감싸고 있으며, 표정은 차분하고 사색적이다.
배경은 자연스럽게 흐릿하고, 전체적으로 따뜻하고 감성적인 톤.
(16:9 비율, 실사 스타일)

[4-4 컷]
젊은 한국인 여성이 딸기 라떼를 들고 카메라를 향해 살짝 웃으며 포즈를 취하고 있다.
한 손은 컵을 들고, 다른 손은 턱을 괸 자세.
라떼는 정면으로 잘 보이게 들고 있으며, 분위기는 캐주얼하고 생기 있다.
(16:9 비율, 실사 스타일)

챗GPT가 제안한 이미지 프롬프트로 생성한 4장의 추가 연출 컷은 다음과 같습니다.

4-1 컷(딸기 라떼를 한 모금 마시는 순간)

4-2 컷(입술에 묻은 크림과 미소)

4-3 컷(딸기 라떼를 바라보는 모습)

4-4 컷(카메라를 바라보는 모습)

Project 18 신제품 론칭을 위한 광고 시안

광고 이미지는 브랜드와 제품의 첫인상을 결정짓는 중요한 출발점입니다. 특히 신제품 론칭 시기에는 제품의 핵심 메시지를 짧은 시간 안에 시각적으로 전달해야 하며 소비자가 이미지를 보는 순간 제품의 특징과 분위기를 자연스럽게 받아들일 수 있어야 합니다. 하지만 많은 브랜드는 전문 촬영과 디자인에 충분한 시간과 자원을 투입하기 어려운 상황에 놓여 있습니다. 촬영 준비부터 스타일링, 후반 작업까지 소요되는 비용과 일정은 소규모 브랜드나 개인 사업자에게는 큰 부담이 됩니다. 이러한 제약을 극복하는 방법은 한 번의 촬영으로 결과를 고정하는 것이 아니라 다양한 시나리오를 빠르게 시도하고, 브랜드 톤을 유지하면서도 가장 적합한 구도를 찾아내는 것입니다.

이번 프로젝트는 바로 이 지점에서 출발했습니다. 오트 크림이라는 가상 화장품을 감성적으로 표현하면서도, 브랜드가 지향하는 정제된 이미지를 함께 전달하는 것을 목표로 광고 시안을 기획했습니다. 이미지 생성형 AI는 이처럼 전문적인 디자인 영역인 광고 시안을 기획하고 생산하고 완성도까지 높이는 데 유용한 도구입니다. 이번 프로젝트에서는 제품 이미지부터 광고 시안 4컷까지 모두 챗GPT 하나로 생성하는 과정을 순서대로 살펴보겠습니다.

진행 단계

① 제품 기본 연출 컷 생성하기

② 광고 시안 기획 & 이미지 생성하기

③ 이미지 편집 및 보완

완성 이미지

01 제품 기본 연출 컷 생성하기

신제품 오트 크림의 감성과 특징을 시각적으로 표현할 수 있는 광고 시안을 기획하면서 신제품 론칭 준비를 시작해보겠습니다. 먼저 제품의 촉촉함과 정제된 분위기를 전달하기 위해 반투명 유리 용기, 흰색 유광 배경, 물방울 효과를 활용한 제품 연출 컷을 제작합니다. 이 기본 제품 이미지를 중심으로 전체 브랜드 무드를 설정할 수 있습니다.

제품 연출 컷 생성

크림 화장품 용기를 중심으로 한 제품 연출 이미지
투명한 유리 소재의 원형 화장품 용기이며, 뚜껑은 아이보리 톤의 매트한 질감
용기에는 'Oat Cream'이라는 레터링이 세련되게 인쇄되어 있음
배경은 부드러운 아이보리색이며, 표면에 물방울이 섬세하게 맺혀 있어 수분감과 신선함을 강조
전체적으로 밝고 미니멀한 무드, 깨끗하고 고급스러운 느낌을 주는 자연광 연출
제품은 정면에서 약간 위쪽에서 바라본 각도로 배치
텍스트는 제외

이후 제품의 원료를 보여 주기 위해 평면 스타일의 원료를 연출한 이미지도 구성해보겠습니다.

평면 스타일 연출 컷 생성

 첨부한 스킨케어 크림 제품을 귀리, 흰색 캐모마일 꽃, 녹색 잎으로 둘러싸고 배치한 이미지
전체 구도는 베이지색 배경 위 평면 스타일이며, 부드러운 아침 햇살 조명을 활용해 편안한 분위기를 연출함

[첨부]

02 광고 시안 기획 & 이미지 생성하기

광고 이미지 제작은 단순한 생성 작업이 아니라 사전에 제품에 맞게 명확한 기획 콘셉트를 설정해야 합니다. 오트 크림이라는 제품은 보습감, 청결함, 부드러움을 시각적으로 전달하는 동시에 사용자의 감정과 일상 속 경험이 자연스럽게 연결되도록 장면을 설계해야 합니다. 이를 위해 총 4컷의 시안을 구성하고, 각 컷마다 모델의 동작, 제품의 위치, 시선 방향, 배경 톤 등 각 장면이 전달해야 할 메시지와 감성을 기준으로 설계하겠습니다.

광고 시안 구성

- **컷 1 인물 + 브랜드 신뢰 강조 컷**: 얼굴 가까이 제품을 들고 환하게 웃는 모습/정면 응시/생기 있고 건강한 피부 톤
- **컷 2 제품 사용감 중심 컷**: 손끝으로 크림을 떠올리는 모습/클로즈업 구도/제형과 손끝 동작 강조
- **컷 3 감성 몰입 컷**: 제품을 손에 들고 바라보는 모습/인물과 제품의 균형/고급스럽고 정적인 무드
- **컷 4 제품 균형 컷**: 상반신을 옆으로 틀고 어깨 위에 제품 배치/인물과 제품의 균형/고급스럽고 정적인 무드

이 구성을 바탕으로 시안 이미지를 생성하겠습니다. 프롬프트는 단순한 설명이 아니라 장면의 목적과 구도를 명확히 담아야 합니다. 필요하다면 레퍼런스 이미지를 참고해 시각적 방향성을 보완하는 것도 효과적입니다.

> **TIP** 실제 인물을 레퍼런스 이미지로 사용할 때는 반드시 저작권에 유의해야 합니다.

먼저 첫 번째 시안 이미지는 모델이 크림 제품을 얼굴 가까이 들고 정면을 바라보며 은은하게 미소 짓는 장면으로 구성합니다. 피부는 생기 있고 건강한 톤으로 표현하며, 제품 라벨이 화면 중앙에 정확히 노출되도록 연출합니다.

컷 1. 인물 + 브랜드 신뢰 강조 컷

 젊은 여성(첨부 1)이 크림 제품(첨부 2)을 얼굴 가까이 들고 카메라를 향해 환하게 웃는 모습. 크림 제품 라벨이 정면으로 잘 보이고, 피부는 밝고 생기 있는 상태. 배경은 흰색 또는 파스텔, 밝고 청량한 분위기

[첨부 1]

[첨부 2]

두 번째 시안은 모델이 크림을 손끝으로 살짝 떠올리는 장면으로 구성합니다. 손끝의 섬세한 움직임과 제형의 질감을 클로즈업으로 강조합니다. 제품의 사용감을 직관적으로 전달하며, 위생적이고 감성적인 분위기를 연출합니다.

컷 2. 제품 사용감 중심 컷

 뚜껑이 열린 반투명 유리 용기(첨부)에서 젊은 여성이 두 번째 손가락(검지)으로 크림을 떠올리는 중. 손가락에 크림이 묻어 있는 클로즈업 장면
흰색 배경이며, 손의 섬세한 동작과 크림 제형의 질감 표현에 초점

[첨부]

세 번째 시안은 조용한 분위기 속에서 모델이 제품을 응시하는 장면으로 구성합니다. 고개를 살짝 기울인 자세와 절제된 표정으로 감정 몰입을 유도합니다. 정적인 아름다움과 브랜드의 감성을 함께 담아서 연출했습니다. 동일한 모델을 유지하고 싶다면 앞서 생성한 모델 이미지를 프롬프트에 첨부합니다.

컷 3. 감성 몰입 컷

 고요한 흰색 배경 앞에 젊은 여성(첨부 1)이 앉아 고요한 표정으로 크림 제품(첨부 2)을 바라보고 있는 장면. 여성은 한쪽 팔을 테이블에 편안하게 두고, 다른 손으로 뚜껑이 닫힌 크림 용기를 살며시 쥐고 있으며, 고개를 살짝 기울여 제품 응시. 제품은 부드러운 질감의 무광 크림색 용기로, 전체적인 분위기는 조용하고 절제된 느낌. 16:9 비율

[첨부 1]

[첨부 2]

마지막 네 번째 시안은 모델이 상반신을 옆으로 틀고 어깨 위에 제품을 올려놓은 구도입니다. 목선과 어깨 라인이 자연스럽게 드러나며, 제품과의 균형을 강조합니다. 브랜드의 고급스러운 이미지와 정적인 분위기를 시각적으로 표현합니다.

컷4. 제품 균형 컷

 상반신을 옆으로 살짝 틀고, 왼쪽 어깨 위에 크림 제품을 안정적으로 올려놓은 젊은 여성의 모습. 여성은 얼굴을 정면으로 바라보며 은은한 미소를 짓고 있으며, 어깨 라인과 목선이 자연스럽게 강조. 크림 용기는 부드러운 곡선형의 반투명 용기로, 뚜껑은 닫혀 있으며 고급스럽고 미니멀한 느낌. 배경은 깨끗한 흰색이며, 부드러운 자연광 조명으로 피부결과 제품의 질감을 강조. 16:9 비율

[첨부]

이렇게 총 4컷의 광고 시안 이미지를 완성했습니다. 이때 주의할 점은 생성형 AI의 특성상 일정하게 유지해야 하는 부분, 예를 들어 제품 이미지나 모델 같은 경우 반복해서 생성하다 보면 왜곡될 수 있으므로 프롬프트에 참고 이미지를 잘 활용하는 것이 좋습니다.

03 이미지 편집 및 보완

광고 시안 이미지를 생성한 후에는 내부 검토와 피드백을 바탕으로 최종 편집과 보완 작업을 반드시 진행해야 합니다. 단순히 이미지를 완성하는 데 그치지 않고, 시안의 목적과 메시지가 정확히 전달되고 있는지를 중심으로 검토하는 과정이 필요합니다. 이 단계에서는 제품의 위치, 인물의 포즈, 시선 방향, 여백의 구성 등 시각적 요소 전반에 대해 수정 사항을 정리하고 브랜드 가이드에 맞게 조정합니다. 프롬프트를 다시 활용해 이미지 구조를 조정하는 것도 효과적인 방법입니다. 단, 인물을 수정할 때 주의해야 할 점은 가상의 인물이어도 오픈AI의 정책상 인물 사진을 그대로 구현하면서 특정 표정, 동작을 수정하는 요청은 거부할 수 있습니다. 따라서 생성된 가상의 인물이라는 것을 주지시키고 기존 이미지를 유지하되, 기존 이미지를 변경하는 것이 아니라 새로운 이미지를 생성하듯이 요청해야 합니다. 예시로 모델이 들고 있는 제품의 위치, 모델의 시선, 배경 톤과 조명을 변경하는 프롬프트를 살펴보겠습니다.

제품 위치 조정

 첨부 이미지의 인물, 표정, 배경을 유지합니다. 모델이 제품을 얼굴 왼쪽 아래쪽에 들고 있습니다.

[첨부]

모델 포즈 및 시선 변경

 첨부 이미지의 인물, 표정, 배경을 유지합니다.
모델이 제품을 그윽하게 바라보고 있습니다.

[첨부]

배경 톤 및 조명 변경

 첨부 이미지의 인물, 표정, 구도를 유지합니다.
배경을 밝은 색으로 변경하고 조명을 한층 더 부드럽게 표현해주세요.

[첨부]

충분한 퀄리티의 광고 시안을 생성했다면 이후 외부 편집 도구로 후반 작업을 진행하는 것이 좋습니다. 배경에 불필요한 그림자, 노이즈를 제거하거나 흐림 처리를 통해 시선을 제품에 집중시킬 수 있으며, 텍스트 삽입을 고려한 여백 조정이나 제품과 인물 간의 균형 재배치 역시 필요합니다. 브랜드에서 추구하는 컬러 톤에 맞춰 피부 톤, 배경색, 조명 온도 등을 조정해 전체 색감을 통일합니다. 이러한 작업은 캔바, 포토샵 등을 통해 간단히 수행할 수 있으며 최종 결과물의 완성도를 높이는 데 효과적입니다. 이 과정은 단순한 마무리 작업이 아니라 이미지를 실제 광고 소재로 활용하기 위한 필수 단계입니다.

Project 19 한눈에 들어오는 인포그래픽

인포그래픽은 복잡한 정보나 데이터를 아이콘, 도형, 이미지와 같은 시각 요소로 정리해 이해를 돕는 강력한 콘텐츠 형식입니다. 특히 제품 비교, 단계 설명, 설문 결과 요약 등 다양한 목적에 맞춰 활용할 수 있어 실용성이 높습니다. 즉, 인포그래픽의 핵심은 복잡한 정보를 어떻게 구조화하고 시각적으로 표현하느냐에 있습니다. 하지만 그만큼 정보 구조를 어떻게 구성할지, 어떤 시각적 요소를 강조해야 할지, 어떤 형식이 효과적인지 판단이 필요합니다. 뿐만 아니라 이를 한 장의 이미지로 제작하는 데도 그래픽 도구의 도움이 필요하죠.

챗GPT의 이미지 생성 기능은 인포그래픽 제작 과정에서 실질적인 도움을 줍니다. 시각화할 핵심 키워드와 원하는 구성 방식을 프롬프트로 입력하면, 명확하고 직관적인 인포그래픽 이미지로 빠르게 구현할 수 있습니다. 또는 데이터를 그대로 넣고 어떤 인포그래픽이 전달에 효과적일지도 의견을 제시합니다. 이를 통해 정보 기획과 디자인 구성 간의 간극을 줄이고, 목적에 맞는 인포그래픽을 효율적으로 제작할 수 있습니다. 이 프로젝트에서는 텍스트, 아이콘을 활용해 인포그래픽을 제작하는 과정을 단계별로 살펴보겠습니다.

진행 단계

    ① 정보 구조화 & 디자인 요소 설정하기

    ② 프롬프트 작성 및 이미지 생성하기

    ③ 편집 및 보완하기

완성 이미지

 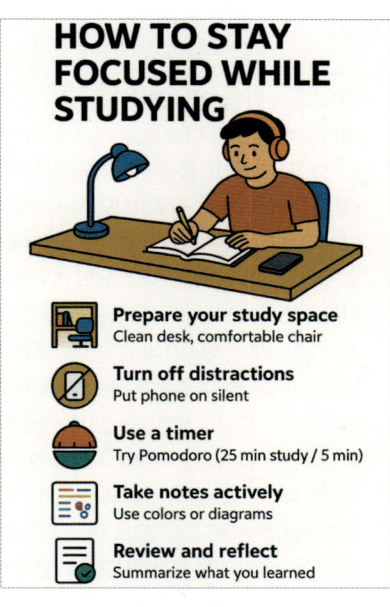

01 정보 구조화 & 디자인 요소 설정하기

인포그래픽 제작의 첫 번째 단계는 주제와 목적을 명확히 정리하여 정보를 구조화한 다음 어떤 유형의 인포그래픽이 가장 적합한지 결정하는 것입니다. 먼저 데이터에 담긴 핵심 메시지를 명확히 파악해야 합니다. 예를 들어, 다음과 같은 원고의 내용을 함축한 인포그래픽을 만든다고 가정해보겠습니다.

[원고]

AI 시대, 누가 생존할 것인가?

AI의 급속한 발전은 일자리뿐 아니라 인간의 역할 자체에 대한 근본적인 물음을 던지고 있다. 챗GPT와 같은 생성형 AI의 등장은 단순한 반복 업무뿐만 아니라 고도의 전문 지식과 경험을 필요로 하는 직무까지도 자동화될 가능성을 보여 주고 있다. 이에 따라 많은 직장인과 전문가들이 자신의 직업 안정성에 대해 우려하고 있으며, "AI 시대에 과연 누가 생존할 수 있는가?"라는 질문이 중요한 화두가 되었다.

이러한 변화 속에서 가장 중요한 경쟁력은 AI 도구를 얼마나 잘 이해하고 활용할 수 있는가에 달려 있다. 챗GPT와 같은 대화형 AI, 이미지 생성 도구, 업무 자동화 소프트웨어 등 다양한 AI 도구들이 업무와 일상생활에 빠르게 확산되고 있다. 이러한 도구들은 인간을 대체하는 것이 아니라 생산성을 높이는 핵심적인 지원 수단으로 활용될 것이며, AI를 능숙하게 다루는 사람이 그렇지 못한 사람을 앞서게 될 것이다.

하버드 비즈니스스쿨의 카림 라카니 교수는 "AI가 인간을 직접적으로 대체하지는 않을 것이다. 하지만 AI를 효과적으로 활용할 줄 아는 사람이 그렇지 못한 사람을 대체할 것이다."라고 강조했다. 기업 현장에서도 이러한 추세가 명확히 드러나고 있으며, 조직의 거의 모든 직무에서 AI를 활용할 수 있는 역량이 떠오르고 있다. 많은 기업이 AI 활용 능력을 갖춘 인재를 최우선으로 확보하려는 이유도 여기에 있다.

결국 AI 시대에 생존하는 사람은 AI를 두려워하지 않고 적극적으로 이해하며 자신의 업무와 상황에 맞게 창의적으로 활용할 수 있는 사람이다. AI를 단지 위협으로 인식하는 것이 아니라 이를 활용하여 자신의 전문성과 역량을 더욱 확장시키는 것이 중요하다. AI와 협력할 줄 아는 역량이 앞으로의 시대에서 살아남고 번영할 수 있는 가장 확실한 전략이다.

원고를 간략하게 요약하자면 AI 시대에는 AI 도구를 능숙하게 활용할 수 있는 사람이 그렇지 않은 사람을 대체할 것이라는 내용입니다. 즉, AI 도구를 능숙하게 활용할 수 있는 사람과 그렇지 않은 사람의 상황을 명확하게 대비시킬 수 있는 '비교형 인포그래픽'이 적합합니다. 이를 효과적으로 표현하기 위해 좌우 대비 구조를 선택하고, 각 측면에서 강조할 이미지를 구상합니다. 이렇게 원고 내용을 토대로 뽑아낸 핵심 메시지와 인포그래픽 유형과 목적을 정리합니다.

인포그래픽 구성안

- **핵심 메시지**: AI 시대의 경쟁력은 AI 활용 능력에 달려 있다.
- **유형**: 비교형
- **목적**: AI 활용 여부에 따른 경쟁력 차이를 시각적으로 표현

02 프롬프트 작성 및 이미지 생성하기

앞서 정리한 인포그래픽 구성안과 원고를 바탕으로 인포그래픽 이미지 생성을 위한 프롬프트를 요청합니다. 인포그래픽의 핵심은 최소화된 텍스트와 이미지 중심의 직관적인 표현입니다. 이때 원하는 디자인 스타일, 구도 또는 참고 이미지가 있다면 함께 첨부하는 것이 좋습니다.

인포그래픽 이미지 프롬프트 생성

첨부한 원고에서 "AI가 인간을 직접적으로 대체하지는 않을 것이다. 하지만 AI를 효과적으로 활용할 줄 아는 사람이 그렇지 못한 사람을 대체할 것이다."라는 문장을 주제로, 시각적으로 대비되는 비교형 인포그래픽을 제작하려고 합니다. 인포그래픽 이미지 프롬프트 3가지를 제공해주세요. 텍스트는 최소화하고, 제목 중심, 양측 비교 구조로 이미지만으로도 내용을 쉽게 이해할 수 있게 해주세요.

[첨부]

AI 시대, 누가 생존할 것인가?

AI의 급속한 발전은 일자리뿐 아니라 인간의 역할 자체에 대한 근본적인 물음을 던지고 있다. 챗GPT와 같은 생성형 AI의 등장은 단순한 반복 업무뿐만 아니라 고도의 전문 지식과 경험을 필요로 하는 직무까지도 자동화될 가능성을 보여 주고 있다. 이에 따라 많은 직장인과 전문가들이 자신의 직업 안정성에 대해 우려하고 있으며, "AI 시대에 과연 누가 생존할 수 있는가?"라는 질문이 중요한 화두가 되었다.

이러한 변화 속에서 가장 중요한 경쟁력은 AI 도구를 얼마나 잘 이해하고 활용할 수 있는가에 달려 있다. 챗GPT와 같은 대화형 AI, 이미지 생성 도구, 업무 자동화 소프트웨어 등 다양한 AI 도구들이 업무와 일상생활에 빠르게 확산되고 있다. 이러한 도구들은 인간을 대체하는 것이 아니라 생산성을 높이는 핵심적인 지원 수단으로 활용될 것이며, AI를 능숙하게 다루는 사람이 그렇지 못한 사람을 앞서게 될 것이다.

하버드 비즈니스스쿨의 카림 라카니 교수는 "AI가 인간을 직접적으로 대체하지는 않을 것이다. 하지만 AI를 효과적으로 활용할 줄 아는 사람이 그렇지 못한 사람을 대체할 것이다."라고 강조했다. 기업 현장에서도 이러한 추세가 명확히 드러나고 있으며, 조직의 거의 모든 직무에서 AI를 활용할 수 있는 역량이 떠오르고 있다. 많은 기업이 AI 활용 능력을 갖춘 인재를 최우선으로 확보하려는 이유도 여기에 있다.

결국 AI 시대에 생존하는 사람은 AI를 두려워하지 않고 적극적으로 이해하며 자신의 업무와 상황에 맞게 창의적으로 활용할 수 있는 사람이다. AI를 단지 위협으로 인식하는 것이 아니라 이를 활용하여 자신의 전문성과 역량을 더욱 확장시키는 것이 중요하다. AI와 협력할 줄 아는 역량이 앞으로의 시대에서 살아남고 번영할 수 있는 가장 확실한 전략이다.

 모두 16:9 비율, 모던 플랫 스타일, 텍스트 최소화, 좌우 비교 구조로 구성했습니다.

인포그래픽 1
모던한 플랫 스타일의 16:9 인포그래픽
제목: AI 시대, 생존하는 사람 vs 도태되는 사람
제목 위치: 상단 중앙에 배치
왼쪽: 밝은 블루 배경, AI와 협업하는 직장인을 아이콘으로 표현. 체크 표시, 톱니바퀴, 상승 그래프 포함
오른쪽: 연한 회색 배경, 당황한 표정의 직장인, 종이 서류 더미, X 표시, 느린 시계 아이콘
양측 대비가 명확하고 심플한 디자인

인포그래픽 2
심플한 일러스트 기반의 16:9 인포그래픽
제목: AI를 활용하는 사람 vs 활용하지 못하는 사람
제목 위치: 상단 중앙에 배치
왼쪽: 밝은 배경, 챗GPT 로고, 태블릿, 상승 그래프 아이콘, 긍정적 표정의 인물
오른쪽: 어두운 배경, 오래된 컴퓨터, 물음표, 엑셀 파일 아이콘, 지친 표정의 인물

이미지 프롬프트 3
16:9 비율의 심플 인포그래픽
제목: AI 역량, 선택의 차이가 결과를 만든다
제목 위치: 상단 중앙에 배치
왼쪽: 밝아지는 그레이디언트 배경, 3단계 아이콘 흐름 - ① AI 학습 ② 협업 역량 ③ 업무 확장, 화살표로 연결
오른쪽: 어두워지는 그레이디언트 배경, 3단계 아이콘 흐름 - ① 기술 거부 ② 반복 작업 ③ 역할 감소, 점선으로 연결
시간 흐름과 대비를 시각적으로 표현

챗GPT가 생성한 프롬프트를 모두 이미지로 생성하면 다음과 같은 3개의 인포그래픽을 만들 수 있습니다.

프롬프트1(AI 시대, 생존하는 사람 vs 도태되는 사람)

프롬프트 2(AI를 활용하는 사람 vs 활용하지 못하는 사람)

프롬프트 3(AI 역량, 선택의 차이가 결과를 만든다)

03 편집 및 보완하기

마지막 단계는 AI가 생성한 이미지를 직접 확인하고 세부적으로 편집하여 최종 완성도를 높이는 과정입니다. 이 단계에서는 인포그래픽의 스타일이나 캐릭터, 아이콘의 배치 및 크기, 색상 대비, 텍스트의 가독성 등 세부적인 부분을 정리하여 명확한 메시지 전달력을 확보합니다. 앞서 생성한 인포그래픽 중 가장 원하는 결과물과 가까운 이미지를 첨부하고 다음과 같이 프롬프트로 수정을 요청합니다.

인포그래픽 스타일 수정

 이미지 구도나 캐릭터, 모두 그대로 유지한 채 단순한 흑백 일러스트로 생성해주세요.

[첨부]

[응용 ①] 인포그래픽으로 한눈에 전하는 레시피

인포그래픽의 주요 역할은 복잡한 정보를 한눈에 볼 수 있는 한 장의 이미지로 전달하는 것입니다. 인포그래픽 응용 예시로, 팬케이크 레시피와 만드는 순서를 한 장의 포스터로 만들어 보겠습니다. 이렇게 만든 이미지는 SNS나 블로그 등에 쉽게 공유할 수 있어 바이럴이 용이할 뿐만 아니라 클래스 안내 포스터 등 다양하게 활용할 수 있습니다.

인포그래픽은 많은 정보를 압축하는 만큼 안정감 있게 정보의 흐름과 레이아웃을 설계하는 것이 중요합니다. 이를 바탕으로 시각화할 요소와 과정, 예상하는 완성 이미지, 텍스트 위치 등을 다음과 같이 정리합니다.

인포그래픽 구성 요소

- **정보 흐름**: 제목 → 재료 소개 → 조리 과정 아이콘 → 완성 이미지
- **재료**: 재료별 일러스트 + 재료와 양
- **과정**: 아이콘 또는 간단한 화살표 흐름
- **완성 이미지**: 접시에 올려진 팬케이크 일러스트
- **텍스트 위치**: 제목은 중앙, 기타 정보는 요소 아래에 작게 배치

이 흐름을 프롬프트에 명확히 담으면 원하는 구조의 인포그래픽을 안정적으로 구현할 수 있습니다. 마지막으로 스타일과 활용 목적을 지정합니다. 스타일은 인포그래픽의 전체 분위기를 결정합니다. 아기자기한 느낌을 주기 위해 부드럽고 미니멀한 일러스트에 요리책 스타일로 하겠습니다.

이렇게 정보 흐름, 스타일, 활용 목적까지 모두 정리되었으면 다음과 같이 프롬프트를 구체적으로 작성해 인포그래픽을 생성합니다.

레시피 인포그래픽 생성 예시

 팬케이크 레시피 및 완성 과정 인포그래픽

- 깔끔한 흰 배경 위에 구성된 세로형 인포그래픽
- 상단에는 굵은 글씨 제목: "팬케이크 만드는 법"

재료 섹션
일러스트 아이콘으로 나열된 재료와 간단한 라벨 텍스트:
– 밀가루 100g
– 달걀 1개
– 우유 150ml
– 설탕 1큰술
– 메이플 시럽 (소량)

조리 과정 섹션
- 재료 아래에 아이콘과 함께 4단계 과정을 가로 정렬로 표시:
  섞기 → 붓기 → 굽기 → 플레이팅

완성 이미지 섹션
- 하단에는 흰 접시에 가지런히 쌓인 팬케이크 2~3장을 사실감 있게 표현
- 팬케이크 위에는 버터 한 조각, 가장자리는 메이플 시럽이 흘러내리는 모습
- 접시 아래에 중앙 정렬된 텍스트: "PANCAKES"

스타일:
- 플랫 일러스트 스타일
- 명확하고 미니멀한 구성
- 밝고 부드러운 뉴트럴 톤 색상
- 배경에 불필요한 장식 없음
- 요리책, 클래스 콘텐츠, SNS 공유용에 적합
- 이미지 비율은 3:4(세로형 레이아웃)

[응용 ②] 인포그래픽으로 빠르게 정보 안내하기

이번에는 '공부에 집중하는 방법'이라는 주제를 아이콘 중심의 수직 인포그래픽으로 구성하는 예시입니다. 일러스트와 핵심 문장이 함께 배치된 구성으로, 학생뿐만 아니라 직장인, 자기계발에 관심 있는 사람 등 누구나 실천 가능한 팁을 한눈에 전달할 수 있도록 설계합니다. 이렇게 만든 인포그래픽형 포스터는 SNS 콘텐츠, 온라인 클래스 자료, 스터디카페 안내물로도 다양하게 활용할 수 있습니다.

먼저 주제, 대상, 핵심 메시지 그리고 정보 흐름과 아이콘 중심으로 레이아웃을 설계해 다음과 같이 정리합니다.

인포그래픽 구성 요소

- **주제**: HOW TO STAY FOCUSED WHILE STUDYING(공부에 집중하는 방법)
- **대상**: 10~30대 학생 및 자기계발에 관심 있는 직장인
- **배치**:
  상단: 제목 + 집중하는 학생의 일러스트
  중간: 5단계 습관 → 각각 아이콘 + 간단한 문장
  하단: 마무리 문구로 정리("Small habits create big results.")
- **폰트**: 가독성 높은 둥근 고딕체
- **색감**: 따뜻한 파스텔 계열로 집중감을 유지하면서도 편안한 분위기 조성
- **스타일**: 라운드 플랫 일러스트, 파스텔 계열, 깔끔한 아이콘 중심
- **비율**: 9:16(모바일 우선형) 또는 A4(인쇄용)
- **활용**: 클래스 홍보, SNS 콘텐츠, 공부법 포스터 등

이 모든 요소를 다음과 같이 프롬프트에 정리하면 목적에 맞는 인포그래픽 이미지를 생성할 수 있습니다.

정보 전달 인포그래픽 생성 예시

 Infographic - 「HOW TO STAY FOCUSED WHILE STUDYING」
전체가 보이고 모든 내용이 화면에서 나오도록 줌아웃된 구도

- 스타일: 아이콘 중심, 라운드 플랫 일러스트
- 구도: 수직형 인포그래픽 레이아웃, 위에서 아래로 자연스러운 흐름
- 장면:
  – 상단: 제목 "HOW TO STAY FOCUSED WHILE STUDYING"
  – 상단 비주얼: 책상에 앉아 집중하는 학생(이어폰 착용, 핸드폰은 멀리 둠)
  – 중간 단계:(with icons + text)

1) Prepare your study space – Clean desk, comfortable chair
2) Turn off distractions – Put phone on silent
3) Use a timer – Try Pomodoro(25 min study / 5 min break)
4) Take notes actively – Use colors or diagrams
5) Review and reflect – Summarize what you learned
– 하단 문구: "Small habits create big results."(중앙 정렬)

- 배경: 흰 배경, 그림자 없이 깔끔하게 구성
- 이미지 비율: 9:16

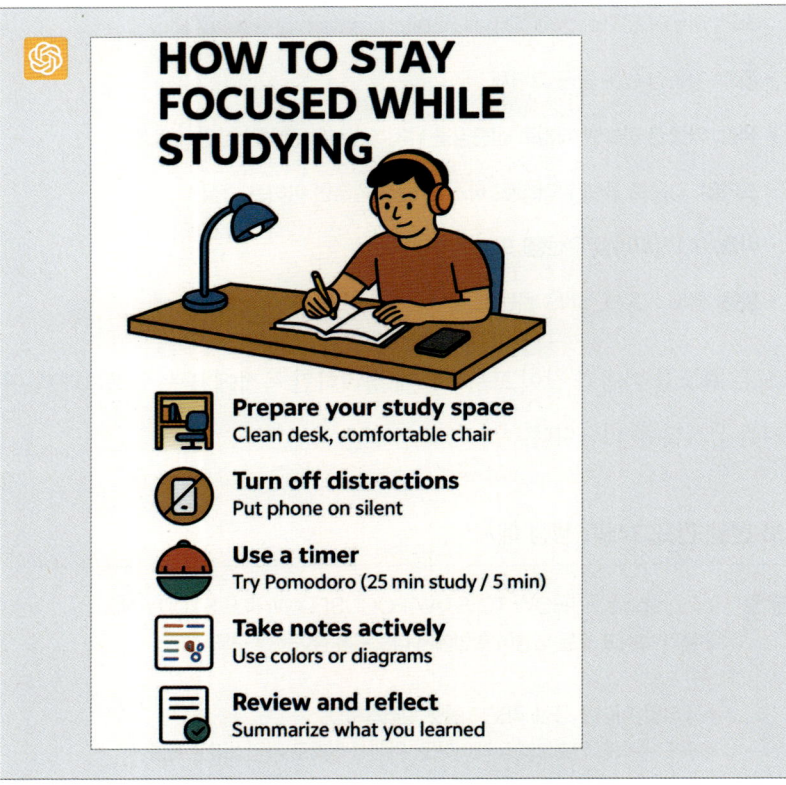

심화 5가지 인포그래픽 유형

1. 프로세스 Process

- 정보를 순차적으로 전달하고, 단계별 흐름을 쉽게 설명할 때 사용
- 좌우 또는 위에서 아래로 흐름, 화살표와 번호, 아이콘 구성
- 업무 절차 안내, 서비스 이용 가이드, 글쓰기 순서 등

프로세스 인포그래픽 생성

슬라이드용 16:9 비율의 프로세스 인포그래픽 생성
왼쪽에서 오른쪽으로 흐르는 4단계 절차 구성
각 단계는 둥근 사각형 안에 숫자와 텍스트로 표현

1단계: 목표 설정
2단계: 도구 선택
3단계: 작업 실행
4단계: 피드백 및 개선

각 단계에 해당하는 심플한 아이콘(목표, 도구, 작업, 피드백) 포함
배경은 흰색, 주요 컬러는 파란색 계열

2. 비교 Comparison

- 2개 이상의 대상을 비교하거나 변화 전후를 보여 줄 때 효과적
- 좌우 분할, 색상 대비, 유사 위치에 항목 나열
- 기존 vs 개선안, 전통 방식 vs AI 방식 등

비교 인포그래픽 생성

 슬라이드용 16:9 비율의 비교 인포그래픽
왼쪽: 기존 방식(지친 표정의 남성, 종이와 펜, "오래 걸림", "수작업" 텍스트 포함)
오른쪽: AI 방식(웃고 있는 여성, 노트북, 챗GPT 아이콘, "빠른 처리", "정확성 향상" 텍스트 포함)
좌우 배경은 연한 회색과 파란색으로 구분. 플랫 스타일 일러스트

3. 체크리스트 Checklist

- 준비 사항이나 확인 항목을 요약 정리할 때 사용
- 체크박스와 항목 나열, 간단한 아이콘으로 구성
- 강의 전 준비물, 콘텐츠 작성 전 점검 사항 등

체크리스트 인포그래픽 생성

슬라이드용 1:1 비율의 체크리스트 인포그래픽
세로 정렬된 5개의 체크 항목과 체크 아이콘 포함

각 항목은 굵은 글씨의 한글 텍스트:
☑ 주제 명확화
☑ 키워드 선정
☑ 톤앤매너 확인
☑ 타깃 독자 설정
☑ 사용 도구 준비

배경은 밝은 화이트 또는 연한 회색, 체크박스는 파란색 테두리

4. 피라미드 Pyramid

- 중요도, 단계, 우선순위를 계층 구조로 설명할 때 유용
- 삼각형 구조 안에 위계적 정보 배치, 하단 → 상단 구성
- 핵심 역량 단계, 조직 구성 요소, 전략 구조 등

피라미드 인포그래픽 생성

 슬라이드용 16:9 비율의 피라미드 인포그래픽
3단 구조의 블루 계열 삼각형

하단: 기본 업무 이해(서류 가방 아이콘)
중단: AI 도구 활용(기어 아이콘)
상단: 최적화 및 자동화(타깃 아이콘)

텍스트는 각 단계에 위치하며 작고 명료하게 표시
배경은 흰색, 심플하고 깔끔한 일러스트 스타일

5. 타임라인 Timeline

- 시간의 흐름이나 일정 계획을 시각적으로 보여 줄 때 적합
- 수평 또는 수직 선형 구성, 날짜와 단계명 강조
- 프로젝트 일정, 학습 계획, 기업 연혁 등

타임라인 인포그래픽 생성

 슬라이드용 16:9 비율의 타임라인 인포그래픽
가로로 이어지는 4단계 일정 표시
각 단계는 원형 점 아이콘과 텍스트 포함

Day 1: 개요 및 세팅
Day 2: 실습 – 글쓰기
Day 3: 실습 – 이미지 제작
Day 4: 실전 발표

화살표 또는 선으로 연결, 밝은 배경, 블루 포인트 컬러

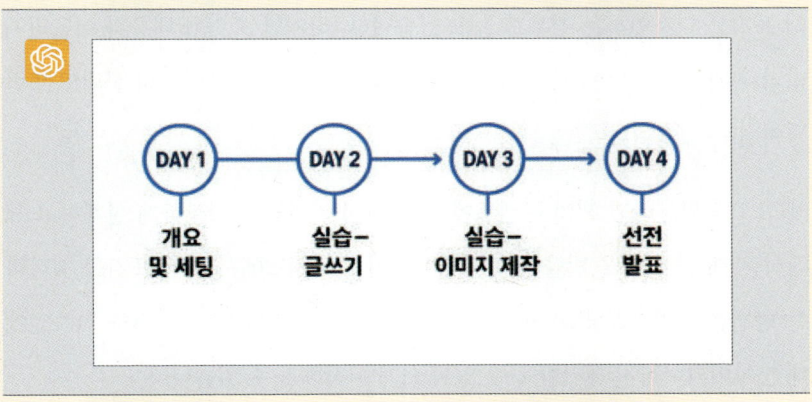

Project 20 레이아웃을 활용한 책 표지 디자인

베스트셀러의 표지 디자인에 대한 소비자 선호도 연구에 따르면 표지의 시각적 요소(색채, 이미지, 타이포그래피 등)가 독자의 선택에 중요한 영향을 미친다고 합니다. 표지의 색상, 이미지, 폰트 등이 독자의 정서적 반응과 구매 욕구를 자극하는 요소인 것입니다. 시각적인 디자인뿐만 아니라 책의 핵심 메시지를 직관적으로 담아내고, 독자의 호기심을 자극하는 표지일수록 책 판매에 큰 영향을 미칩니다.

이전까지 책 디자인은 출판 디자이너라는 전문가의 영역이었지만, 최근에는 온라인 플랫폼을 통해 전자책을 직접 출간하는 작가들이 늘면서 직접 자신의 책 표지를 디자인하는 경우도 늘고 있습니다. 하지만 표지가 내용과 어울리지 않거나 완성도가 낮을 경우 독자의 관심을 끌기 어렵고 콘텐츠의 신뢰도 또한 떨어질 수 있습니다.

챗GPT를 활용하면 책의 콘셉트에 맞는 표지 이미지를 명확하게 설계하고 제작하는 데 큰 도움을 받을 수 있습니다. 이 프로젝트에서는 책 표지를 제작하는 방법을 단계별로 소개하겠습니다. 기획 단계부터 막연하더라도 디자인에 대한 아이디어까지 제안받을 수 있어 쉽게 시작해볼 수 있습니다.

진행 단계

① 표지 기획하기

② 프롬프트 작성 및 이미지 생성하기

③ 이미지 편집 및 보완하기

완성 이미지

01 표지 기획하기

책 표지 디자인의 첫 단계는 제목, 부제, 저자명, 카피와 같은 핵심 문구를 작성하는 것입니다. 이 단계에서는 독자가 책이 어떤 내용을 다루고 있는지 직관적으로 이해하고 관심을 가질 수 있도록 텍스트와 이미지만으로 잘 드러낼 수 있어야 합니다. 먼저 표지 주요 텍스트를 다음과 같이 정리합니다.

표지 주요 텍스트

- **책 제목**: AI 콘텐츠 디자인 with 챗GPT
- **부제**: 누구나 프로처럼 생활 AI
- **저자명**: 홍순성
- **표지 이미지**: "생성형 AI는 도구가 아니라, 새로운 창작의 언어다"라는 메시지를 시각적으로 표현한 이미지
- **회사명 또는 로고**: 한빛미디어

표지에 삽입할 문구를 정리했다면 이제 각 주요 텍스트를 어떻게 배치할지 레이아웃을 정리합니다. 온오프라인 서점에서 비슷한 분야의 책 표지를 조사해 제목, 부제, 이미지가 어떻게 배치되어 있는지, 제목과 부제의 크기 차이는 어느 정도인지, 어떤 폰트가 쓰였는지 등을 파악할 수 있습니다. 이 과정을 거쳐 표지 주요 텍스트와 이미지가 들어갈 레이아웃을 정리하면 다음과 같습니다.

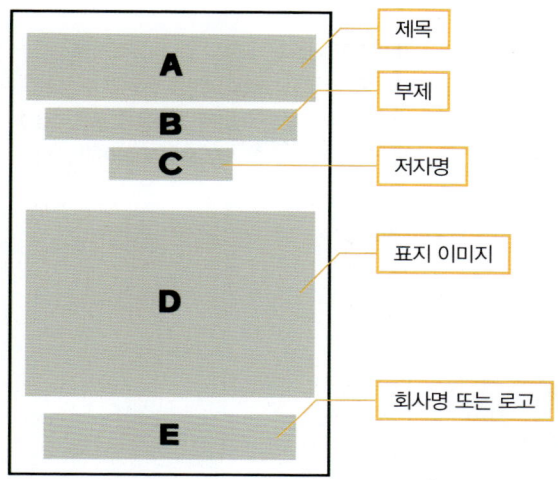

02 프롬프트 작성 및 이미지 생성하기

기획 단계에서 정리된 내용을 기반으로 AI가 이해할 수 있도록 명확하고 구체적인 프롬프트를 작성하는 단계입니다. 특히 책의 주제와 스타일이 잘 드러나도록 명확한 지시 사항을 포함하는 것이 중요합니다. 원하는 디자인 스타일이 있다면 레퍼런스 이미지를 첨부하는 것도 방법입니다. 만약 어떻게 시작해야 할지 막막하다면 앞서 작성한 표지 주요 텍스트를 입력하고 표지 디자인을 위한 이미지 프롬프트 생성을 요청합니다.

표지 생성용 이미지 프롬프트 요청

 'AI 콘텐츠 디자인'이라는 책 표지 디자인을 위한 **프롬프트 4개를 작성해주세요.**
표지에 들어갈 주요 텍스트와 레이아웃(첨부)은 다음과 같습니다.

표지 주요 텍스트
A: 책 제목 – AI 콘텐츠 디자인 with 챗GPT
B: 부제 – 누구나 프로처럼 생활 AI

C: 저자명 – 홍순성

D: 표지 이미지 – "생성형 AI는 도구가 아니라, 새로운 창작의 언어다"라는 메시지를 시각적으로 표현한 이미지. 이 항목은 텍스트 대신 해당 의미를 전달할 수 있는 구체적인 이미지 장면, 구도, 스타일, 색감 등을 포함한 이미지 생성용 프롬프트로 작성해주세요(예: 인간의 손과 AI의 손이 협업 중인 장면, 텍스트에서 이미지로 확장되는 창작 흐름 등).

E: 회사명 또는 텍스트 로고 – 한빛미디어

[첨부]

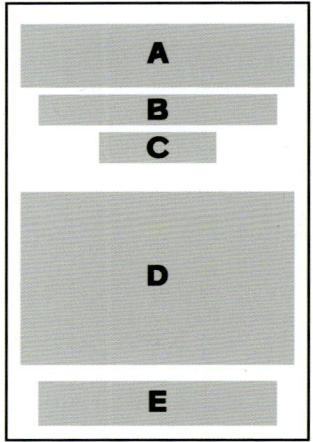

 1번 표지 프롬프트(흰 배경 + 추상 뇌 + 디지털 패턴)
흰색 배경에 파랑과 보라 계열의 그레이디언트가 들어간 미니멀하고 세련된 스타일의 책 표지. 중앙에는 디지털 회로 패턴과 연결된 추상적인 뇌 모양의 일러스트가 크게 배치되어 있으며, 생성형 AI의 창의적 사고를 상징. 상단에는 "AI 콘텐츠 디자인 with 챗GPT"라는 제목이 깔끔한 고딕체로 배치되고, 그 아래에 부제 "누구나 프로처럼 생활 AI"가 작게 들어감. 하단에는 "생성형 AI는 도구가 아니라, 새로운 창작의 언어다"라는 문구와 저자명 "홍순성", 출판사 "한빛미디어"가 정돈된 형태로 나열됨.

2번 표지 프롬프트(사람 손 + 로봇 손 협업 일러스트)

따뜻한 파스텔 톤의 배경에 사람의 손과 로봇 손이 함께 디지털 콘텐츠를 디자인하고 있는 장면을 표현한 책 표지. 사람 손은 연필을 들고 있고, 로봇 손은 화면 속 영상 버튼을 가리키고 있음. 배경은 오렌지와 베이지 계열로 포근한 느낌을 주며, 디지털 캔버스에는 이미지와 영상 편집 UI가 연상되도록 구성. 상단에는 "AI 콘텐츠 디자인 with 챗GPT", 하단에는 부제 "누구나 프로처럼 생활 AI", 문구 "생성형 AI는 도구가 아니라, 새로운 창작의 언어가", 저자명과 "한빛미디어" 로고가 들어감.

3번 표지 프롬프트(노트북 & 챗봇 이모지 + 파란 배경)

파란 배경 위에 스큐어모픽 스타일로 디자인된 노트북이 배치된 책 표지. 노트북 화면에는 챗봇 얼굴 아이콘과 AI 알고리즘을 상징하는 도형이 함께 나타남. 타이틀은 상단에 큼직하게 "AI 콘텐츠 디자인 with 챗GPT", 그 아래 "누구나 프로처럼 생활 AI", 오른쪽에는 저자명 "홍순성". 하단에는 큰 글씨로 강조된 문구 "생성형 AI는 도구가 아니라, 새로운 창작의 언어다"가 중앙에 배치되어 있고, 그 아래 출판사 "한빛미디어"가 고딕체로 정렬되어 있음.

4번 표지 프롬프트

(스큐어모픽 콘텐츠 도구 모음 + 크림색 배경)

크림색 배경 위에 메모장, 키보드, 마이크, 그래픽 타블렛, 영상 편집 UI 등이 실제 사물처럼 입체적으로 묘사된 스큐어모픽 스타일의 책 표지. 중앙에는 챗GPT를 상징하는 말풍선 안 로고가 있으며, 그 주변에 콘텐츠 제작 도구들이 흩어져 있음. 상단에는 제목 "AI 콘텐츠 디자인 with 챗GPT", 그 아래 부제 "누구나 프로처럼 생활 AI", 하단에는 "생성형 AI는 도구가 아니라, 새로운 창작의 언어다", 저자명 "홍순성", 출판사 "한빛미디어" 텍스트가 정돈된 형태로 배치됨.

챗GPT가 제안한 프롬프트 4개를 각각 실행해 생성한 표지는 다음과 같습니다.

1번 표지 프롬프트

2번 표지 프롬프트

3번 표지 프롬프트

4번 표지 프롬프트

같은 프롬프트도 여러 번 실행하면 새로운 이미지를 생성할 수 있으니 다양한 시안을 생성해보는 것이 좋습니다. 3~5개 이상의 시안을 생성한 후 다음과 같은 기준으로 평가하여 가장 적합한 표지를 선택합니다.

생성한 표지 시안 체크리스트
- **이미지 명확성**: 책 주제를 명확히 드러내는가?
- **스타일 일관성**: 색상, 스타일이 책의 성격, 분위기와 잘 어울리는가?
- **가독성**: 책 제목, 저자명, 부제가 명확하고 눈에 잘 띄는가?
- **독자의 흥미 유발**: 독자가 책을 보고 쉽게 관심을 느낄 만한 구성인가?

03 이미지 편집 및 보완하기

마지막으로 AI가 생성한 표지 이미지를 최종적으로 점검하고 세부 편집하여 완성도를 높이는 단계입니다. AI가 생성한 이미지는 한글 텍스트 일부가 깨지거나 크기, 강조 요소 등이 원하는 대로 표현되지 않는 경우가 많습니다. 균형 잡힌 이미지 구성, 텍스트 가독성, 색상 조정 등의 세부 사항을 보완합니다.

프롬프트로 수정하는 것도 가능하지만, 외부 편집 도구를 활용하는 것도 좋습니다. 특히 배경에 풍경이나 복잡한 이미지가 포함되어 있다면 텍스트를 넣지 않은 이미지를 우선 생성한 뒤 별도로 텍스트를 추가하여 수정하는 방식을 추천합니다.

완성한 표지 이미지로 만든 목업

이렇게 원하는 표지를 완성했다면 최종으로 품질 점검을 진행합니다. 최종 품질 점검에는 텍스트 가독성, 디자인 스타일 통일성, 전체적인 균형감, 다양한 플랫폼 활용성이 있습니다.

최종 품질 점검 체크리스트

- **텍스트 가독성**: 제목, 저자명, 부제 등이 뚜렷하고 쉽게 읽히는가?
- **디자인 스타일 통일성**: 전체 디자인의 스타일과 색상 톤이 일관적이며, 책의 주제와 잘 어울리는가?
- **전체적인 균형감**: 책 표지의 이미지와 텍스트가 균형 잡히고 안정적인 구도를 이루는가?
- **다양한 플랫폼 활용성**: 인쇄 및 전자책 등 다양한 형태로 쉽게 활용할 수 있도록 파일 형식(JPG 등)이 준비되었는가?

이 과정을 통해 디자인 경험이 없어도 누구나 전문가의 영역이었던 책 표지 디자인까지 도전해볼 수 있습니다. 섬세한 프롬프트와 꼼꼼한 이미지 편집 및 보완 과정을 거치면 매력적인 책 표지를 완성할 수 있습니다. 이제 독자들이 기억하는, 시선을 잡아끄는 특별한 책 표지를 직접 만들어 보세요.

Project 21 레퍼런스를 활용한 책 표지 디자인

책 표지를 어떻게 시작해야 할지 막막할 때 가장 좋은 방법은 이미 완성된 책 표지 디자인을 참고하는 것입니다. 특히 챗GPT의 이미지 생성 기능과 함께라면, 원하는 스타일을 빠르게 분석하고 응용할 수 있습니다. 보기 좋은 디자인이 왜 보기 좋은지 분석하고 이를 바탕으로 완전히 새로운 표지를 만들 수 있습니다.

앞서 프로젝트에서는 주요 텍스트와 정해 둔 레이아웃에 맞춰 표지를 생성했다면 이번 프로젝트에서는 완성된 표지 이미지를 활용해 새로운 표지를 만드는 과정을 자세히 살펴보겠습니다. 완성된 표지 디자인을 레퍼런스로 삼으면 시각적 방향성을 훨씬 수월하게 잡을 수 있을 뿐만 아니라 기존 표지의 장점을 살리면서도 나만의 개성을 담은 새 표지를 손쉽게 디자인할 수 있습니다.

진행 단계

　① 레퍼런스 표지 선택하기

　② 표지 디자인 분석하기

　③ 새 표지 이미지 생성하기

완성 이미지

01 레퍼런스 표지 선택하기

먼저 레퍼런스로 삼을 표지 디자인을 선택합니다. 온라인 서점에서 분야와 타깃 독자가 같은 책 중 가장 마음에 드는 디자인의 책 표지를 찾습니다. 국내, 해외 온라인 서점 또는 핀터레스트 같은 이미지 포스팅 플랫폼을 활용해도 좋습니다.

핀터레스트에서 "book cover design"을 검색한 화면

레퍼런스로 삼을 여러 표지를 골랐다면 그중 원하는 스타일, 색상, 구현 가능성 등을 기준으로 2-3개를 선정하세요. 레퍼런스 표지를 선택할 때 기준을 정리하면 다음과 같습니다.

레퍼런스 표지 선택 기준

- **분야·타깃 확인**: 책의 주제와 독자층(예: 직장인, 디자이너, 학생 등)을 고려해, 비슷한 분야에서 반응이 좋았던 표지를 중심으로 살펴봅니다(예: 'AI 실무서'라면 업무 효율, 테크 감성이 느껴지는 표지).

- **스타일 매칭**: 미니멀, 일러스트, 실사 사진, 레트로, 스큐어모픽 등 표현 방식의 방향성을 먼저 정하고, 그에 맞는 표지를 선정합니다(예: 미니멀 스타일을 원하면 흰 배경 + 단일 오브젝트 중심 표지를 참고).

- **실용성 검토**: 표지로서 기능이 충분한지 확인합니다. 텍스트 가독성, 컬러 대비, 서점 진열 시 시각적 임팩트가 있는지 빠르게 훑어봅니다.

- **플랫폼 호환성**: 온라인 서점, SNS 광고, 상세 페이지 등 다양한 매체에서 활용할 수 있는 형태인지 고려합니다(세로형/정사각형 변형 가능성, 모바일 썸네일에서도 제목이 보이는지 등).

- **차별성 확보**: 다른 책과는 다른 내 책의 톤앤매너가 드러날 수 있을지 고민합니다.

02 표지 디자인 분석하기

이제 선정한 표지의 디자인 요소를 챗GPT와 함께 분석해보겠습니다. 표지 이미지를 첨부하고 스타일, 색상, 레이아웃, 타이포그래피 4가지 관점으로 디자인 요소 분석을 요청합니다.

표지 디자인 분석 요청

 첨부한 이미지를 참고하여 새 책 표지 디자인을 제작하려 합니다.
먼저 이미지의 스타일, 색상, 레이아웃, 타이포그래피 등 주요 디자인 요소를 분석해 주세요.

[첨부]

첨부하신 이미지(책 표지)를 분석한 결과는 다음과 같습니다.

📒 표지 디자인 분석

1. 전반적인 스타일
- 톤 & 분위기: 따뜻하고 안정적인 그린 계열을 배경으로 사용하여, 차분하고 신뢰감 있는 분위기를 형성함
- 스타일: 미니멀한 일러스트 중심의 평면(Flat) 디자인. 복잡한 요소 없이 간결함을 강조
- 구성 비율: 상단 정보 → 메인 제목 → 일러스트 → 저자 정보 순서로 정보가 정렬되어 있음

2. 색상
- 배경: 짙은 초록색(#2C594E 계열) 격자 배경
- 일러스트: 인물은 갈색 바지와 회색 상의를 입고 있으며, 따뜻한 톤의 나무 책상과 화분이 함께 배치됨
- 텍스트 박스: 상단 정보는 흰색 박스에 녹색 글씨로 강조되어 시선을 끌도록 구성됨

3. 텍스트 구성
- 상단 시리즈명
"손안의 지식 1 | WORK | 프로 일잘러가 되기 위한 업무 가이드"
작고 얇은 글씨체로 시리즈 타이틀을 명확히 전달함

- 메인 제목(중앙부)
"오늘부터 실패하지 않게 일하는 법"
가장 크게 강조되며, 중간 정렬로 배치되어 시각적 중심 역할

- 저자명: 홍순성 지음 — 하단에 작게 정렬

4. 일러스트 요소
- 인물: 노트북으로 집중하며 일하는 남성, 오른손으로 타이핑하고 있음
- 배치: 인물은 화면 오른쪽 하단에 위치하여 중심이 약간 왼쪽으로 쏠려 있음
- 책상 & 식물: 단순하지만 현실적인 요소 배치로 '집중된 작업 환경'을 상징

> 이 스타일을 유지하면서 다른 주제에 맞춘 새로운 디자인도 제작할 수 있습니다.
>
> 새 표지 디자인을 위해 적용할 내용이 있다면 알려 주세요.
> 예:
> - 새 제목
> - 주제 키워드
> - 컬러 변경 여부.
> - 인물 설정(예: 여성, 다른 포즈 등)

이렇게 분석한 디자인 항목 중 스타일(미니멀한 일러스트 중심의 플랫 디자인), 구성 비율(상단 정보 → 메인 제목 → 일러스트 → 저자 정보) 그리고 일러스트 요소(인물, 배치, 오브젝트)를 새 표지에 반영해보겠습니다.

03 새 표지 이미지 생성하기

이제 새롭게 생성할 표지 이미지의 주요 텍스트와 스타일을 작성합니다. 제목, 주제 키워드, 색상 팔레트, 일러스트, 레이아웃 그리고 레퍼런스 도서와 다른 새 표지에 넣고 싶은 요청 사항이 있다면 다음과 같이 정리합니다.

새 표지 주요 요소

- **제목**: Working
- **주제 키워드**: 실패하지 않게 일하는 법
- **색상 팔레트**: 원본 색상의 초록색
- **일러스트**: 남성, 노트북 앞에 앉아 미소 짓는 표정
- **레이아웃**: 상단 시리즈명 → 중앙 제목 → 하단 저자명
- **추가 요청**: 배경에 은은한 그리드 패턴을 넣고, 제목 텍스트에 살짝 그림자 효과

표지는 요소가 많은 이미지이므로 완성도를 높이기 위해 프롬프트를 단계별로 진행하겠습니다. 먼저 정리해 둔 새 표지의 주요 요소와 레퍼런스 표지 이미지를 첨부해 다음과 같이 프롬프트를 작성합니다.

새 표지 이미지 생성하기 ①

 첨부한 표지 스타일을 반영해 새로운 표지를 디자인해주세요.

- 새 제목: Working
- 주제 키워드: 실패하지 않게 일하는 법
- 색상 팔레트: 원본 색상의 초록색
- 인물: 남성, 노트북 앞에 앉아 미소 짓는 표정
- 레이아웃: 상단 시리즈명 → 중앙 제목 → 하단 저자명
- 추가 요청: 배경에 은은한 그리드 패턴을 넣고, 제목 텍스트에 살짝 그림자 효과

[첨부]

이제 일러스트와 색상 팔레트를 변경해서 레퍼런스 표지와는 다른 디자인을 요청합니다. 이때 원하는 스타일의 일러스트를 첨부하면 의도한 분위기를 보다 쉽게 낼 수 있습니다.

새 표지 이미지 생성하기 ②

 앞서 생성한 표지 스타일을 반영해 새로운 표지를 디자인해주세요.
- 새 제목: Working
- 주제 키워드: 실패하지 않게 일하는 법
- 색상 팔레트: 화이트
- 인물: 남성, 노트북 앞에 앉아 미소 짓는 표정(첨부 이미지 참조)
- 레이아웃: 상단 시리즈명 → 중앙 제목 → 하단 저자명
- 추가 요청: 배경에 은은한 그리드 패턴을 넣고, 제목 텍스트에 살짝 그림자 효과

[첨부]

이렇게 레퍼런스 이미지 한 장을 활용해 원하는 디자인 요소를 그대로 가져가면서 완전히 새로운 표지를 생성할 수 있습니다. 이렇게 생성한 이미지는 외부 편집 도구로 텍스트와 일부 요소를 수정해 최종 디자인을 완성할 수 있습니다.

완성된 표지 이미지

Project 22 흥미를 불러일으키는 책 삽화

좋은 책은 글의 완성도뿐 아니라 적절한 삽화를 통해 독자의 흥미를 불러일으키고 내용을 보다 효과적으로 전달합니다. 특히 핵심 메시지나 복잡한 개념을 시각적으로 표현한 삽화는 독자의 이해도를 높이고, 전체적인 가독성까지 향상시키는 중요한 역할을 합니다.

하지만 어떤 장면을 시각화할지 결정하는 것부터 어떤 삽화 스타일이 책의 콘셉트에 어울릴지 또 책 전체에 걸쳐 일관된 삽화 스타일을 유지할지 등 책의 흐름과 내용에 맞는 삽화를 기획하고 제작하는 일은 결코 간단하지 않습니다. 이럴 때 챗GPT의 이미지 생성 기능은 효과적인 해결책입니다. 책의 주요 장면이나 설명하고 싶은 내용을 구체적인 프롬프트로 입력하면, 원하는 스타일의 일러스트를 빠르게 생성할 수 있습니다. 또는 미리 설정해 둔 시각적 구조나 템플릿을 기반으로 삽화를 구성하면, 책 전반에 걸쳐 디자인 일관성도 유지할 수 있습니다.

또한 책의 전체적인 톤을 유지하기 위해 배경색과 캐릭터 디자인, 사용 색상 등에 대한 가이드라인을 미리 정리하여 제작 과정에서 일관성을 유지하는 것이 중요합니다. 이처럼 구체적이고 체계적인 기획 과정을 통해 이미지 생성과 편집 작업을 효율적으로 진행할 수 있으며, 독자가 직관적으로 이해할 수 있는 고품질의 삽화를 제작할 수 있습니다.

진행 단계

① 삽화 기획 & 템플릿 작성하기

② 삽화 생성하기

③ 캐릭터 · 색상 · 구도 편집하기

완성 이미지

01 삽화 기획 & 템플릿 작성하기

삽화 제작의 첫 번째 단계는 원고의 핵심 메시지와 독자에게 전달할 내용을 명확히 이해하고, 이를 효과적으로 표현할 장면을 선정하는 것입니다. 이 단계에서는 독자의 이해를 돕기 위해 책의 주제에 맞는 주요 장면을 추출하고, 이 장면을 효율적으로 전달할 삽화 스타일을 정해야 합니다.

책의 분야나 콘셉트에 따라 어떤 삽화 스타일이 적합한지 대표적으로 7가지로 정리하면 다음과 같습니다.

책 콘셉트에 따른 7가지 삽화 스타일

1. **개념 설명형**: 개념이나 이론, 원리 등을 시각으로 설명하는 삽화
    - 선명하고 단순한 벡터 일러스트
    - 플랫 디자인 또는 아웃라인 아이콘 스타일
    - 컬러는 파스텔 톤 또는 톤 다운된 블루 계열 추천(지적 이미지 강화)

2. **절차/과정형**: 순서나 단계, 변화를 보여 주는 유형
    - 인포그래픽 스타일(아이콘 + 간단한 텍스트 결합)
    - 화살표나 순서 박스 중심의 도식형 디자인
    - 컬러는 채도가 낮은 다색 구성(단계별 구분 강조)

3. **상황/사례형**: 사례나 에피소드를 그림으로 설명할 때
    - 웹툰 캐릭터 일러스트(약간의 표정 과장 포함)
    - 미니멀한 배경 + 명확한 상황 표현
    - 컬러는 친근한 톤(베이지, 연보라, 민트 등)

4. **감정·심리 표현형**: 인물의 감정, 마인드셋, 심리 상태 등을 시각화
    - 감성 일러스트 혹은 수채화 느낌의 부드러운 라인

- 인물의 표정 강조, 머리 위 말풍선/상징적 이미지 삽입
- 컬러는 따뜻한 색감(연핑크, 오렌지, 옅은 회색 등)

5. 통계/데이터 시각화형: 숫자 정보나 통계를 더 쉽게 이해하게 할 때
- 플랫 인포그래픽 디자인
- 도형 기반의 심플한 차트 + 설명 요소 추가
- 컬러는 2~3색 중심의 차분한 팔레트(가독성 중시)

6. 유머/캐릭터형: 집중력을 높이거나 분위기를 부드럽게 만드는 삽화
- 과장된 표정의 마스코트 스타일 캐릭터
- 둥글고 귀여운 선묘 + 밝고 명랑한 색감
- 약간의 만화적 디포르메 효과(말풍선 포함 가능)

7. 실습/활용 가이드형: 실용 정보나 사용법을 시각화
- UI 스타일의 디지털 일러스트(앱/화면 구성 재현)
- 손/도구의 실루엣 중심 일러스트(조작 방법 설명용)
- 컬러는 그레이톤 + 포인트 컬러 한두 가지로 실용성 강조

삽화의 스타일을 정하려면 먼저 원고를 파악해야 합니다. 이번 프로젝트에서 제작할 삽화의 원고는 다음과 같습니다.

[원고]

> **'일 잘하기'보다는 '끝내려고 노력하기'**
> 완벽함을 추구하는 욕구는 모두의 마음속에 존재한다. 그러나 이 완벽주의는 때때로 일을 마무리 지으는 데 방해가 된다. 왜냐하면 완벽함을 추구하면서 작업을 끝내지 못하는 경우가 많기 때문이다. 이를 피하려면, 이제부터는 작업을 끝내는 데 초점을 맞춰야 한다. 이는 바로 작업을 끝내는 것을 우선시하는 방법이다. 이 방법은 실패 위험을 줄이고 장기적으로 생산성을 높이는 데 도움이 된다.

> 보고서를 작성하는 일상적인 업무를 예로 들어 보자. 완벽주의자는 보고서의 모든 세부사항을 최고로 만들기 위해 편집을 반복한다. 이런 접근법은 보고서 제출 마감일을 넘기게 되거나, 다른 중요한 작업에 집중할 수 없게 한다. 반면에 '끝내기'에 집중하는 사람은 먼저 전체 구조를 설정하고, 중요한 부분에 집중한 후, 그 외 세부 사항은 뒤로 미룬다. 이런 방식으로 보고서는 효과적으로 완성되고, 제출 마감일을 지키며, 다른 중요한 작업에도 시간을 남길 수 있다.
>
> 이런 생각의 변화는 '대충, 빨리, 잘'의 원칙과도 잘 어울린다. '대충'은 작은 세부 사항에 너무 많은 시간과 에너지를 쏟지 않도록 권고하는 것이다. '빨리'는 효율적인 작업을 통해 시간을 아끼는 것이다. 마지막으로 '잘'은 작업 완료에 집중하면서도 품질을 유지하는 원칙이다.
>
> '완벽함'을 추구하기보다 '끝내기'에 초점을 맞춘다면, 일을 더 빠르고 효과적으로 처리할 수 있다. 이를 통해 생산성이 향상된다. 이런 방법은 '끝내는 것'이 중요한 모든 작업에 적용될 수 있다. 결국, 완벽주의에 대한 인식을 바꾸고, 더 생산적인 방향으로 나아갈 수 있다. 완벽을 추구하기보다 '끝내기'에 초점을 맞추는 것이 중요하다는 것이 핵심 메시지이다. 또한 일을 여러 번 끝내는 과정을 반복하다 보면, 어떻게 작업을 효율적으로 수행할 수 있는지에 대한 경험을 쌓게 된다. 완벽주의는 종종 생산성을 방해하지만, '끝내기'를 추구하는 것은 작업의 효율성을 높이고 결과를 빠르게 도출할 수 있다.
>
> 이 원칙을 실천하는 방법을 제공하며, 그 과정에서 자연스럽게 효율적인 작업 방법을 배울 수 있게 된다. '실패하지 않게 일하는 법'을 통해 일의 성공을 찾아가길 바란다.

해당 원고는 앞서 살펴본 7가지 삽화 유형 중 '개념 설명형 + 사례/비교형'을 혼합한 유형으로, 미니멀한 일러스트 스타일에 배경색은 흰색, 포인트 색은 2~3가지 제한된 색상을 사용해 간결한 스타일의 삽화를 제작하고자 합니다.

원고의 내용을 바탕으로 AI가 정확히 이미지를 생성할 수 있도록 구체적인 프롬프트를 작성해야 합니다. 특히 책 전체에 통일된 스타일을 유지하려면, 삽화를 생성할 때마다 프롬프트를 작성하는 대신 원고 내용만 입력하면 간편하게 이미지를 생성할 수 있도록 사전 제작된 템플릿을 활용하는 것이 좋습니다. 삽화 생성을 위한 이미지 템플릿에는 장면 설명, 이미지 스타일 및 특징, 구성 요소, 구도 등을 다음과 같이 포함합니다.

삽화 생성을 위한 프롬프트 템플릿

- **장면 설명**: 원고의 장면이나 상황에 대한 간략하고 명확한 설명
- **이미지 스타일 및 특징**: 일러스트 스타일(미니멀, 웹툰 등), 배경색(기본적으로 흰색 추천), 색상 수, 선 굵기 및 세부 디테일
- **구성 요소**: 인물, 표정, 동작, 주변 사물 등 포함될 요소
- **구도 및 이미지 비율**: 책의 삽화로 적합한 구도와 비율 지정

이 템플릿을 활용해 직접 파악한 원고 내용을 작성하는 것도 좋지만, 원고를 프롬프트에 입력하고 적합한 삽화 생성을 위한 프롬프트 생성을 요청하는 것도 방법입니다. 또, 미드저니나 스테이블 디퓨전 같은 다른 이미지 생성 AI 활용까지 염두에 두고 있다면 다음과 같이 영문 프롬프트도 함께 요청하는 것이 좋습니다.

삽화를 위한 이미지 프롬프트 생성

 다음 첨부한 원고를 참고하여, 삽화에 적합한 장면과 그 삽화를 생성할 프롬프트를 작성해주세요. 각 장면은 반드시 다음 항목을 포함해야 합니다.

1. 장면 요약
2. 주요 요소
   – 인물, 동작, 소품, 배경 등
3. 권장 스타일
   – 예: 미니멀 스타일 일러스트, 배경색은 흰색
4. 권장 구도 및 비율
   – 예: 16:9 가로
5. 한글 프롬프트
6. 영문 프롬프트

[원고 첨부]

[삽화 1]
- **장면 요약**

완벽주의자가 책상 위에 쌓인 서류 더미 앞에서 보고서를 반복 편집하며 고민하는 모습

- **주요 요소**
  - 인물: 안경을 쓴 직장인
  - 동작: 문서를 들여다보며 마우스 클릭
  - 소품: 컴퓨터 모니터, 서류 뭉치, 커피잔
  - 배경: 어수선한 사무실 책상, 배경색은 흰색
- **권장 스타일**

미니멀 스타일 일러스트, 배경색은 흰색

- **권장 구도 및 비율**

클로즈업, 4:3 세로

- **한글 프롬프트**

책상 위에 산더미처럼 쌓인 서류 더미 앞에서 보고서를 반복 편집하며 고민하는 직장인, 미니멀 스타일 일러스트, 흰색 배경, 16:9 세로

- **영문 프롬프트**

A minimal style illustration on a white background of a professional repeatedly editing a report at a desk piled high with papers, 4:3 portrait

[삽화 2]
- **장면 요약**

'끝내기'에 집중해 회의실 화이트보드에 보고서 전체 구조를 빠르게 스케치하는 모습

- **주요 요소**
  - 인물: 셔츠 차림의 직장인
  - 동작: 화이트보드에 다이어그램 그리기
  - 소품: 화이트보드, 마커
  - 배경: 깔끔한 회의실, 배경색은 흰색
- **권장 스타일**

미니멀 스타일 일러스트, 배경색은 흰색

- **권장 구도 및 비율**

전신, 16:9 가로

- **한글 프롬프트**

회의실 화이트보드 앞에서 보고서 전체 구조를 빠르게 스케치하며 '끝내기'에 집중하는 직장인, 미니멀 스타일 일러스트, 흰색 배경, 16:9 가로

- **영문 프롬프트**

A minimal style illustration on a white background of a professional sketching the overall report structure on a whiteboard in a meeting room, focusing on finishing tasks, 16:9 landscape

[삽화 3]
- **장면 요약**

'대충, 빨리, 잘' 원칙으로 노트북 화면에 체크 마크가 표시된 보고서를 제출하며 미소 짓는 모습

- **주요 요소**
  - 인물: 헤드셋을 착용한 직장인
  - 동작: 제출 버튼 클릭, 미소 짓기
  - 소품: 노트북 화면(체크 마크), 커피 머그잔
  - 배경: 회사 로비 또는 디지털 메일함 UI, 배경색은 흰색

- **권장 스타일**

미니멀 스타일 일러스트, 배경색은 흰색

- **권장 구도 및 비율**

반신, 16:9 가로

- **한글 프롬프트**

'대충, 빨리, 잘'이라는 문구가 적힌 노트북 화면을 들고 미소 짓는 직장인, 미니멀 스타일 일러스트, 흰색 배경, 16:9 가로

- **영문 프롬프트**

A minimal style illustration on a white background of a professional smiling as they submit a report with a check mark displayed on a laptop screen, embodying the 'rough, fast, good' principle, 16:9 landscape

02 삽화 생성하기

이제 앞서 생성한 프롬프트를 입력해 3개의 삽화를 생성해보겠습니다. 프롬프트 입력 과정에서 원하는 스타일이나 색상이 있다면 프롬프트 템플릿을 변경하거나 이미지 프롬프트를 조금씩 수정하면서 원하는 결과물에 가깝게 수정하는 과정을 반복합니다.

삽화 생성 ①

 책상 위에 산더미처럼 쌓인 서류 더미 앞에서 보고서를 반복 편집하며 고민하는 직장인, 미니멀 스타일 일러스트, 흰색 배경, 16:9 세로

삽화 생성 ②

 회의실 화이트보드 앞에서 보고서 전체 구조를 빠르게 스케치하며 '끝내기'에 집중하는 직장인, 미니멀 스타일 일러스트, 흰색 배경, 16:9 가로

삽화 생성 ③

 '대충, 빨리, 잘'이라는 문구가 적힌 노트북 화면을 들고 미소 짓는 직장인, 미니멀 스타일 일러스트, 흰색 배경, 16:9 가로

이렇게 삽화를 생성할 템플릿과 원고 일부 내용만으로 일관된 스타일의 삽화 3개를 생성했습니다. 3개의 삽화 모두 라인으로 이루어진 미니멀한 일러스트 스타일에 흰색 배경과 균일한 비율로 생성된 것을 확인할 수 있습니다.

03 캐릭터·색상·구도 편집하기

AI가 생성한 삽화를 그대로 사용해도 좋지만, 가급적 최종 점검은 사람의 손을 거쳐서 완성도를 높이는 것을 권장합니다. 이 단계에서 스타일의 통일성, 표현의 명확성, 세부 디테일 등을 보완할 수 있습니다. 이번에 생성한 삽화 이미지를 활용해 캐릭터, 색상을 바꾸거나 구도를 바꿔 강조하고자 하는 요소가 더 돋보이도록 편집하는 과정을 살펴보겠습니다.

먼저 캐릭터 변경 과정을 살펴보겠습니다. 책 전반에 걸쳐 일관된 캐릭터 스타일을 유지하기 위해 생성된 이미지의 기본 캐릭터를 원하는 특정 캐릭터로 교체하거나 세부적인 표정과 포즈를 수정할 수 있습니다. 캐릭터를 교체할 삽화와 교체할 캐릭터 이미지 2장을 첨부하고 다음과 같이 프롬프트를 간단하게 입력합니다.

캐릭터 교체 요청 ①

 [첨부 1] 일러스트 속 남성 캐릭터를 [첨부 2]의 남성 캐릭터로 변경해주세요. 전체 일러스트 스타일도 [첨부 2]를 참고해주세요.

[첨부 1]

[첨부 2]

또는 이미지 전체 스타일을 프롬프트 한 줄로 간단하게 변경 요청할 수 있습니다.

삽화 스타일 변경 요청

 첨부한 이미지 스타일을 한국 웹툰 스타일 형태로 변경해주세요.

[첨부]

이미지 구도, 스타일은 모두 유지한 상태에서 색상만 변경하는 것도 다음처럼 간단한 프롬프트 한 줄로 끝낼 수 있습니다.

색상 변경 요청

 첨부한 이미지 스타일과 배경색은 유지하고, 캐릭터와 오브젝트에 노란색, 주황색을 포인트 색으로 넣어 주세요.

[첨부]

삽화를 삽입할 페이지와 어울리도록 구성 요소의 위치, 크기, 간격 등도 프롬프트로 세부적 조정이 가능합니다. 강조할 요소, 축소할 요소를 다음과 같이 명확하게 작성하는 것이 좋습니다. 잘 어우러진 요소들은 이미지의 균형감을 안정적으로 보이게 합니다.

레이아웃 및 구도 조정 작업

 첨부한 이미지 속 책상 위 서류 더미의 크기를 약간 축소하여 인물의 표정과 동작이 더 명확히 보이도록 구성해주세요. 전체적인 균형감이 유지되도록 세부 요소의 위치를 조정해주세요.

[첨부]

생성한 삽화를 확인하면 서류 더미보다 캐릭터의 크기를 키우고 표정을 더 극적으로 표현한 것을 확인할 수 있습니다. 완성된 삽화는 다음 체크리스트를 통해 완성도를 확인합니다.

최종 품질 점검 체크리스트
- **명확한 메시지 전달**: 원고의 핵심 메시지가 이미지에 명확히 표현되는가?
- **스타일 통일성 유지**: 책 전체 삽화의 스타일과 색상 톤이 일정한가?
- **가독성과 이해력**: 삽화를 통해 독자가 내용을 쉽게 이해할 수 있는가?

이러한 체계적인 편집과 보완 작업을 통해 독자의 흥미를 높이고 내용을 효과적으로 전달하는 고품질의 책 삽화를 제작할 수 있습니다.

[응용] 아기자기한 동화풍 감성 삽화

이번에는 하나의 이야기 흐름을 담은 동화풍 감성 삽화를 생성해보겠습니다. 눈 내리는 겨울날 작은 곰 인형이 편지를 쓰고, 우체통에 넣고, 다시 답장을 받는다는 스토리를 3컷의 삽화로 구성했습니다. 짧은 장면이지만 감정과 상황이 자연스럽게 이어져 한 컷마다 이야기의 흐름이 느껴집니다. 곰 인형처럼 감정을 지닌 캐릭터를 중심으로 장면을 구성하면, 독자에게 따뜻한 몰입감을 전달할 수 있습니다. 텍스트 위주의 콘텐츠에 시각적 여운을 더해주며, 챕터 중간 삽화나 마무리 컷으로도 활용하기 좋습니다.

단순히 '동화풍'이라고 칭하는 것보다는 어떤 스타일인지, 어떤 색감을 원하는지, 어떤 질감과 도구를 원하는지 명확히 지정하는 것이 원하는 삽화를 생성할 확률이 높습니다.

스타일 종류
- 클래식 동화풍
- 현대 디지털 동화풍
- 일러스트북 스타일

색감 키워드
- 파스텔 톤
- 연보라, 크림색
- 따뜻한 노랑, 연두
- 햇살 가득한 느낌

질감/도구 스타일
- 수채화 질감
- 색연필 느낌
- 크레용 텍스처
- 종이 질감 배경

예시로 색연필 질감의 따뜻한 파스텔 톤의 일러스트북 스타일로 동화책에 쓰기 좋은 삽화를 생성해보겠습니다.

동화풍 감성 삽화 생성 ①

컷 1: 편지를 쓰는 곰 인형
색연필로 따뜻한 갈색 파스텔 톤을 사용해 그린 일러스트북 스타일의 동화 그림
작은 갈색 곰 인형이 나무 책상에 앉아 연필로 정성스럽게 편지를 쓰는 장면
곰 인형은 둥근 안경을 쓰고 있고, 책상 위에는 크림색 편지지, 붉은색 찻잔, 작은 촛불이 놓여 있음. 창밖에는 눈이 소복이 쌓여 있고, 커튼 사이로 겨울 햇살이 들어오는 실내 공간

동화풍 감성 삽화 생성 ②

 컷 2: 편지를 우체통에 넣는 곰 인형
색연필로 따뜻한 갈색 파스텔 톤을 사용해 그린 일러스트북 스타일의 동화 그림
곰 인형이 작은 빨간 우체통 앞에서 편지를 조심스럽게 넣고 있음. 체크무늬 목도리와 털모자를 착용한 곰 인형, 발밑에는 눈이 쌓여 있고, 가는 눈발이 내리는 겨울날. 배경에는 눈 덮인 나무들과 작은 오두막이 보이며, 전체적으로 따뜻하고 평화로운 분위기

동화풍 감성 삽화 생성 ③

 컷 3: 누군가의 편지를 받은 곰 인형
색연필로 따뜻한 갈색 파스텔 톤을 사용해 그린 일러스트북 스타일의 동화 그림 조용한 밤의 실내 장면. 곰 인형이 나무 책상 위에서 받은 편지를 읽으며 부드럽게 미소 짓고 있음. 책상 위에는 머그잔과 스탠드 조명이 놓여 있고, 창문 밖에는 반짝이는 별이 보임. 곰 인형의 표정에는 따뜻함과 기쁨이 담겨 있으며, 공간은 차분하고 정돈된 분위기

심화 | 스타일 설계로 원하는 이미지 만들기

챗GPT로 생성한 이미지는 전반적으로 따뜻하고 부드러운 느낌을 띠는 경우가 많습니다. 감성적인 색감, 은은한 조명, 미소 짓는 인물 등이 기본값처럼 적용되어 있습니다. 그러나 이러한 톤이 콘텐츠의 성격이나 목적과 맞지 않을 때도 있습니다. 중요한 것은 자신만의 스타일을 명확히 정의하고, 일관되게 적용하는 것입니다. 이미지 스타일은 단순한 시각 요소가 아니라 콘텐츠의 메시지를 효과적으로 전달하는 도구이기 때문입니다. 특히 썸네일, 콘텐츠 삽화, 발표 슬라이드처럼 정보 전달이 중심인 콘텐츠일수록 스타일의 명확성, 시각적 일관성, 표현력이 더욱 중요합니다.

다음은 챗GPT에서 활용할 수 있는 대표적인 4가지 스타일입니다. 사용 목적에 따라 적절한 스타일을 선택하면 시각적 완성도와 메시지 전달력을 함께 높일 수 있습니다.

① 밝고 플랫한 스타일 Bright & Flat

블로그 썸네일, 카드 뉴스, 교육 콘텐츠처럼 정보 전달이 중심인 콘텐츠에 적합한 스타일입니다. 밝고 가벼운 색감, 명도 중심의 컬러 조합, 단순한 배경으로 구성되며 정보가 잘 드러나는 시각적 구조를 갖추고 있습니다.

밝고 플랫한 스타일 예시

 흰색 단색 배경 위, 책상에 앉아 노트북으로 작업 중인 남성 작가. 옆에는 노트와 펜이 놓여 있음. **미니멀한 플랫 일러스트 스타일, 밝고 가벼운 색감, 전체적으로 높은 밝기 유지, 따뜻한 색감 제외, 깔끔하고 현대적인 분위기**

② 화이트 + 수채화 스타일 White + Watercolor

감성적인 에세이, SNS 포스트, 브랜딩 이미지에 활용하기 좋은 스타일입니다. 수채화 질감의 부드러운 테두리와 연한 파스텔 톤이 어우러져 시각적 여백을 강조하며, 예술적이고 따뜻한 분위기를 전달하는 데 효과적입니다.

화이트 + 수채화 스타일 예시

흰색 단색 배경 위, 책상에 앉아 노트북으로 작업 중인 남성 작가. 옆에는 노트와 펜이 놓여 있음. **미니멀 라인 드로잉 스타일, 얇고 세련된 선으로 구성, 그레이 계열 강조 색상 사용, 모던하고 절제된 분위기**

③ 미니멀 라인 드로잉 Minimal Line Drawing

프레젠테이션, 브랜드 가이드, 슬라이드용 이미지에 적합한 스타일로, 얇고 정제된 라인 드로잉과 흑백 중심의 구성이 돋보입니다. 시선을 분산시키지 않고 핵심 정보에 집중할 수 있도록 설계되어, 세련되면서도 절제된 느낌을 전달합니다.

미니멀 라인 드로잉 예시

 흰색 단색 배경 위, 책상에 앉아 노트북으로 작업 중인 남성 작가. 옆에는 노트와 펜이 놓여 있음. **미니멀 라인 드로잉 스타일, 얇고 세련된 선으로 구성, 그레이 계열 강조 색상 사용, 모던하고 절제된 분위기**

④ 모노톤 + 골드 악센트 Monotone + Gold Accents

포트폴리오, 브랜드 아이덴티티, 고급 이미지 콘텐츠에 적합한 스타일입니다. 모노톤 기반에 골드 포인트를 더한 구성으로, 시각적으로 절제되어 있으면서도 고급스럽고 정제된 인상을 주는 것이 특징입니다.

모노톤 + 골드 악센트 예시

 흰색 단색 배경 위, 책상에 앉아 노트북으로 작업 중인 남성 작가. 옆에는 노트와 펜이 놓여 있음. **미니멀한 흑백 일러스트 스타일, 얇고 고급스러운 선, 노트북 로고나 소품에 금색 악센트 적용, 텍스트나 로고는 없음, 고급스럽고 정제된 분위기**

원하는 이미지가 정보 중심인지, 감성 중심인지 또는 브랜드 지향성 중심인지에 따라 이 4가지 스타일을 조합하거나 변형해 사용할 수 있습니다.

Project 23 감성 한 스푼 더하는 캘리그래피

예쁜 풍경, 감각적인 제품 사진 등 한 장의 사진만으로 이목을 끌 수는 있지만 원하는 메시지가 완벽하게 전달되긴 어렵습니다. 이때 가장 흔히 사용하는 방법이 바로 독특한 글자 스타일을 활용한 캘리그래피와 타이포그래피입니다. 같은 문장이라도 메시지의 전달력과 콘텐츠의 인상이 확연히 달라져, 넘쳐나는 온라인 콘텐츠 속에서 시선을 빠르게 사로잡는 가장 강력한 방법입니다.

하지만 이는 감각적인 영역으로, 디자인 도구 사용에 익숙하지 않거나 손글씨 감각이 부족하다면 원하는 스타일을 구현하기 쉽지 않습니다. 글자의 굵기, 간격, 균형 등 시각적 요소를 세밀하게 조정해야 하기 때문에 초보자에게는 특히 부담스러운 작업일 수 있습니다. 그러나 챗GPT를 활용하면 누구나 쉽게 콘텐츠에 감성을 한 스푼 더하는 손글씨를 만들 수 있습니다. 이번 프로젝트에서는 기존 폰트를 활용한 캘리그래피를 구현하고, 더불어 문구에 어울리는 이미지까지 생성해보겠습니다.

진행 단계

① 메시지와 폰트 선정하기

② 프롬프트 작성 및 이미지 생성하기

③ 이미지 편집 및 보완하기

완성 이미지

01 메시지와 폰트 선정하기

캘리그래피란 텍스트를 시각적으로 아름답게 표현하는 것을 뜻합니다. 기본적으로 펜이나 붓 같은 도구로 직접 쓴 손글씨를 가리키지만 디지털 도구를 활용한 텍스트까지 '디지털 캘리그래피'로 범위가 확장되고 있습니다. 우리는 기존 손글씨 또는 붓글씨 폰트를 활용해 챗GPT의 이미지 생성 기능으로 캘리그래피를 만들어 보겠습니다.

캘리그래피 제작의 첫 단계는 콘텐츠의 목적에 맞는 메시지를 명확히 설정하고, 이에 어울리는 폰트를 결정하는 것입니다. 이번에 만들 캘리그래피 콘텐츠는 SNS 카드 뉴스, 감성 피드, 위로 문구 등에 사용할 수 있는 감성 콘텐츠로, 분위기에 맞게 다음과 같은 문구를 선정했습니다.

- 오늘도 수고했어요(위로와 격려의 따뜻한 느낌)
- 당신의 하루는 어땠나요?(공감과 소통의 감성적 느낌)
- 내일은 더 괜찮을 거야(희망과 응원의 긍정적 느낌)

이제 이 문구들에 어울리는 폰트를 선정합니다. 이 프로젝트에서 예시로 사용하는 폰트는 모두 상업적 이용이 가능한 무료 폰트입니다. 폰트 사용 시 상업적 이용 가능 여부와 라이선스를 반드시 사전 확인하는 것이 중요합니다. 폰트는 단정한 느낌의 아리따 부리와 한겨레결체, 붓글씨 느낌이 가득한 신라문화체 3가지를 살펴보겠습니다.

> **TIP** 더 다양한 폰트를 확인하려면 폰트 사이트 눈누(noonnu.cc)를 참고하세요.

먼저 아리따 부리는 아모레퍼시픽의 아리따 글꼴에 포함된 폰트로, 부드럽고 고급스러운 감성을 전달할 때 좋은 폰트입니다. 누구나 무료로 사용할 수 있는 상업용 무료 폰트입니다.

🔗 아리따 부리 다운로드: bit.ly/4krfES2

다운로드받은 폰트 파일을 챗GPT 채팅 창에 첨부하고 다음과 같이 프롬프트를 입력합니다.

아리따 부리를 활용한 캘리그래피

 따뜻한 톤의 배경 위에 아리따 부리 볼드 폰트로 "당신의 하루가 꽃처럼 피어나길" 문구를 중앙에 배치. 글씨는 정갈하고 부드러운 곡선으로 표현하며, 고급스러운 감성 느낌 강조. 1:1 비율

[첨부] AritaBuriKR-Bold.ttf

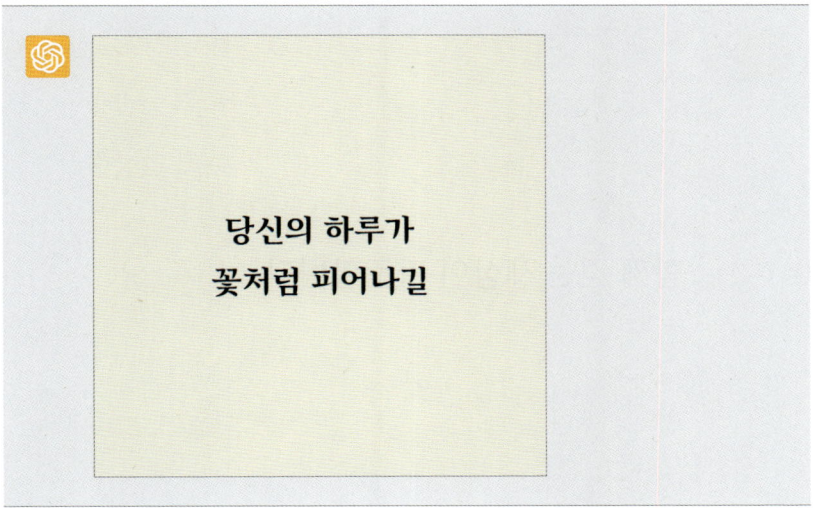

두 번째, 한겨레결체는 자연스러운 손글씨 감성을 표현하는 폰트입니다. 인쇄, 웹사이트, 영상 등 상업적 이용이 가능합니다. 폰트에 대한 자세한 라이선스는 다운로드 페이지를 참고하세요.

🔗 한겨레결체 다운로드: bit.ly/4kYOXUL

마찬가지로 다운로드받은 폰트 파일을 챗GPT 채팅 창에 첨부하고 다음과 같이 프롬프트를 입력합니다.

한겨레결체를 활용한 캘리그래피

따뜻한 톤의 배경 위에 한겨레결체 폰트로 "함께 걷는 세상이 따뜻합니다" 문구를 중앙에 배치. 글씨는 정갈하고 부드러운 곡선으로 표현하며, 고급스러운 감성 느낌 강조. 1:1 비율

[첨부] 한겨레결체.ttf

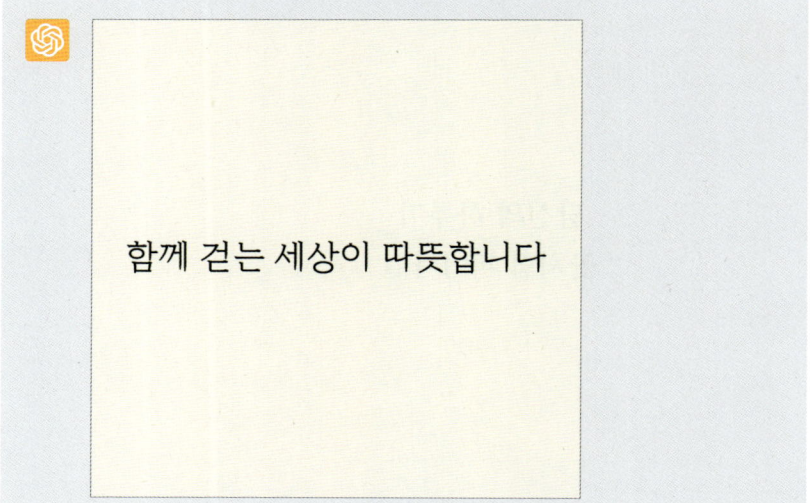

신라문화체는 경주시에서 배포한 경주서체에 포함된 글꼴로, 붓글씨 특유의 거친 느낌을 고스란히 살려 생기 있고 역동적인 분위기를 연출할 수 있는 폰트입니다.

🔗 신라문화체 다운로드: bit.ly/43AxpZb

다운로드받은 폰트 파일을 챗GPT 채팅 창에 첨부하고 다음과 같이 프롬프트를 입력합니다.

신라문화체를 활용한 캘리그래피

 따뜻한 톤의 배경 위에 신라문화체 볼드로 "소중한 한글날" 문구를 2줄로 중앙에 배치.
글씨는 정갈하고 부드러운 곡선으로 표현하며, 고급스러운 감성 느낌 강조. 1:1 비율

[첨부] Shilla_Culture(B).ttf

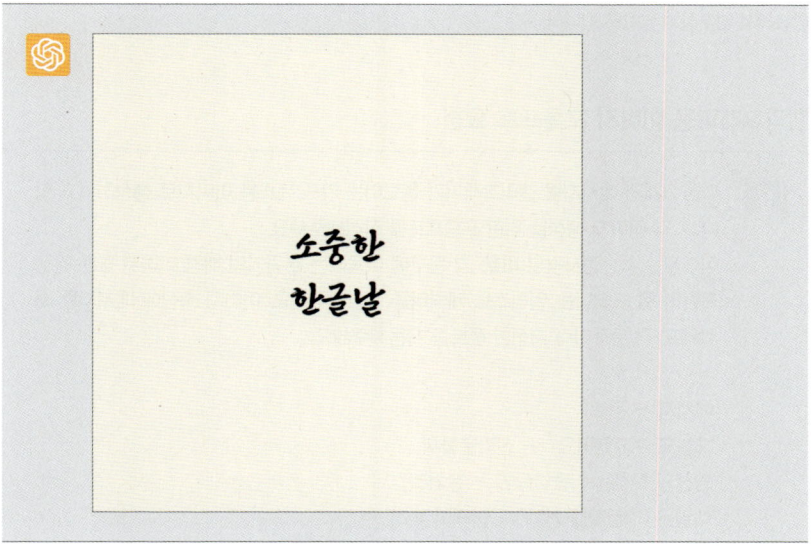

02 프롬프트 작성 및 이미지 생성하기

앞서 선정한 문구와 폰트를 바탕으로 캘리그래피 이미지 생성을 위한 프롬프트를 요청하겠습니다. 프롬프트 작성 시 다음 요소들을 구체적으로 명시합니다.

프롬프트 구성 요소

- 캘리그래피 문구(콘텐츠 메시지)
- 폰트 스타일
- 이미지 배경 및 전체적 분위기(따뜻한 톤, 감성적 분위기 등)
- 레이아웃과 이미지 비율(1:1 정사각형 등 구체적인 비율과 구성)

이번에 생성할 이미지는 SNS에 업로드할 카드 뉴스 형태이니 1:1 비율에 감성적인 분위기를 요청하겠습니다.

> **TIP** 새 채팅 창에서 시작할 경우 사용할 폰트 파일을 모두 첨부한 상태여야 합니다. 한 번 첨부했다면 반복해서 첨부하지 않아도 됩니다.

캘리그래피용 이미지 프롬프트 요청

 다음 3개의 메시지를 캘리그래피가 돋보이는 카드 뉴스용 이미지로 생성하려고 합니다. 각 이미지 생성을 위한 프롬프트를 작성해주세요.
이미지는 1:1 정사각형 비율, 각 문구에 어울리는 분위기의 배경 이미지 또는 감정 표현이 잘 드러나는 일러스트 캐릭터를 포함해주세요. 이미지 중심에 메시지를 배치하고, 각 문구마다 지정한 폰트를 사용해주세요.

[메시지 - 폰트]
"오늘도 수고했어요." - 신라문화체
"당신의 하루는 어땠나요?" - 한겨레결체
"내일은 더 괜찮을 거야" - 아리따 부리

메시지 ① 오늘도 수고했어요.
따뜻한 햇살이 창문 너머로 은은하게 들어오는 감성적인 실내 공간
커튼 사이로 부드러운 빛이 드리워지고, 나무 테이블 위에 앉아 커피를 마시는 젊은 한국인 여성 캐릭터
배경은 크림베이지와 파우더블루 톤이 조화를 이루며, 전체는 미니멀하고 따뜻한 색감으로 구성.
상단 중앙에는 '오늘도' / '수고했어요' 문구를 신라문화체 붓글씨 스타일로 두 줄 배치된 1:1 비율 감성 카드 뉴스 이미지

메시지 ② 당신의 하루는 어땠나요?
해가 지는 도심 거리, 높은 건물 사이로 노을이 퍼지는 장면
가방을 멘 젊은 한국인 남성 캐릭터가 혼자 퇴근길을 걷고 있음
배경은 따뜻한 주황빛 노을과 회색빛 건물, 인도에는 그림자가 길게 드리워져 있음
전체 스타일은 미니멀한 일러스트, 색상은 저채도 브라운·그레이·오렌지 계열
배경색은 연한 크림색 또는 흰색
상단 중앙에 '당신의' / '하루는 어땠나요?' 문구는 한겨레결체로 두 줄 배치
감성적이고 현실적인 느낌의 1:1 비율 카드 뉴스 이미지

메시지 ③ 내일은 더 괜찮을 거야
비가 그친 뒤 맑아진 오후, 우산을 접고 하늘을 바라보는 젊은 한국인 여성 캐릭터
배경은 젖은 도로 위에 반사되는 햇빛과 흐릿한 구름, 희망적인 분위기
전체 스타일은 미니멀한 일러스트, 색상은 페일 옐로우와 블루 그레이 중심
배경색은 흰색
하단 중앙에 '내일은' / '더 괜찮을 거야' 문구는 아리따 부리 폰트로 두 줄 배치
1:1 비율의 감성 카드 뉴스 이미지

이렇게 챗GPT가 생성한 이미지 프롬프트로 생성한 3개의 이미지는 다음과 같습니다.

메시지 ① 오늘도 수고했어요

메시지 ② 당신의 하루는 어땠나요?

메시지 ③ 내일은 더 괜찮을 거야

03 이미지 편집 및 보완하기

이제 생성한 이미지를 확인하고, 미세한 편집과 추가 작업을 통해 완성도를 높이는 단계입니다. 적용할 콘텐츠에 적합하도록 완성도를 높이고 디테일을 보완하는 작업을 진행합니다. 앞서 생성한 3장의 이미지에 톤 보정, 세부 요소 추가 등 조금씩 편집 및 보완하는 과정을 살펴보겠습니다. 먼저 첫 번째 이미지에 감성을 더하기 위해 시간대를 밤으로 바꾸고, 앞에 놓인 쪽지에 적힌 작은 메모를 추가하겠습니다. 시간 설정과 감성적인 디테일을 조합하면, 단순한 문장이 하나의 짧은 이야기처럼 다가옵니다.

시간대 수정 + 세부 요소 추가

 첨부한 이미지 수정

시간대는 밤이며, 창밖에는 어두운 남색 하늘과 반짝이는 별빛이 보이고, 커튼 사이로 부드러운 스탠드 조명이 퍼진다. 하단 테이블 오른쪽 아래에는 작고 흐린 손글씨 느낌으로 "내일도 잘 부탁해" 메모가 적혀 있음. 메모는 여성 쪽 방향을 향해 놓여 있음

[첨부]

배경이 단조롭다고 느껴질 때는 상징적인 디테일이 장면의 전체 분위기를 바꿔 줍니다. 예를 들어 두 번째 캘리그래피 이미지에서는 남성 뒤편 도로에 고양이 한 마리를 앉혀 두고 건물 창문 몇 곳에 불이 켜진 장면을 더하면, 단순했던 도시 풍경이 사람의 흔적을 품게 됩니다. 이런 요소는 시선을 멈추게 하고 텍스트가 전하는 감정을 한층 더 풍부하게 전달해줍니다.

디테일 추가 생성

 남성의 왼편 길가에 작은 고양이 한 마리가 앉아 있고, 건물 몇 곳에는 불이 켜진 창문이 있어 도시의 온기를 느낄 수 있다.

[첨부]

이외에도 이미지를 벡터 및 SVG 포맷으로 변경하면 캘리그래피 이미지의 크기와 색상 변경이 자유로워져 다양한 용도로 활용하기 좋습니다. 특히 종종 텍스트와 배경색이 뚜렷하게 대비되지 않으면 텍스트가 묻히기도 합니다. 이런 경우 텍스트에 외곽선을 적용하면 가독성이 높아지고 메시지가 명확하게 전달됩니다. 이 방식은 포스터, SNS 콘텐츠, 영상 자막 이미지 등에서 디자인의 완성도를 높이는 필수 보정 작업입니다.

[응용 ①] 레퍼런스를 활용한 캘리그래피 생성하기

마음에 드는 캘리그래피를 발견했다면, 챗GPT에게 이 스타일을 빠르게 학습시키고 원하는 문구로 손쉽게 재생성할 수 있습니다. 예를 들어, 이미지 구독 사이트에서 다운로드한 캘리그래피 이미지를 챗GPT에 참고 이미지로 제공한 뒤 동일한 스타일로 새로운 문구 생성을 요청할 수 있습니다. 이렇게 하면 기존 캘리그래피의 특징과 감성을 자연스럽게 유지하면서 다양한 콘텐츠를 효율적으로 제작할 수 있습니다. 챗GPT의 이미지 생성 기능을 통해 선호하는 스타일을 간편하게 확장함으로써 자신만의 매력적인 콘텐츠를 빠르게 제작할 수 있습니다. 단, 이 방법을 활용할 때는 반드시 원본 캘리그래피 이미지의 저작권과 상업적 라이선스를 사전에 명확히 확인하고 준수해야 합니다.

레퍼런스를 활용한 캘리그래피 생성

 첨부한 캘리그래피의 특징을 잘 분석해서 "한글날"이라는 글씨에 이 캘리그래피를 적용한 캘리그래피 이미지를 생성해주세요. 배경색은 흰색, 텍스트 색은 파란색

[첨부]

이렇게 생성한 캘리그래피에 어울리는 디자인 역시 프롬프트로 추가해 꾸밀 수 있습니다. 캘리그래피 디자인에서 자주 볼 수 있는 도장 디자인을 추가하거나 수채화 느낌의 간단한 그림을 추가할 수도 있습니다.

도장 디자인 추가

수묵화 추가

[응용 ②] 캘리그래피로 책 표지 만들기

캘리그래피는 책의 분위기와 메시지를 응축해서 전달하는 시각적 도구로 뛰어난 역할을 합니다. 특히 감성 에세이, 자기계발서, 교육 콘텐츠처럼 메시지가 명확한 장르에서는 이미지보다 문자 그 자체가 더 큰 임팩트를 주기도 합니다. 이번에는 앞서 Project 20, 21에서 살펴본 책 표지를 디자인하는 프롬프트를 활용해 캘리그래피로 제목을 디자인하는 과정을 살펴보겠습니다.

먼저 책 표지 디자인을 위한 프롬프트에는 다음 6가지 항목으로 구성합니다.

표지 디자인을 위한 프롬프트 구성법

① **표지 주요 텍스트**
- 책 제목:
  - 부제
  - 저자명
  - 회사명 또는 로고

② **스타일**(예: 플랫 일러스트, 감성 수채화 등)

③ **구도**(예: 세로형, 중앙 정렬, 분할 구성 등)

④ **장면**(책의 주제를 함축하는 상징적 장면)

⑤ **배경**(색감, 질감, 대비 구조 등)

⑥ **텍스트 배치**(제목/부제의 위치와 서체 스타일)

캘리그래피를 활용해 표지 디자인을 할 때는 다음 요소들을 반드시 고려해야 합니다.

캘리그래피를 활용한 표지 디자인 시 고려할 요소

- **텍스트 우선 설계**: 제목의 텍스트가 표지 디자인의 핵심이라면 배경은 최대한 단순하게 설정해야 시선이 흐트러지지 않습니다.

- **색상 대비 설정**: 캘리그래피의 형태를 살리려면 배경과 텍스트 색상 간 대비가 분명해야 가독성이 확보됩니다.

- **이미지와 텍스트의 균형 조절**: 일러스트 요소가 많으면, 텍스트는 상대적으로 여백과 정렬을 통해 안정감을 줄 수 있도록 배치합니다.

- **폰트 감도 조절**: 붓글씨 스타일이 다소 무겁게 느껴질 때는 가는 고딕체와 혼용하거나 외곽선(스트로크)을 추가해 균형을 맞출 수 있습니다.

캘리그래피를 활용한 표지 디자인 예시 ① 자기계발 에세이

 캘리그래피가 돋보이는 책 표지를 디자인하려고 합니다. 다음 항목들을 참고해 표지 이미지를 생성해주세요.
- 표지 주요 텍스트
    - 책 제목: 멈추지 않고 나아가는 법
    - 부제: 지속 가능한 삶을 위한 100가지 명언
    - 저자명: 보조바퀴
    - 회사명 또는 로고: 이웅
- 스타일: 플랫 일러스트, 간결하고 절제된 분위기
- 구도: 세로형 표지
- 장면: 어두운 새벽, 도시 거리 끝을 향해 걸어가는 실루엣
- 배경: 짙은 남색 또는 회색톤
- 텍스트 배치: 제목 캘리그래피 디자인으로 눈에 띄게 최상단에 배치, 부제 제목 아래 작은 고딕 폰트, 저자명 부제 오른쪽 하단에 더 작은 고딕 폰트, 회사명 하단 중앙 정렬, 흰색 얇은 글씨

캘리그래피를 활용한 표지 디자인 예시 ② 디지털 생산성/라이프스타일 에세이

 캘리그래피가 돋보이는 책 표지를 디자인하려고 합니다. 다음 항목들을 참고해 표지 이미지를 생성해주세요.

- 표지 주요 텍스트
  - 책 제목: 디지털 루틴을 만든 사람들
  - 부제: 기술로 하루를 설계하는 사람들의 습관 이야기
  - 저자명: 보조바퀴
  - 회사명 또는 로고: 이응
- 스타일: 플랫 일러스트, 따뜻하고 정돈된 디지털 분위기
- 구도: 세로형 표지, 중심 배치 + 상하 분할 구조
- 장면:
  - 노트북 화면에 일정표 UI가 표시된 장면
  - 책상 위에는 커피 컵, 무선 이어폰, 노트, 펜, 태블릿이 자연스럽게 놓여 있음

- 위쪽 공간에는 디지털 아이콘(달력, 속도계, 태스크 카드)이 둥실 떠 있어 시각적 메시지 전달
• 배경:
  - 상단은 크림색 바탕, 하단은 원목 질감의 책상으로 따뜻한 대비
  - 실내 조명 아래 아늑한 작업 공간 연출
• 텍스트 배치
제목 캘리그래피(부드러운 손글씨풍 고딕 캘리그래피) 디자인으로 눈에 띄게 최상단에 배치, 부제 제목 아래, 얇은 산세리프체로 좌우 균형을 맞춘 정렬, 저자명 부제 오른쪽 하단에 더 작은 폰트, 회사명 하단 중앙 정렬, 흰색 얇은 글씨

캘리그래피를 활용한 표지 디자인 예시 ③ 교육/학습 에세이

 캘리그래피가 돋보이는 책 표지를 디자인하려고 합니다. 다음 항목들을 참고해 표지 이미지를 생성해주세요.

- 표지 주요 텍스트
  - 책 제목: 배움의 자세
  - 부제: 성장을 위한 열정적인 공부
  - 저자명: 보조바퀴
  - 회사명 또는 로고: 이응
- 스타일: 플랫 일러스트, 교육적이고 따뜻한 분위기
- 구도: 세로형 표지, 상단 텍스트 중심, 하단 장면 구성
- 장면:
  - 책상에서 공부하는 학생
  - 바닥에 도화지를 펴고 그림 그리는 아이
  - 주변에 책 더미와 지구본 배치
  - 상단 전구 아이콘으로 '아이디어' 강조
- 배경: 상단은 연한 베이지, 하단은 회청색
- 텍스트 배치:
  - 제목은 중앙 상단, 손글씨 느낌의 고딕 캘리
  - 부제는 그 아래 얇은 산세리프체 정렬

캘리그래피를 활용한 표지 디자인 예시 ④ 자기계발 에세이

 강렬한 캘리그래피가 돋보이는 책 표지를 디자인하려고 합니다. 다음 항목들을 참고해 표지 이미지를 생성해주세요.

- 표지 주요 텍스트
  - 책 제목: 성장을 멈추지 마라
  - 부제: 잠재력을 극대화하는 법
  - 저자명: 보조바퀴
  - 회사명 또는 로고: 이응

- 스타일: 플랫 일러스트, 단순하고 상징적인 구성. 여백을 살리고, 직관적으로 메시지를 전달하는 미니멀한 그래픽
- 구도: 세로형 표지, 중앙 텍스트 중심 배치 + 하단 시각 요소 조합. 텍스트가 중심을 잡고, 시각 요소는 그 아래에서 보조하는 구조
- 장면: 오른쪽 상단을 향해 가파르게 상승하는 곡선형 화살표. 화살표는 두께감 있고 선명하며, 상승의 느낌이 역동적으로 표현됨
- 배경: 상단은 흰색, 하단은 짙은 남색 계열. 단색 구성으로 깔끔하고 집중감 있게. 포인트 요소(화살표)는 강렬한 주황 또는 붉은 계열로 강조
- 텍스트 배치:
  - 제목: 중앙 상단에 굵고 힘 있는 붓글씨풍 캘리그래피체로 표현. 시선을 끄는 강렬한 스타일
  - 부제: 제목 바로 아래, 정돈된 느낌의 얇은 산세리프체로 배치. 중심 정렬로 안정감 강조
  - 저자명: 부제 오른쪽 하단에 위치. 절제된 고딕체, 작고 단정하게 구성
  - 회사명: 하단 중앙 정렬, 얇고 작은 산세리프체, 흰색으로 포인트 없이 자연스럽게

[응용 ③] 타이포그래피를 활용한 행사 포스터 제작하기

타이포그래피는 단순한 글자 배열을 넘어 디자인 그 자체가 메시지가 되는 시각 언어입니다. 특히 단어 하나 또는 짧은 문장을 중심으로 구성한 3D 타이포그래피 스타일은 포스터, 전시물, 굿즈, 표지 등에서 강렬한 인상을 남기는 디자인 방식으로 주목받고 있습니다. 이번 응용 예제에서는 하나의 단어가 화면 전체를 주도하는 구성을 통해 시각적 임팩트를 높이는 프롬프트 설계 방법과 예시를 소개합니다.

먼저 타이포그래피를 활용한 행사 포스터 제작 시 프롬프트에 포함되어야 할 구성 요소들은 다음과 같습니다.

타이포그래피 행사 포스터 제작 시 구성 요소

- 행사 유형 – 행사 타이틀
- 스타일: [전반적인 디자인 분위기 및 타이포그래피 스타일]
- 구도: [텍스트와 이미지 배치 방식, 시각 중심점]
- 장면: [중심이 되는 시각 요소 또는 연출된 장면 설명]
- 배경: [배경 색상, 패턴, 텍스처, 분위기 등]
- 텍스트 배치:
    - 제목: [행사 타이틀] – [폰트 스타일 및 효과 설명]
    - 문구: [슬로건 또는 핵심 메시지]
    - 행사 정보: [날짜/장소 등 정보 배치 위치 및 형식]
- 이미지 비율: [예: 9:16 또는 16:9]

타이포그래피 디자인의 완성도는 단어 선택과 시각적 디테일에서 차이가 드러납니다. 다음 4가지 팁을 통해 메시지를 디자인 요소를 더 선명하고 세련되게 표현해보세요.

디자인을 돋보이게 만드는 타이포그래피 연출 팁

- **단어 하나로 압축하라**: 임팩트를 줄 수 있는 한 단어로 주제를 압축하면, 시각적 집중도가 높아집니다.
- **질감과 입체감을 주어라**: 크롬, 유리, 네온, 페인트 등 시각 효과를 활용해 텍스트 자체가 오브제가 되도록 구성합니다.
- **배경은 무대처럼**: 단어를 돋보이게 하기 위해 배경은 '조명 효과', '공간감', '컬러 톤'으로 극적인 연출을 보조합니다.
- **정보는 간결하게**: 행사 타이틀 외 정보는 하단이나 우측에 작게 정렬해 메인 타이포가 주목받도록 합니다.

이 구조와 연출 팁을 바탕으로 예시를 함께 살펴보겠습니다.

타이포그래피가 돋보이는 행사 포스터 예시 ①

- 행사 유형 – 행사 타이틀: 기술 컨퍼런스 – FUTURE UNLOCKED
- 스타일: 하이테크 스타일, 금속 광택 3D 타이포그래피
- 구도: 중앙 대형 텍스트, 하단에 행사 정보 배치
- 장면: 미래 도시를 배경으로, 공중에 떠 있는 3D 텍스트
- 배경: 어두운 블루~퍼플 그러데이션, 기하학적 패턴과 빛 번짐 효과
- 텍스트 배치:
  - 제목: FUTURE UNLOCKED – 크롬 재질, 굵은 3D 텍스트, 중앙 배치
  - 부제: AI · Web3 · 미래 산업을 여는 기술의 문
  - 행사 정보: 2035.05.16./서울 컨벤션 센터/테크네이처 연구소(하단에 일시 · 장소 · 주최 정보 고딕체로 간결하게)
- 이미지 비율: 9:16

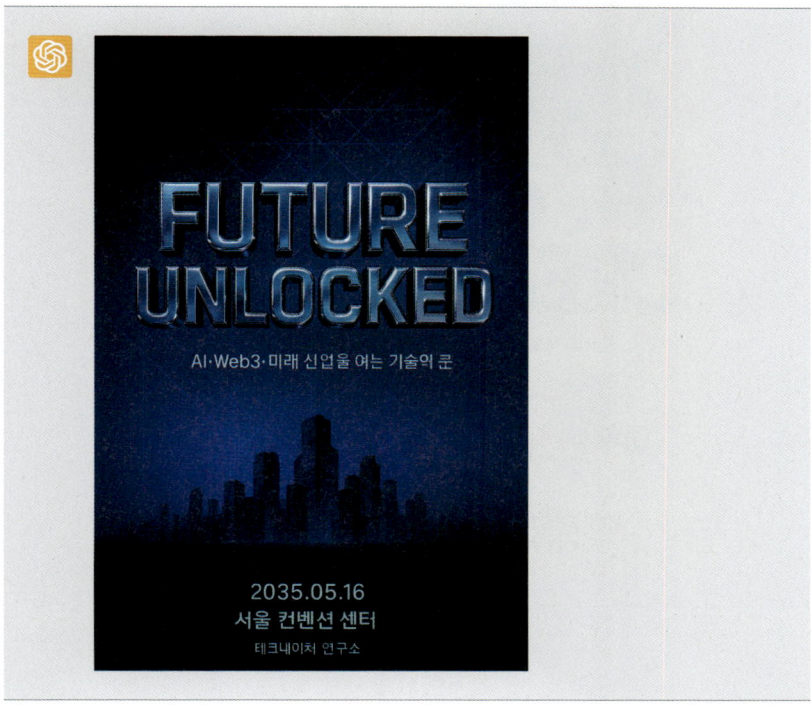

타이포그래피가 돋보이는 행사 포스터 예시 ②

- 행사 유형 – 행사 타이틀: 예술 축제 – COLORS OF CREATION
- 스타일: 다채로운 유리 질감 3D 타이포그래피, 예술적 느낌 강조
- 구도: 캔버스 중앙에 타이포그래피가 조형물처럼 떠 있음
- 장면: 추상화된 붓 터치, 페인트 번짐, 빛나는 조각들이 주변에 퍼짐
- 배경: 크림색 바탕 위에 다채로운 색 번짐 효과
- 텍스트 배치:
    – 메인 텍스트: COLORS OF CREATION – 유리 입체감 3D 타이포
    – 서브 문구: 창작의 색을 마음껏 펼치는 날
    – 행사 정보: ART FESTIVAL 2035.6.15 CITY GALLERY(하단에 작고 심플하게 배치)
- 이미지 비율: 9:16

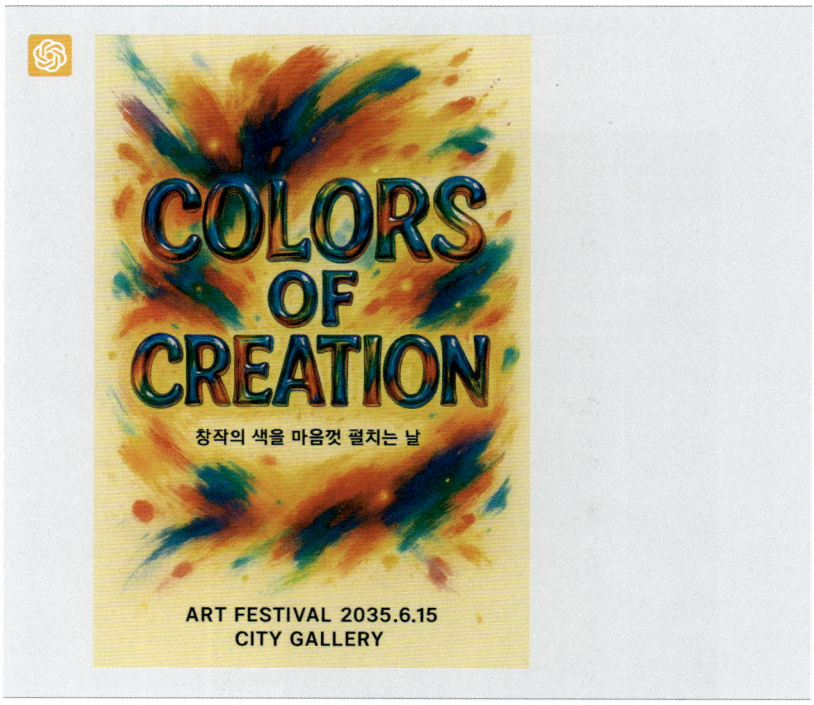

타이포그래피가 돋보이는 행사 포스터 예시 ③

- 행사 유형 – 행사 타이틀: 디자인 컨퍼런스 – TYPE & SPACE
- 스타일: 사틴 피니시, 굵은 3D 타이포그래피, 여백 중심 레이아웃
- 구도: 화면 중앙을 가로지르는 입체 타이포 중심
- 장면: 흰 배경 위에 3D 타이포가 떠 있고, 그 아래 공간에 마이크로텍스트 배치
- 배경: 완전 흰색 + 얇은 선 형태의 그래픽 패턴
- 텍스트 배치:
  – 메인 텍스트: TYPE & SPACE – 은은한 광택의 사틴 피니시 스타일
  – 서브 문구: 타이포그래피와 공간의 만남, 디자이너를 위한 1일
  – 행사 정보: 2032년 8월 20일 서울 컨벤션 센터(우측 하단 작게, 고딕체로 배치)
- 이미지 비율: 9:16

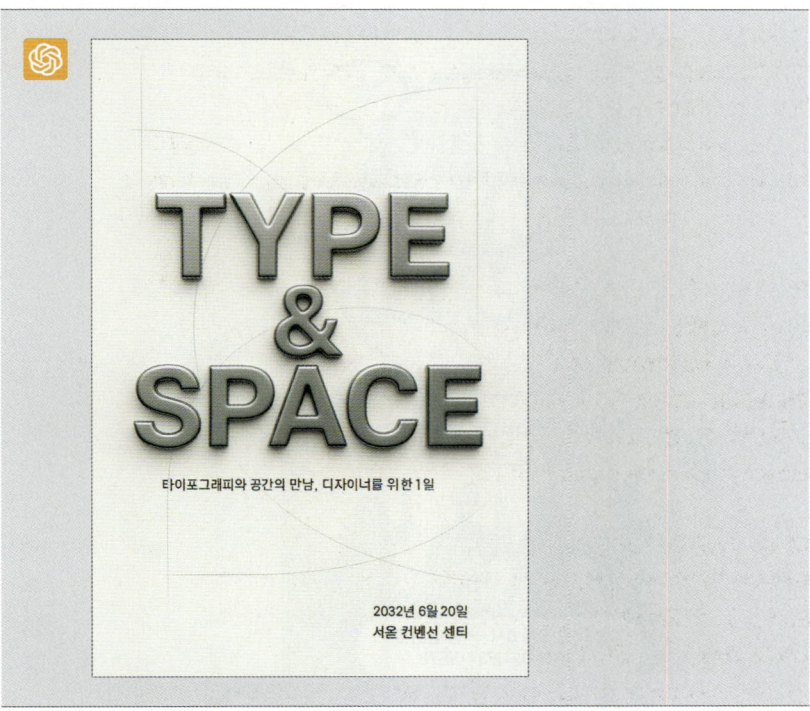

타이포그래피가 돋보이는 행사 포스터 예시 ④

- 행사 유형 – 행사 타이틀: 청춘 토크쇼 – HELLO, MY YOUTH
- 스타일: 팝아트 스타일 3D 타이포그래피, 레트로 무드와 원색 조합
- 구도: 중앙 원형 배경 위에 입체 텍스트, 하단에 캐릭터 실루엣
- 장면: 벽화풍의 그래픽 배경과 함께 다채로운 색상 조명 효과
- 배경: 노란색 + 파란색 톤 배경에 별무늬와 말풍선 등 보조 그래픽 포함
- 텍스트 배치:
    – 제목: HELLO, MY YOUTH – 밝고 귀여운 3D 텍스트
    – 문구: 청춘의 목소리를 말하다 – 리얼 토크 콘서트
    – 행사 정보: 4월 16일 오후 6시 서울 청년홀/문의 02-1234-5678(하단 중앙에 카드 형식으로 구성)
- 이미지 비율: 9:16

심화 　이미지를 돋보이게 하는 폰트 활용법

이미지에 추가되는 텍스트는 콘텐츠의 메시지와 분위기를 명확하게 전달합니다. 기본 제공 폰트도 유용하지만, 브랜드의 개성을 확실히 드러내려면 자신이 준비한 폰트를 사용하는 것이 효과적입니다. 특히 상업적인 목적이라면 상업적 사용 가능 여부를 반드시 확인해야 합니다. 챗GPT에 사용자가 준비한 폰트를 직접 업로드해 활용하면 콘텐츠의 표현력이 높아지고 브랜드 메시지가 더욱 명확히 전달됩니다.

챗GPT에서 폰트를 활용하는 방법은 크게 2가지가 있습니다. 폰트 파일을 직접 챗GPT에 업로드하는 방법, 프롬프트에서 원하는 폰트를 지정하는 방법이 있습니다. 2가지 방법을 하나씩 살펴보겠습니다.

TIP 무료 폰트를 사용하더라도 상업적 활용 시에는 저작권 및 사용 허용 범위를 반드시 확인해야 합니다

업로드한 폰트 활용하기

먼저 원하는 한글 폰트 파일(.ttf 또는 .otf)을 준비합니다. 준비한 폰트 파일을 챗GPT 채팅 창에 업로드합니다. 이때 업로드한 폰트는 현재 채팅 창에서만 사용할 수 있으며 다른 채팅 창에서는 다시 업로드해야 합니다.

이제 업로드한 폰트를 이미지에 삽입할 때 프롬프트 또는 챗GPT 편집 화면에서 폰트를 명시하여 적용할 수 있습니다. 먼저 이미지 편집 화면에서 텍스트가 들어갈 영역을 마우스로 지정한 후 원하는 폰트를 지정하여 프롬프트를 작성하면 됩니다.

이미지 편집 화면에서 텍스트 추가하기

 선택한 영역에 말풍선을 추가하고 '나눔손글씨펜 폰트(NanumPen.otf)'로 "오늘은 즐거운 하루다"라고 작성해주세요.

프롬프트에서 폰트 지정하기

프롬프트를 작성할 때 원하는 스타일과 분위기, 폰트를 구체적으로 지정하면 이미지 콘텐츠에 바로 활용 가능한 결과물을 얻을 수 있습니다. 이 예시를 활용하기 위해서는 어떤 폰트가 어떤 분위기에 적합한지 파악하는 것이 중요합니다.

폰트 활용 예시 ① 한글 명조체(Noto Serif KR)

 고급스러운 호텔 로비 이미지 상단에 "특별한 하루를 위한 휴식"이라는 텍스트를 **Noto Serif KR** 폰트로 우아하고 세련되게 삽입해주세요.

폰트 활용 예시 ② 영문 필기체(Pacifico)

 부드럽고 따뜻한 분위기의 창가 카페 사진을 만들어 주고, 이미지 아래에 필기체 폰트 **Pacifico**로 "Hello Spring"이라는 텍스트를 우아하게 넣어 주세요.

폰트 활용 예시 ③ 영문 필기체(Great Vibes)

 결혼식 테이블에 놓인 꽃과 촛불이 있는 우아한 이미지 가운데에 필기체 폰트 **Great Vibes**로 "Forever Yours"라는 텍스트를 세련되게 삽입해주세요.

폰트 활용 예시 ④ 영문 필기체(Montserrat)

 모던하고 심플한 카페 내부 사진을 만들어 주고, 이미지 중앙에 "Coffee Time"이라는 텍스트를 **Montserrat** 고딕체로 깔끔하게 넣어 주세요.

폰트 활용 예시 ⑤ 영문 필기체(Dancing Script)

별이 가득한 여름밤의 잔잔한 바닷가 풍경을 만들어 주고, 이미지 하단 중앙에 필기체 **Dancing Script**로 "Romantic Summer Night"라는 텍스트를 부드럽고 감성적으로 삽입해주세요.

폰트 활용 예시 ⑥ 본고딕(Source Han Sans KR)

 창가 옆 따뜻한 햇살 아래 책과 커피잔이 놓인 차분한 오후 분위기의 이미지를 생성하고, 이미지 상단에 "차분한 오후의 책 한 권"이라는 텍스트를 **본고딕(Source Han Sans KR)** 폰트로 깔끔하고 모던하게 넣어 주세요.

폰트 활용 예시 ⑦ Playfair Display

 가을의 클래식한 분위기를 담은 공원 벤치와 낙엽이 있는 이미지를 만들어 주고, 이미지 중앙에 세리프 폰트 Playfair Display로 "Memories of Autumn"이라는 텍스트를 우아하고 고급스럽게 삽입해주세요.

5부

영상 콘텐츠 디자인

유튜브, 틱톡 등 이제 누구나 나만의 영상을 공유할 수 있는 시대입니다. 하지만 영상 제작을 시작할 때 가장 큰 고민은 바로 '어떤 이미지를 사용해야 할까?'입니다. 캐릭터, 썸네일, 장면 분위기 등 시각 요소 하나하나가 영상의 완성도와 조회수를 좌우하기 때문입니다. 5부에서는 챗GPT의 이미지 생성 기능을 활용해 영상 콘텐츠에 필요한 핵심 이미지를 쉽고 빠르게 제작하는 방법을 소개합니다.

특히 얼굴 공개 없이 영상 채널을 운영하고 싶다면 AI 캐릭터는 훌륭한 대안이 될 수 있습니다. 개성 있는 캐릭터를 직접 설정하고, 다양한 영상에 어울리는 이미지로 활용하면 브랜딩 효과는 물론 시청자의 몰입도까지 높일 수 있습니다. AI 캐릭터 콘텐츠는 언어와 문화의 장벽 없이 확장할 수 있어 글로벌 시청자와 소통하는 데도 큰 장점을 가집니다.

영상 썸네일과 숏폼 콘텐츠는 첫 3초가 승부입니다. 시선을 단번에 사로잡는 이미지가 없다면 영상의 내용이 아무리 좋아도 클릭조차 되지 않을 수 있습니다. 챗GPT 이미지 생성 기능은 썸네일 디자인에도 탁월한 도움을 줍니다. 콘텐츠 주제에 맞는 분위기와 구성을 간단한 프롬프트로 구현할 수 있어 빠르고 효율적으로 고품질 썸네일을 제작할 수 있습니다. 이번 프로젝트들을 통해 AI 캐릭터 생성, 썸네일 디자인, 숏폼 영상 콘텐츠 제작까지 단계별로 실제 활용 방법을 구체적으로 안내합니다.

Project 24 가상 캐릭터 만들기

유튜브를 시작하고 싶지만 얼굴 공개에 대한 부담 때문에 망설이는 사람들이 많습니다. 특히 브이로그나 강의 영상처럼 얼굴 노출이 일반화된 콘텐츠 유형에서는 이런 고민이 더욱 클 수밖에 없습니다. 하지만 최근에는 AI 기술의 발달로 이러한 제약을 뛰어넘을 수 있는 새로운 방법들이 등장하고 있습니다.

이제는 실제 목소리를 복제한 AI 음성과 자신을 대신할 매력적인 AI 캐릭터를 활용해 얼굴 없이도 완성도 높은 유튜브 콘텐츠를 제작하는 것이 가능합니다. 이는 얼굴 노출 없이 활동하려는 크리에이터에게 매우 현실적이고 매력적인 대안이 되고 있습니다. 또한, AI 캐릭터는 단순한 대체 수단을 넘어 글로벌 진출과 다국어 확장에도 탁월한 장점을 가집니다. 목소리와 자막, 캐릭터 외형만 바꾸면 다양한 언어와 문화권에 맞춘 콘텐츠로 쉽게 변환할 수 있어, 문화적 장벽 없이 글로벌 시청자와 연결될 수 있습니다.

무엇보다 챗GPT, AI 음성 합성, 이미지 생성, 영상 편집 등 AI 기반 제작 도구를 조합하면 혼자서도 콘텐츠 기획부터 완성까지 전 과정을 효율적으로 진행할 수 있습니다. 이렇게 하면 다양한 언어로 여러 채널을 동시에 운영할 수 있어 콘텐츠 확장성과 시장 접근성 면에서도 강력한 경쟁력을 갖출 수 있습니다.

진행 단계

① 캐릭터 기획하기

② 기본 캐릭터 생성하기

③ 다양한 포즈 · 표정 생성하기

④ 다양한 스타일로 변형하기

완성 이미지

01 캐릭터 기획하기

캐릭터를 제작할 때는 먼저 자신이 표현하고자 하는 캐릭터 유형을 결정해야 합니다. 실제 자신의 모습을 기반으로 할 것인지, 완전히 새로운 가상의 인물을 설정할지 명확히 정리합니다. 특히 실제 사진을 활용하면 더욱 구체적이고 사실적인 캐릭터를 만들 수 있습니다. 또, 얼굴형, 헤어스타일, 표정, 안경 착용 여부 등 세부 사항을 최대한 자세하게 기획하는 것이 좋습니다. 구체적인 캐릭터 제작을 위해서는 정면에서 촬영한 사진을 미리 준비합니다. 이후 사진을 분석하여 본인의 얼굴 형태, 눈매, 표정과 같은 특징을 명확하게 정리합니다. 또한 캐릭터가 전달할 이미지와 분위기, 개성을 고려하여 추가로 반영할 세부 요소를 결정합니다. 이 과정에서 충분한 세부 정보를 제공할수록 캐릭터의 일관성과 완성도가 더욱 높아집니다. 이 단계에서 구체적으로 고려해야 할 사항들은 다음과 같습니다.

캐릭터 기획 시 고려 사항

- **사진 준비**: 본인의 얼굴 특징이 잘 나타난 정면 사진을 준비합니다.
- **얼굴 특징 분석**: 사진을 기반으로 얼굴형, 눈매, 헤어스타일, 안경 착용 여부, 표정 등 특징을 분석합니다.
- **캐릭터 스타일 선택**: 분석된 얼굴 특징을 바탕으로 자신이 만들고자 하는 캐릭터 스타일을 선택합니다. 흔히 볼 수 있는 캐릭터 스타일을 유형별로 정리하면 다음과 같습니다.
    - 플랫 카툰 스타일
    - 세미 입체 스타일
    - 치비 스타일
    - 애니메이션 스타일
    - 미니멀 벡터 스타일

우선 준비한 사진으로 캐릭터 제작을 위한 얼굴 분석을 요청합니다. 챗GPT에 사진을 첨부하고 다음 프롬프트를 입력합니다.

얼굴 특징 분석 요청

 첨부된 이미지 속 인물의 특징을 분석해주세요.
영상 채널에서 사용할 캐릭터를 제작하려고 합니다.
이 이미지의 얼굴 특징(얼굴형, 눈매, 헤어스타일, 표정 등)을 바탕으로, 캐릭터 디자인에 활용할 수 있는 얼굴 특징 중심의 프롬프트를 작성해주세요.

[첨부]

 첨부된 사진 속 인물의 얼굴 특징을 유지해주세요.
- 둥근 얼굴형, 작은 눈매와 얇은 쌍꺼풀, 뚜렷한 이마 라인
- 짙은 검정색 짧은 머리, 앞머리는 자연스럽게 넘긴 스타일
- 둥근 블랙 안경 착용, 지적인 인상을 주는 중립적 표정
- 옷은 네이비 블루 톤의 셔츠 또는 블레이저로 깔끔하게 표현
기본 얼굴 특징이 나왔다면, 이후는 사용하고자 하는 유튜브 캐릭터 스타일을 선택하면 됩니다. 먼저 유튜브 캐릭터 스타일로 추천했던 5가지 소개해 달라고 해서 각각의 스타일을 참고하는 것이 좋습니다.

분석한 내용을 바탕으로 캐릭터 스타일을 추천받겠습니다.

캐릭터 스타일 추천

 유튜브 채널에 자주 사용하는 대표적인 캐릭터 스타일 5가지를 추천해주세요.

 유튜브에서 많이 쓰이는 캐릭터 스타일 TOP 5

1. 플랫 카툰 스타일
가장 널리 쓰이는 대표 스타일. 명확한 윤곽선, 밝은 색감, 단순한 배경이 특징
- 활용 예: 교육 콘텐츠, 브이로그, 자기계발, AI 설명 채널
- 장점: 일관된 썸네일 구성 가능 / 직관적이고 친근함 전달
- 프롬프트 예시 키워드: flat cartoon avatar, clean lines, bold outline, solid colors, white background

2. 세미 입체 스타일
카툰과 입체감이 적절히 섞인 스타일. 채도와 음영이 부드럽고, 생동감 있게 표현
- 활용 예: 게임 리뷰, IT 유튜버, 트렌디 채널
- 장점: 실제 인물 느낌도 살리면서 애니 감성 유지
- 프롬프트 키워드: semi-3D cartoon character, smooth shading, soft lighting, vibrant color

3. 치비스타일(작고 귀여운 스타일)
표정과 감정을 과장해서 전달하는 귀여운 스타일
- 활용 예: 리액션 채널, 쇼츠, 일상 브이로그, 게임 방송
- 장점: 감정 표현에 최적화 / 유튜브 스티커 · 굿즈 제작에도 용이
- 프롬프트 키워드: chibi avatar, big head small body, cartoon eyes, kawaii style, exaggerated expression

4. 애니메이션 스타일
일본풍 애니메이션 감성의 얼굴 비율과 눈매, 선명한 선 표현이 특징
- 활용 예: Z세대 대상 채널, 스토리 기반 콘텐츠, 팬덤형 채널
- 장점: 팬들과의 감정 교류에 강함 / 팬아트 연계 쉬움
- 프롬프트 키워드: anime-style avatar, big expressive eyes, clean line art, manga facial proportions

> **5. 미니멀 벡터 스타일**
> 프레젠테이션·강의·B2B 채널에서 선호, 중립적이고 정제된 캐릭터 이미지
> - 활용 예: 비즈니스 채널, 발표형 유튜브, 전문 강의 콘텐츠
> - 장점: 직관적이고 고급스러움 / 템플릿 활용 용이
> - 프롬프트 키워드: minimal flat vector character, outline-focused, muted tone, clean background

이렇게 어떤 캐릭터가 내 채널의 콘텐츠에 적합한지 결정합니다. 이 단계에서 준비한 특징들은 이후 프롬프트 작성과 이미지 생성 단계에서 구체적인 요청 사항으로 사용됩니다.

02 기본 캐릭터 생성하기

캐릭터의 스타일과 특징을 명확히 설정했다면, 이를 구체적인 프롬프트로 작성하여 기본 캐릭터 이미지를 생성하겠습니다. 프롬프트 작성 시 다음 사항을 명확히 설정하면 원하는 결과를 얻을 수 있습니다.

기본 캐릭터 생성 요청

 영상 채널에서 활용할 캐릭터를 생성하려고 합니다. 첨부한 사진을 참고하되, 다음 요소들을 유지해주세요.

- 기본 얼굴 윤곽과 인상만 반영하고, 애니메이션 스타일로 창의적이고 독창적인 캐릭터로 재해석해주세요.
- 한국인 남성으로 보이도록 설정하고, 얼굴은 둥근 형태에 작은 눈매, 뚜렷한 이마 라인을 유지해주세요.
- 헤어스타일은 짙은 검정색 짧은 머리이며, 자연스럽고 부드럽게 넘긴 형태로 정돈된 인상으로 표현해주세요.
- 안경은 둥근 원형 프레임이고, 기본적인 그린 계열 컬러로 지적인 분위기를 강조해주세요.

- 눈, 헤어스타일, 의상 등은 만화적 감각으로 자연스럽게 리디자인하고, 캐릭터만의 개성 있는 외형과 표정이 강조되었으면 합니다.
- 전반적인 스타일은 manga-style facial proportions로, 선명한 윤곽선과 부드러운 색상 톤을 유지해주세요.
- 상반신 중심, 1:1 비율, 배경은 심플한 연한 톤 또는 그러데이션으로 처리
- 텍스트와 배경 오브젝트는 제외해주세요.

[첨부]

03 다양한 포즈·표정 생성하기

앞서 생성한 기본 캐릭터를 다양한 상황에서 활용할 수 있도록 다양한 표정,

여러 포즈를 취하는 이미지를 추가로 생성하겠습니다. 이미지에서 표정이나 포즈를 변경하려면 프롬프트에 원하는 변경 사항을 명확히 요청합니다(예: 캐릭터의 표정을 좀 더 밝게 수정해주세요, 오른손을 들어 인사하는 포즈로 바꿔주세요). 먼저 어떤 표정, 포즈의 이미지를 생성할지 6개의 이미지 프롬프트를 요청합니다.

다양한 포즈·표정 이미지 프롬프트 요청

 첨부한 캐릭터가 다양한 포즈, 표정, 동작을 취하도록 6개의 이미지를 생성하려고 합니다. [포즈/표정/동작]이 다채롭도록 이미지 생성을 위한 프롬프트를 각각 작성해주세요.

[첨부]

 포즈 / 표정 / 동작별 프롬프트 예시
1. 웃는 표정 + 인사 포즈
밝게 웃는 표정과 함께 오른손을 들어 인사하는 포즈로 표현해주세요.
카메라를 정면으로 바라보며 친근하고 환영하는 느낌이 들도록. 상반신 중심, 1:1 비율

2. 고민하는 표정 + 턱 괴기
고민하는 표정, 한 손으로 턱을 괴고 생각에 잠긴 포즈
눈은 아래를 보거나 약간 멀리 보는 느낌. 단색 배경, 상반신 중심. 1:1 비율

> 3. 놀란 표정 + 두 손 든 동작
> 크게 뜬 눈, 양손을 들어 놀람을 표현하는 포즈
> 눈은 동그랗고 입은 살짝 벌어진 형태. 배경은 연한 회색. 1:1 비율
>
> 4. 설명하는 동작 + 자신감 있는 표정
> 자신감 있는 미소, 오른손으로 앞을 가리키며 설명하는 듯한 포즈
> 눈은 카메라를 향하고, 동작은 발표자 느낌. 상반신 중심. 1:1 비율
>
> 5. 노트북 앞에서 집중하는 모습
> 노트북 앞에서 집중하며 타이핑하는 포즈
> 눈은 화면을 향하고, 표정은 진지하고 몰입된 분위기. 상반신 중심. 16:9 비율
>
> 6. 팔짱을 끼고 생각하는 모습
> 팔짱을 끼고 약간 고개를 기울인 채 생각하는 포즈
> 표정은 진지하면서도 부드럽게. 배경은 밝은 톤. 16:9 비율

이 프롬프트를 활용해 총 6개의 이미지를 추가로 생성한 결과는 다음과 같습니다.

1. 웃는 표정 + 인사 포즈

2. 고민하는 표정 + 턱 괴기

3. 놀란 표정 + 두 손 든 동작

4. 설명하는 동작 + 자신감 있는 표정

5. 노트북 앞에서 집중하는 모습

6. 팔짱을 끼고 생각하는 모습

이미지 세부 편집은 챗GPT의 이미지 편집 도구 또는 프롬프트를 수정하면서 진행할 수도 있고, 파워포인트나 키노트 같은 친숙한 외부 편집 도구를 활용해 세밀하게 수정하는 방법도 있습니다. 필요에 따라 안경 형태, 옷 스타일, 헤어 스타일, 배경 등을 추가하거나 제거합니다.

04 다양한 스타일로 변형하기

캐릭터를 만들 때는 채널의 목적과 분위기에 맞는 스타일을 선택하는 것이 매우 중요합니다. 앞서 챗GPT가 추천한 스타일을 다시 정리하면 다음과 같습니다.

- **플랫 카툰 스타일**: 가장 널리 쓰이는 대표 스타일. 명확한 윤곽선, 밝은 색감, 단순한 배경이 특징
    - 활용 예: 교육 콘텐츠, 브이로그, 자기계발, AI 설명 채널
    - 장점: 일관된 썸네일 구성 가능/직관적이고 친근함 전달
    - 프롬프트 예시 키워드: flat cartoon avatar, clean lines, bold outline, solid colors, white background
- **세미 입체 스타일**: 카툰과 입체감이 적절히 섞인 스타일. 채도와 음영이 부드럽고, 캐릭터가 조금 더 생동감 있게 표현
    - 활용 예: 게임 리뷰, IT 유튜버, 트렌디 채널
    - 장점: 실제 인물 느낌도 살리면서 애니 감성 유지
    - 프롬프트 키워드: semi-3D cartoon character, smooth shading, soft lighting, vibrant color
- **치비 스타일(작고 귀여운 스타일)**: 표정과 감정을 과장해서 전달하는 귀여운 스타일
    - 활용 예: 리액션 채널, 쇼츠, 일상 브이로그, 게임 방송
    - 장점: 감정 표현에 최적화/유튜브 스티커·굿즈 제작에도 용이
    - 프롬프트 키워드: chibi avatar, big head small body, cartoon eyes, kawaii style, exaggerated expression
- **애니메이션 스타일**: 일본풍 애니 감성의 얼굴 비율과 눈매, 선명한 선 표현이 특징
    - 활용 예: Z세대 대상 채널, 스토리 기반 콘텐츠, 팬덤형 채널
    - 장점: 팬들과의 감정 교류에 강함/팬아트 연계 쉬움

- ◦ 프롬프트 키워드: anime-style avatar, big expressive eyes, clean line art, manga facial proportions
- **미니멀 벡터 스타일**: 프레젠테이션·강의·B2B 채널에서 선호. 중립적이고 정제된 캐릭터 이미지
  - ◦ 활용 예: 비즈니스 채널, 발표형 유튜브, 전문 강의 콘텐츠
  - ◦ 장점: 직관적이고 고급스러움/템플릿 활용 용이
  - ◦ 프롬프트 키워드: minimal flat vector character, outline-focused, muted tone, clean background

이번 예시로 만들어 볼 캐릭터는 30대 초반의 창의적이고 차분한 남성 작가로 설정했으며, 안경과 노트북 또는 펜과 노트 등의 소품으로 작가의 특징을 자연스럽게 표현했습니다. 앞서 만들어 둔 기본 캐릭터를 5가지 스타일로 변형하는 과정을 살펴보겠습니다. 이 예시를 통해 내 채널과 콘텐츠에 가장 잘 어울리는 스타일을 직접 비교하고 선택할 수 있습니다.

플랫 카툰 스타일 캐릭터

플랫 카툰 스타일
30대 초반의 젊은 남성 작가 캐릭터를 표현해주세요.
라운드 안경을 쓰고, 네이비 카디건과 티셔츠를 입고 있으며, 책상 위에 노트북과 커피잔이 놓여 있습니다. 부드럽게 미소 짓고, 전체적으로 밝은 색상과 간결한 선으로 표현해주세요.
비율은 1:1, 배경은 흰색 또는 파스텔 톤, 텍스트는 제외해주세요.

세미 입체 스타일 캐릭터

2.5D 세미 입체 스타일
세련된 느낌의 30대 초반 남성 작가 캐릭터를 그려 주세요.
약간 흐트러진 머리, 슬림한 안경, 태블릿을 손에 들고 현대적인 책상 앞에 앉아 있습니다.
부드러운 음영과 따뜻한 조명, 몰입한 표정으로 표현하고, 배경은 은은한 회색 또는 미니멀한 스튜디오 느낌. 비율은 16:9, 텍스트는 제외해주세요.

치비 스타일 캐릭터

귀엽고 만화 캐릭터 느낌의 치비(Chibi) 스타일.
30대 초반 남성 작가 캐릭터를 만들어 주세요.
머리는 짧고, 큰 둥근 안경을 쓰고 있으며, 펜과 노트를 들고 방석 위에 앉아 있습니다.
기쁜 표정, 큰 눈, 과장된 표정과 몸짓으로 표현해주세요.
파스텔 톤 배경, 비율은 1:1, 텍스트 없이 그려 주세요.

애니메이션 스타일 캐릭터

감성적인 애니메이션 스타일
30대 초반 남성 작가 캐릭터를 표현해주세요.
부드러운 검은 머리와 둥근 안경, 흰 셔츠를 입고 있으며, 가슴에 책을 안고 조용히 미소 짓고 있습니다.
배경에는 책장이나 나무 책상이 살짝 보이게 해주세요.
눈은 깊이 있는 감정이 담겨 있고, 따뜻한 색감과 맑은 윤곽선으로 표현해주세요.
비율은 1:1.

미니멀 벡터 스타일 캐릭터

 미니멀 벡터 스타일
30대 초반 남성 작가 캐릭터를 만들어 주세요.
팔짱을 끼고 자신감 있게 서 있는 자세, 다크 블레이저에 캐주얼한 청바지를 입고 있습니다.
표정은 친근하면서도 차분한 느낌, 배경은 연한 회색이나 베이지 톤의 단색.
단순한 선과 고른 색 면으로 표현해주세요. 비율은 16:9, 텍스트는 제외해주세요.

지금까지 나를 대신할 가상 캐릭터를 기획하고 기본 캐릭터를 생성한 다음 다양한 포즈와 표정 그리고 스타일까지 적용해보았습니다. 이렇게 잘 짜여진 기획만으로도 이제 누구나 전문적인 수준의 캐릭터를 완성할 수 있습니다. 이렇게 제작한 캐릭터는 다양한 콘텐츠나 SNS 프로필 등으로 활용할 수 있습니다.

심화 | 시점에 따라 이미지 구상하는 방법

사물 중심의 장면을 구성할 때 가장 중요한 것은 보는 사람 관점에서 사물이 어떻게 보이느냐입니다. 예를 들어, 같은 노트북이라도 화면을 드러낼지, 숨길지, 인물과 함께 배치할지 단독으로 표현할지에 따라 전달되는 정보와 인상은 완전히 달라집니다. 노트북이라는 사물을 중심으로 5가지 시점의 이미지를 생성하고, 각 시점이 어떤 분위기와 메시지를 전달하는지 살펴보겠습니다. 이 구조는 노트북뿐 아니라 스마트폰, 책, 카메라, 상품 패키지 등 다양한 사물 연출에도 그대로 확장시켜 적용할 수 있는 시점 설계의 기준이 됩니다.

TIP 예시 프롬프트는 다양한 이미지 생성형 AI에서 활용할 수 있도록 한글과 영문으로 제공합니다.

화면이 보이지 않도록 설정(비노출)

다음 프롬프트는 노트북 화면의 내용을 의도적으로 보여 주지 않는 장면을 생성합니다. 노트북 화면이 사용자 쪽으로 기울어져 있어 보는 사람 시점(카메라 입장)에서는 화면 속 내용이 전혀 보이지 않거나 어둡게 처리되게 유도합니다. 정보보다는 분위기나 동작 중심의 장면을 연출할 때 유용합니다.

핵심 프롬프트(간결형)

[한글] 노트북이 앞으로 기울어져 있어서 화면이 보이지 않는다.
[영문]The laptop is tilted forward so the screen is not visible.

확장 프롬프트 예시

[한글] 책상에 앉아 노트북을 사용하는 사람의 2D 플랫 스타일 일러스트
노트북은 사용자 쪽으로 기울어져 있어서, 보는 사람(화면 앞)에게는 화면 내용이 보이지 않음. 흰색 단색 배경, 미니멀한 스타일, 16:9 비율
[영문] A 2D flat-style digital illustration of a person sitting at a desk, using a laptop. The laptop is tilted forward toward the user, so the screen is not visible to the viewer. White solid background, minimalist style, 16:9 ratio.

정면 구도 – 인물과 화면이 모두 보이는 장면

이 프롬프트는 노트북을 사용하는 인물과 화면을 동시에 정면에서 보여 주는 구도입니다. 인물의 표정, 자세, 화면 상태까지 한눈에 드러나므로 작업 장면

의 몰입도와 전달력을 동시에 높이고자 할 때 적합합니다. 튜토리얼, 강의, 브랜딩, 일상 콘텐츠, 썸네일 등 다양한 실사용 장면에 유용합니다.

핵심 프롬프트(간결형)

[한글] 노트북 앞에 앉아 정면을 바라보는 남성. 노트북 화면은 시청자 쪽을 향하고 있으며, 화면이 선명하게 보인다.
[영문] A man is sitting behind a laptop, facing forward. The screen is clearly visible.

확장 프롬프트 예시 ①

[한글] 노트북 앞에 앉아 정면을 바라보는 남성
노트북 화면은 시청자 쪽을 향하고 있고, 화면이 또렷하게 중심에 표시되어 있습니다.
밝은 플랫 스타일 일러스트, 흰색 배경, 16:9 비율
[영문] A front-facing scene of a man sitting behind a laptop at a desk. He looks forward, and the laptop screen is clearly visible in the center.
Bright, flat illustration style, white solid background, 16:9 layout.

정면 구도를 유지하면서 노트북 화면을 캐릭터 쪽으로 변경하려면 다음과 같이 프롬프트를 변경하면 됩니다.

확장 프롬프트 예시 ②

[한글] 책상에서 노트북을 사용하는 남자의 정면 모습. 노트북 화면은 남자의 시점으로 구성되며, 밝은 플랫 일러스트 스타일. 흰색 배경, 16:9 비율
[영문] A front-facing scene of a man using a laptop at a desk. The laptop is seen from the user's point of view. Bright flat illustration style, white solid background, 16:9 ratio.

측면 구도 - 옆모습 + 화면 일부만 보이는 장면

이 프롬프트는 노트북을 사용하는 인물의 옆모습을 강조하며 노트북 화면이 시청자 방향으로 약간 기울어져 일부만 노출되는 장면을 묘사합니다. 전면이 아닌 살짝 열려 있는 듯한 시선 구조로, 현실감 있고 자연스러운 작업 장면을 연출할 수 있어 사용자 몰입도를 높이는 데 유리합니다.

핵심 프롬프트 문장(간결형)

[한글] 노트북을 사용하는 남성을 측면에서 바라본 장면. 화면은 약간 기울어져 있고 일부만 보인다.

[영문] A side view of a man using a laptop. The screen is angled slightly toward the viewer and is partially visible.

확장 프롬프트 예시(전체 묘사 포함)

[한글] 책상에 앉아 노트북을 사용하는 남성의 측면 장면입니다. 노트북 화면은 시청자 쪽으로 약간 기울어져 있어, "AI Content Design"이라는 문구가 일부만 보입니다.
미니멀한 플랫 일러스트 스타일, 흰색 배경으로 구성되어 있습니다.

[영문] A side view of a man sitting at a desk using a laptop. The screen is slightly angled toward the viewer, partially revealing the phrase "AI Content Design". minimal flat illustration, white background.

후면 구도 - 인물 뒷모습 + 화면 전체 노출

이 프롬프트는 노트북을 사용하는 인물의 뒷모습을 보여 주며 노트북 화면이 정면으로 완전히 노출되는 시점을 묘사합니다. 즉, 보는 사람(카메라)은 사용자의 등 뒤에 위치해 화면을 직접 바라보는 시점입니다. 이 구도는 사용자가 작업 중인 장면 + 작업 결과물을 함께 보여 주기 때문에 강의, 프레젠테이션, 실습 안내 장면에 매우 효과적입니다.

핵심 프롬프트 문장(간결형)

[한글] 노트북을 사용하는 사람의 뒷모습. 화면은 시청자 쪽을 정면으로 향하고 있으며, 선명하게 보인다.
[영문] A back view of a person using a laptop. The screen is clearly facing the viewer and is fully visible.

확장 프롬프트 예시(전체 묘사 포함)

[한글] 노트북으로 작업 중인 사람의 뒷모습을 보여 주는 장면입니다.
노트북 화면은 시청자(화면 방향)를 정면으로 향하고 있으며, 중앙에 "AI Content Design"이라는 문구가 선명하게 표시되어 있습니다.
단순한 책상 구성, 모던한 2D 일러스트 스타일, 흰색 배경, 16:9 비율로 구성됩니다.
[영문] A back view of a person working on a laptop. The screen is clearly facing the viewer and displays "AI Content Design" in the center. Simple desk setup, modern 2D illustration, 16:9 white background.

오버숄더 시점

오버숄더Over-the-shoulder 시점은 카메라가 인물의 어깨 뒤쪽에 위치해 사용자가 노트북을 사용하는 장면과 그 화면을 동시에 포착하는 구도입니다. 이 구도는 마치 사용자와 함께 화면을 바라보는 듯한 몰입감을 제공하며, 실제 업무 중이거나 학습 중인 모습을 현실감 있게 연출할 수 있습니다.

핵심 프롬프트 문장(간결형)

[한글] 노트북을 사용하는 인물을 어깨 너머에서 바라본 장면. 화면은 시청자 쪽을 향하고 있으며 선명하게 보임
[영문] Over-the-shoulder view of a person using a laptop. The screen is clearly visible and facing the viewer.

확장 프롬프트 예시

 [한글] 노트북을 사용하는 인물의 어깨 너머에서 바라본 장면. 노트북 화면이 시청자 쪽을 향하고 있으며, 화면 중앙에 "AI Content Design"이라는 문구가 선명하게 표시되어 있습니다.

[영문] Over-the-shoulder view of a person using a laptop. The screen is visible and clearly displays the phrase "AI Content Design" in the center. white solid background, 16:9 ratio.

Project 25 클릭하고 싶은 썸네일

매순간 수많은 영상 콘텐츠가 쏟아지는 시대. 시청자의 클릭을 이끄는 가장 결정적인 요소는 썸네일입니다. 썸네일은 영상의 첫인상을 결정하며, 내용의 핵심을 한눈에 전달하고 시청자의 호기심을 자극해 클릭률을 높이는 중요한 요소입니다. 잘 만든 썸네일만으로도 조회수를 몇 배 이상 끌어올릴 수 있으므로 영상 채널을 운영할 때 썸네일은 단순한 이미지가 아닌 전략적 콘텐츠 역할을 합니다.

그만큼 썸네일을 제작하는 일은 쉽지 않습니다. 썸네일에 영상의 핵심을 어떻게 담아야 할지, 어떤 이미지를 활용해야 할지, 텍스트를 돋보이게 하려면 어떻게 배치해야 할지 등 한 장의 이미지에 고려해야 할 요소가 무척 많습니다. 이럴 때 챗GPT의 이미지 생성 기능을 활용하면 썸네일 제작의 허들을 효과적으로 낮출 수 있습니다. 영상의 주제와 분위기를 간단한 텍스트(프롬프트)로 입력하기만 하면, 내용에 딱 맞는 이미지가 빠르게 생성됩니다. 또한 스타일과 구성 요소를 세밀하게 조정할 수 있어, 콘텐츠에 최적화된 썸네일을 직접 만들 수 있는 환경이 열렸습니다.

이제 전문 디자인 도구나 외부 디자이너에 의존하지 않고도, 영상 콘텐츠에 걸맞은 썸네일을 스스로 제작할 수 있는 시대입니다. 제작 방법을 단계별로 소개하겠습니다.

진행 단계

① 썸네일 기획하기

② 프롬프트 작성 및 이미지 생성하기

③ 이미지 편집 및 보완하기

완성 이미지

01 썸네일 기획하기

첫 단계는 제작할 썸네일의 콘셉트와 핵심 메시지를 명확하게 기획하는 과정입니다. 영상의 주제와 콘텐츠의 분위기를 분석하고, 썸네일을 통해 전달할 핵심 메시지와 이미지를 결정합니다.

썸네일 제작 시 고려 사항

- **핵심 메시지 결정**: 전체 영상 내용을 짧고 임팩트 있는 문구로 표현합니다.
- **분위기 설정**: 영상과 어울리는 톤과 분위기(예: 밝고 역동적, 진지하고 차분한)를 결정합니다.
- **스타일 및 색상 선택**: 채널의 브랜드 컬러를 고려하여 전체적인 색상 조합과 이미지 스타일(일러스트, 실사, 플랫 디자인 등)을 정합니다.
- **요소 구성**: 인물, 배경, 소품 등 이미지에 포함될 구체적인 요소를 정리합니다

썸네일의 스타일은 다루는 영상의 콘텐츠 유형에 따라 달라집니다. 콘텐츠 유형에 따른 썸네일 스타일을 6가지로 정리하면 다음과 같습니다.

콘텐츠 유형에 따른 썸네일의 특징

1. **정보형 콘텐츠**: 썸네일만 보고도 무슨 정보를 얻을 수 있는지 한눈에 알 수 있어야 합니다. 글자는 5~7자 이내가 효과적입니다(예: 강의, 팁, How-to, 브이로그 내 정보 전달 중심).
    - 강력한 키워드 중심 텍스트(예: "3분 만에 정리!", "초보자도 가능")
    - 전/후 이미지나 핵심 장면 클로즈업
    - 정돈된 구성(텍스트 위치, 이미지 균형감)
2. **리뷰/언박싱/제품 비교**: 제품 자체가 주인공이라 이미지의 중심에 제품이 있어야 합니다. '진짜 써봤다'는 신뢰감과 호기심 유발이 핵심입니다.
    - 제품 중심 클로즈업

- 전/후, 비교 이미지 활용(예: '아이폰14 vs 15')
- 반응 얼굴 + 감탄/실망 표현 텍스트

3. **브이로그**: 감정 이입이 중요하므로 과한 텍스트보다는 사진 한 장으로 분위기를 전달합니다. 감성 톤 필터(예: 파스텔 톤, 필름 느낌) 사용을 추천합니다.
   - 감성적인 필터 이미지
   - 짧고 일상적인 문장(예: "비 오는 날의 카페", "혼자 여행 첫날")
   - 삶의 순간을 포착한 듯한 자연스러운 장면

4. **도전/챌린지/실험**: 빠르게 스크롤 중인 유저의 시선을 멈추게 하는 자극 요소가 핵심. 썸네일만으로 호기심을 유도해야 합니다.
   - 강렬한 색상 대비(노란색, 빨간색, 검은색 등)
   - 큰 텍스트 + 이모지 사용 가능
   - 극적인 표정 or 상황(예: 놀람, 실패, 성공 순간)

5. **인터뷰/대화형 콘텐츠**: 인터뷰 주제보다 누가 나오는지, 어떤 주제로 대화를 했는지에 집중해야 합니다. 얼굴이 보이면 신뢰도가 올라가고 클릭률도 좋아집니다.
   - 사람 얼굴 + 대화 상자 형태 텍스트
   - 말풍선 또는 인용 텍스트 강조("그는 이렇게 말했다")
   - 심플하지만 인물 감정이 드러나야 함

6. **숏폼 하이라이트/모음 영상**: 짧은 영상의 인상을 반복 소비시키기 위한 목적. 정리 콘텐츠임을 한눈에 보여 줘야 합니다.
   - 모자이크 효과 + "지금 보세요" 같은 긴박한 문구
   - 화면 캡처 썸네일도 OK(에피소드 3~4개 빠르게 구성)
   - "○○모음", "레전드 TOP 3" 등 정리형 키워드

이 프로젝트에서 제작할 썸네일 기획 예시를 정리하면 다음과 같습니다.

- **핵심 메시지 결정**: "썸네일, AI가 다 해줌!"
  - 영상의 주제인 "AI 기반 썸네일 자동 제작 서비스 소개"를 임팩트 있게 표현
  - 시청자에게 '쉽다', '간편하다', '누구나 가능하다'는 느낌을 줌

- 분위기 설정
  - 밝고 역동적인 분위기
    - 배경은 노란색, 인물은 밝은 표정 → 긍정적이고 에너지 넘치는 인상
    - AI에 대한 막연한 거부감 대신 친근한 느낌 유도
- 스타일 및 색상 선택
  - **실사 이미지 + 그래픽 텍스트 조합**
  - 채널의 브랜드 컬러로 보이는 **빨강+노랑 조합** 유지
  - 텍스트는 두껍고 선명한 산세리프체 → 가독성 높임
  - 주조색: #FFCC00(노란색), 포인트 색: #E60012(빨간색)
- 요소 구성
  - **인물**: 밝게 웃는 젊은 남성 → 사용자의 긍정적인 경험을 대변
  - **배경**: 깨끗한 단색 배경 + 소소한 패턴 요소(십자, 점 등)로 활기 더함
  - **소품**: 노트북 화면에 실제 작업 중인 썸네일 이미지 → 신뢰감 강화
  - **텍스트 위치**: 우측 상단 중심, 시선 유도 최적화

02 프롬프트 작성 및 이미지 생성하기

이제 기획한 내용을 토대로 원하는 이미지를 AI가 정확히 생성할 수 있도록 명확하고 간결한 프롬프트를 작성합니다. 프롬프트 작성 시 다음 항목을 포함하면 더 좋은 결과를 얻을 수 있습니다.

프롬프트의 구성 요소

- **명확한 용도**: 어떤 채널에, 어떤 용도로 쓰일 이미지인지 분명히 제시합니다.
- **장면 및 요소 설명**: 등장하는 인물, 표정, 소품, 배경 등을 구체적으로 묘사합니다.
- **스타일 세부 지시**: 색상 톤, 이미지 스타일, 텍스트 배치 및 크기 등을 상세히 설명합니다.

'AI 콘텐츠 디자인' 영상의 썸네일 생성

 썸네일 용도로 제작합니다. 밝은 노란색 배경에, 젊은 남성이 노트북 앞에서 AI로 디자인 작업을 하는 장면을 표현해주세요. 화면에는 썸네일 제작 인터페이스가 나타나 있으며, 우측 상단에 **"썸네일, AI가 다 해줌!"** 이라는 빨간색 글씨와 흰색 테두리를 가진 굵고 선명한 텍스트가 강조되어 있습니다. 전체적으로 밝고 전문적인 분위기입니다.

이런 식으로 명확하게 프롬프트를 작성해 이미지를 여러 번 생성하면서 원하는 결과물을 만들어 봅니다. 만약 시리즈 형태의 콘텐츠를 연재하거나 비슷한 영상의 썸네일을 만들 때는 이 프롬프트와 생성한 이미지를 추가함으로써 채널의 시각적 일관성을 유지할 수 있습니다.

03 이미지 편집 및 보완하기

생성한 썸네일의 완성도를 높이거나 원하는 스타일로 변형하기 위해 추가 수정 및 세부 보완 작업을 진행합니다. 챗GPT를 활용하면 간단한 프롬프트로 이미지의 세부적인 부분을 쉽게 변경할 수 있습니다. 예를 들어 캐릭터 전체 또는 표정, 포즈와 같은 세부 요소를 간단하게 수정할 수 있습니다. 또는 이미지 요소를 추가·삭제하거나 색상과 같이 전체적인 분위기를 조정할 수도 있습니다.

캐릭터 변경 요청

 첨부한 이미지(첨부 1) 속 인물을 첨부한 이미지 속 캐릭터(첨부 2)로 교체해주세요. 캐릭터 전체에 두꺼운 흰색 테두리를 추가해 스티커 효과로 표현해주세요.

[첨부 1]

[첨부 2]

    캐릭터가 노트북 화면을 자연스럽게 가리키는 포즈로 변경해주세요.

또한 챗GPT로 생성한 이미지는 세부적인 텍스트나 그래픽이 정확하지 않을 수 있으므로, 보다 정교한 마무리는 외부 편집 도구를 활용해 진행하는 것이

좋습니다. 특히 썸네일 내 텍스트는 챗GPT 생성 이후 별도의 편집 도구로 명확히 수정하면 더욱 완성도 높은 결과물을 얻을 수 있습니다.

썸네일을 위한 프롬프트는 간결하고 명확하게 작성하는 것이 중요합니다. 요소가 많거나 너무 상세하게 설명하면 원하는 결과와 다르게 생성될 수 있으므로 배경의 분위기, 인물의 주요 동작, 강조할 텍스트의 위치와 문구 등 핵심 정보만 간략히 포함하는 것이 좋습니다.

또, 챗GPT 이미지 생성 과정에서 텍스트가 정확하게 생성되지 않을 수 있습니다. 이런 경우 텍스트 없이 이미지만 생성한 다음 파워포인트나 키노트 같은 외부 편집 도구를 사용하여 텍스트를 직접 얹는 것을 권장합니다. 이렇게 하면 완성도 높은 유튜브 썸네일을 효율적으로 제작할 수 있습니다.

이 과정을 통해 누구나 쉽고 빠르게 유튜브 썸네일을 제작할 수 있습니다. 챗GPT의 이미지 생성 기능을 활용해 영상의 클릭률을 높이고 채널의 시각적 일관성을 효과적으로 유지하세요.

Project 26 숏폼 영상을 위한 이미지

최근 유튜브, 인스타그램, 틱톡을 중심으로 숏폼 영상 콘텐츠가 빠르게 확산되고 있습니다. 짧은 시간 안에 시청자의 이목을 끌고, 핵심 메시지를 명확하게 전달하는 숏폼 영상은 콘텐츠 마케팅의 핵심 트렌드로 자리 잡았습니다. 특히 모바일 환경에 최적화된 짧고 강렬한 영상은 브랜드 인지도 향상과 제품 홍보에 매우 효과적입니다.

하지만 영상 제작 경험이 부족한 일반 사용자나 1인 창업자에게는 숏폼 영상 제작이 여전히 높은 진입 장벽처럼 느껴질 수 있습니다. 촬영, 편집, 시각 구성 등 모든 과정을 스스로 해내야 하며, 시간과 도구 활용 능력이 필요하기 때문입니다. 특히 숏폼 영상에 사용할 이미지를 생성하는 데는 꽤 많은 시간과 디자인 스킬이 필요합니다. 이때 유용한 도구가 바로 챗GPT입니다. 복잡한 촬영이나 그래픽 도구 없이도 고품질의 이미지를 빠르게 얻을 수 있기 때문이죠. 이번 프로젝트에서는 숏폼 영상에 사용할 이미지를 제작하는 과정을 체계적으로 안내합니다.

진행 단계

    ① 스토리 기획하기

    ② 장면 구성 & 시나리오 작성하기

    ③ 이미지 생성하기

    ④ 이미지로 영상 생성하기

완성 이미지

01 스토리 기획하기

숏폼 영상은 짧은 시간 안에 핵심 메시지를 명확히 전달하고, 빠르게 시청자의 관심을 끌어야 합니다. 따라서 영상을 제작하기 전에 먼저 영상의 목적과 메시지를 설정하고, 전체적인 흐름을 짜임새 있게 구성하는 것이 중요합니다. 이 단계에서는 다음과 같은 핵심 내용을 함께 고려해 기획합니다.

스토리 기획 시 고려 요소

- **핵심 메시지 및 목적 설정**: 영상의 주제와 시청자에게 전달할 주요 메시지를 명확히 정의합니다.
- **장면 구성과 흐름**: 인트로, 핵심 메시지 전달, 마무리 등 장면별로 목적과 구성을 명확히 합니다.
- **분위기 및 톤**: 밝고 활기찬 분위기, 차분하고 진지한 느낌 등 영상의 전체적인 톤을 설정합니다.
- **인물과 주요 요소 설정**: 등장인물의 표정과 행동, 배경의 분위기, 활용할 소품 등 각 장면에 필수적인 요소를 정리합니다.
- **스타일과 시각적 콘셉트**: 실사형, 일러스트형, 애니메이션형 등 영상의 스타일을 결정합니다.

이러한 요소들을 명확히 설정하면 이미지 생성 과정에서 보다 정확하고 효과적인 결과물을 얻을 수 있습니다.

이번 프로젝트 예시로 '챗GPT를 활용한 이미지 생성의 장점'을 설명하는 영상을 기획했습니다. 이 스토리의 핵심 메시지, 스타일 등 스토리 기획서를 다음과 같이 정리해보았습니다.

예시 영상 스토리 기획서

- **핵심 메시지**: 누구나 대화만으로 이미지 제작이 가능한 시대, AI와 함께 쉽고 빠르게 시작하세요!
- **목적**: 이미지 제작이 어렵고 복잡하다고 느끼는 콘텐츠 제작자에게 대화 기반 AI 이미지 생성의 간편함과 유용성 전달
- **장면 구성**: (다음 단계에서 추가)
- **분위기 및 톤**:
  - 전체 톤: 밝고 친근하며 긍정적인 분위기
  - 크리에이터는 부담 없는 복장과 태도 → 진입 장벽 낮게 표현
  - 작업 환경은 깔끔하고 모던 → 기술 기반 서비스의 신뢰도 강화
  - 색감은 파스텔 톤이나 따뜻한 조명 사용 → 감성적 안정감 부여
- **인물 및 주요 요소 설정**: (다음 단계에서 추가)
- **스타일 및 시각적 콘셉트**
  - 스타일: 애니메이션형 일러스트(예시 이미지처럼)
    - 심플하고 부드러운 선, 균형 잡힌 구도
    - 감정 전달이 용이하고 직관적인 시각 언어
  - 비율:
    - 모바일 쇼츠용: 9:16
    - 설명 및 데스크탑 버전: 16:9 섞어서 사용
  - 텍스트:
    - 화면 자막은 간결하고 키워드 중심(예: "대화만으로 이미지 생성!")
    - 폰트는 산세리프 계열, 흰색 + 그림자 처리로 가독성 강조

여기서 '장면 구성'과 '인물 및 주요 요소 설정'은 다음 단계에서 영상의 구체적인 장면을 구성하면서 구체적으로 작성해보겠습니다.

02 장면 구성 & 시나리오 작성하기

장면 구성이란, 영상 전체 흐름 속에서 각 장면이 어떤 내용과 메시지를 전달할지 구체적으로 나누어 정리하는 과정입니다. 각 장면마다 등장인물, 대사, 배경, 감정 표현 등을 계획해서 스토리의 흐름이 자연스럽고 효과적으로 전달되도록 하는 핵심 설계 단계입니다. 그만큼 전문가의 손길이 필요한 단계이므로 챗GPT의 도움을 받아 장면 구성을 해보겠습니다.

숏폼 영상을 위한 장면 구성 요청

 40~50초 되는 숏폼 영상 원고 스토리를 기획하고 있습니다. 주제는 '챗GPT를 활용한 이미지 생성의 장점 3가지'입니다.

 숏폼 영상 원고 스토리 챗GPT를 활용한 이미지 생성의 장점 3가지

인트로(0~5초)
좋은 아이디어가 떠올랐는데, 이미지 때문에 막막했던 적 있나요?

장점 1: 초보자도 가능한 쉬운 사용법(6~17초)
챗GPT의 이미지 생성은 텍스트만 입력하면 누구나 간단히 원하는 이미지를 만들 수 있습니다.

장점 2: 대화를 통한 손쉬운 이미지 수정(18~30초)
챗GPT는 원하는 이미지가 나올 때까지 대화하듯 요청만 하면 손쉽게 수정이 가능합니다.

장점 3: 콘텐츠 맞춤형 이미지 제작(31~43초)
블로그, 영상, SNS까지 콘텐츠의 목적에 딱 맞는 다양한 이미지 스타일을 손쉽게 만들 수 있습니다.

마무리 멘트(44~50초)
이제 챗GPT와 대화하며 쉽고 빠르게 이미지를 완성해보세요!

이 장면 구성을 바탕으로 이미지 프롬프트를 요청하겠습니다. 이렇게 생성한 이미지는 영상 시나리오에 활용할 수 있을 정도로 구체적이어야 합니다. 영상 시나리오란 영상의 흐름을 따라 장면별로 나올 대사, 행동, 배경 등을 글로 자세히 써놓은 대본에 해당합니다. 시청자가 보게 될 장면과 대사를 중심으로 영상의 구체적인 내용과 구조를 문장으로 표현한 설계도라고 할 수 있습니다.

영상 시나리오를 위한 이미지 프롬프트 요청

 앞서 작성한 장면 구성을 활용해 생성할 이미지의 프롬프트를 작성해주세요. 이 이미지를 활용해 영상 시나리오 작업을 진행할 예정입니다.

 다음은 각 원고의 내용을 영상 장면별로 구체적으로 묘사한 이미지 생성용 프롬프트입니다.
장면별 이미지 생성 프롬프트

① 인트로(0~5초)
- 난처하거나 고민하는 표정의 크리에이터
- 노트북과 여러 디자인 프로그램 화면이 복잡하게 펼쳐져 있음
- 밝고 모던한 실내 배경

프롬프트 예시: 영상 인트로, 디자인 작업에 고민하는 크리에이터, 복잡한 노트북 화면, 밝고 현대적인 실내 분위기, 9:16 비율

② 장점1: 손쉽게 이미지를 만드는 방법(6~17초)
- 캐주얼한 복장의 크리에이터가 편안하게 노트북에 텍스트 입력 중
- 노트북 화면에서 이미지가 쉽게 생성되는 장면 표현
- 밝고 명랑한 분위기, 간결한 그래픽 표현

프롬프트 예시: 노트북에 간단한 텍스트 입력만으로 손쉽게 이미지를 생성하는 크리에이터, 밝고 캐주얼한 분위기, 9:16 비율

> ③ 장점2: 대화만으로 간편하게 이미지 수정(31~43초)
> - 크리에이터가 Chat챗GPT 채팅 창을 통해 요청 중인 모습
> - 노트북 화면에서 이미지가 바로 수정되어 나타나는 장면 강조
> - 부드럽고 친근한 분위기, 편안한 작업 환경
>
> 프롬프트 예시: 크리에이터가 대화를 통해 쉽게 이미지 수정 요청 중, 노트북 화면에서 이미지가 즉각 수정되는 장면, 친근한 업무 분위기, 16:9 비율
>
> ④ 장점 3: 내 콘텐츠에 딱 맞는 다양한 이미지(18~30초)
> - 노트북 화면에서 다양한 스타일(일러스트, 실사, 플랫 디자인)의 이미지들이 펼쳐짐
> - 크리에이터가 만족하며 밝게 웃고 있음
>
> 프롬프트 예시: 노트북에서 블로그, 유튜브, SNS 콘텐츠를 위한 다양한 스타일의 이미지가 생성됨, 크리에이터가 밝게 미소 짓는 모습, 밝고 활기찬 느낌, 9:16: 비율
>
> ⑤ 마무리 멘트(44~50초)
> - 크리에이터가 만족스럽게 완성된 이미지를 노트북 화면에서 확인하며 환하게 웃는 모습
> - 밝고 긍정적인 마무리 분위기, 깨끗하고 모던한 디자인의 작업 공간 강조
>
> 프롬프트 예시: 크리에이터가 챗GPT로 완성된 이미지를 만족스럽게 확인하며 미소 짓는 모습, 밝고 긍정적인 분위기, 깨끗하고 현대적인 작업 환경, 9:16 비율

03 이미지 생성하기

이제 지금까지 설정한 각 장면에 맞는 이미지를 생성해보겠습니다. 프롬프트에 원하는 이미지를 정확히 표현하려면 배경의 특징, 인물의 표정과 자세, 스타일, 이미지 비율 등의 세부 사항을 간결하면서도 구체적으로 포함해야 합니다. 캐릭터는 'Project 24 가상 캐릭터 만들기'에서 생성한 캐릭터를 활용하겠습니다.

각 장면(1번~4번)의 분위기와 상황을 상세하게 묘사하여 프롬프트를 구성한 후 이를 챗GPT에 입력해 이미지를 차례대로 생성합니다. 원하는 이미지가 생

성되지 않을 경우 기존 프롬프트를 조금씩 조정하거나 추가로 세부 사항을 보완하여 반복적으로 요청하면 더 정확한 결과물을 얻을 수 있습니다.

영상용 이미지 생성 ①

 첨부한 캐릭터 이미지를 활용해 다음 장면을 생성해주세요.

밝은 실내 공간, 책상 앞에 앉은 둥근 안경의 귀여운 캐릭터(첨부된 이미지와 동일한 스타일)가 고민하는 표정으로 노트북을 바라보고 있음. 책상 위에는 메모지, 연필, 머그컵 등이 흩어져 있음. 9:16 비율, 숏폼 영상에 적합하게 구성

[첨부]

이후 이미지를 생성할 때는 이전에 생성한 이미지와 같은 규칙을 유지하기 위해 가급적 챗GPT가 이미지를 생성한 채팅 창에서 벗어나지 않고 이어서 진행하는 것이 좋습니다. 만약 이미지 스타일이나 캐릭터의 특징이 생성할 때마다 달라진다면 기존 이미지를 참조하여 세부 사항을 수정하고 반복적으로 요청하면 더욱 정확한 결과물을 얻을 수 있습니다.

영상용 이미지 생성 ②

 밝은 실내 공간. 남자 캐릭터가 노트북을 바라보며 "고양이를 그려 주세요"라고 말하는 장면. 대사는 말풍선으로 표현. 전체 스타일은 심플하고 간결한 그래픽 스타일이며, 비율은 9:16, 숏폼 영상에 적합하게 구성

영상용 이미지 생성 ③

 노트북 화면에 귀여운 고양이 일러스트를 띄운 장면. 고양이는 둥글고 사랑스러운 스타일로 표현. 전체 비율은 9:16, 숏폼 영상에 적합하게 구성

영상용 이미지 생성 ④

 캐릭터가 "개로 수정해주세요"라고 말하는 장면. 대사는 말풍선으로 표현하고, 전체 스타일은 심플하고 간결한 그래픽 스타일. 비율은 9:16, 숏폼 영상에 적합하게 구성

영상용 이미지 생성 ⑤

 캐릭터의 뒷모습, 측면으로 노트북 화면이 45도 각도로 보임. 노트북 화면 속 개 이미지를 띄움, 비율은 9:16, 숏폼 영상에 적합하게 구성

영상용 이미지 생성 ⑥

 노트북 화면에 'BLOG', 'YOUTUBE', 'SNS'라는 텍스트와 함께 각 텍스트에 어울리는 아이콘 이미지가 생성된 장면. 전체 분위기는 밝고 활기차며, 비율은 9:16, 숏폼 영상에 적합하게 구성

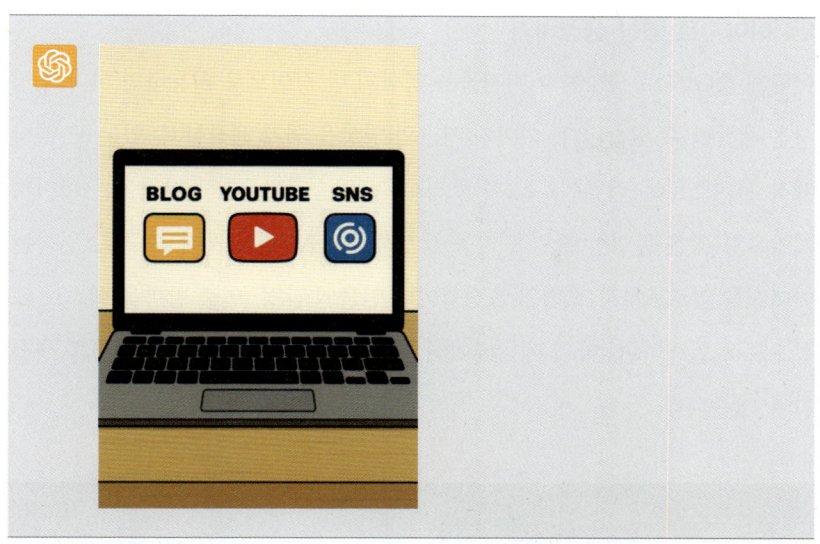

영상용 이미지 생성 ⑦

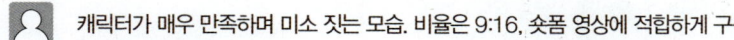
캐릭터가 매우 만족하며 미소 짓는 모습. 비율은 9:16, 숏폼 영상에 적합하게 구성

04 이미지로 영상 생성하기

이렇게 챗GPT로 생성한 이미지들을 영상의 한 장면으로 활용하면 하나의 영상을 제작할 수 있습니다. 이미지 기반의 영상을 쉽게 제작할 수 있는 AI 영상 제작 서비스로는 런웨이Runway나 소라Sora가 있습니다. 특히 런웨이는 이미지 기반으로 짧은 동영상 클립을 자동 생성해주는 AI 영상 제작 도구로, 원하는 이미지를 업로드하고 장면의 움직임이나 인물의 감정, 연출 방향을 텍스트 프롬프트로 입력하면, 마치 애니메이션처럼 자연스럽게 움직이는 영상을 생성할 수 있습니다.

이미지 기반 영상 생성 AI 도구, 런웨이(출처: app.runwayml.com)

영상 생성 AI를 능숙하게 다루려면 어떤 도구가 적합한지, 생성할 영상의 분량이 어느 정도인지, 비용이 얼마나 드는지 등 고려해야 할 요소가 많습니다. 따라서 우선 간단하게 앞서 생성한 이미지로 영상을 만드는 과정을 간단하게 살펴보겠습니다.

> TIP 생성형 AI를 활용해 이미지부터 영상 제작까지 완성하는 자세한 내용은 『7가지 생성 AI로 영상 제작 & 편집하기 with 챗GPT & 미드저니 & 런웨이』(홍순성, 2024, 한빛미디어)를 참고하세요.

앞서 생성한 이미지를 활용하면 다음과 같은 영상을 만들 수 있습니다. 첫 번째 예시로 남성이 고민하는 표정으로 오른손으로 키보드를 두드리는 모습의 짧은 영상을 만들어 보겠습니다. 런웨이에 생성한 이미지를 업로드하고 다음 프롬프트를 입력합니다. 참고로 영상 생성 AI에 프롬프트를 입력할 때는 영문을 입력하는 것이 정확도가 높습니다. 챗GPT로 영상용 영문 프롬프트 생성을 요청하거나 한글 프롬프트를 영어로 번역해서 사용하는 것이 좋습니다.

영상 생성 프롬프트 예시 ①

 [한글] 카메라는 고정되어 있고, 남성은 고민하는 표정으로 오른손으로 키보드를 두드린다. 머리는 아주 천천히 움직인다.
[영어] The camera is fixed, focusing on a man with a pensive look as he types slowly on the keyboard with his right hand. His head moves gently and very slowly.

[첨부]

영문 프롬프트를 입력하면 다음과 같이 이미지 한 장을 이용한 영상이 자동으로 생성됩니다.

🔗 이미지로 생성한 영상 예시 ①: vimeo.com/1091077093

이미지로 생성한 짧은 영상 예시 1

두 번째 예시로, 앞서 만든 네 번째, 다섯 번째 이미지 2장을 업로드하고 노트북 화면 속 고양이 이미지가 강아지 이미지로 전환되는 장면을 만들어 보겠습니다.

영상 생성 프롬프트 예시 ②

 [한글] 카메라는 고정되어 있고 노트북 화면의 고양이 이미지가 개(강아지) 이미지로 바뀐다.
[영문] With a fixed camera, the laptop screen displays a cat image that transforms into a dog image.

[첨부]

영문 프롬프트를 입력하면 다음과 같이 이미지 두 장을 이용해 자연스럽게 장면이 전환되는 영상이 자동으로 생성됩니다.

🔗 이미지로 생성한 영상 예시 ②: vimeo.com/1091086916

이미지로 생성한 짧은 영상 예시 2

마지막으로 흐름을 마무리하는 영상을 만들어 보겠습니다. 고민하던 남성이 이제는 문제가 해결된 듯 밝은 표정으로 오른손으로 키보드를 두드리는 장면입니다. 앞서 생성한 이미지 중 마지막 이미지를 첨부하고 다음 프롬프트를 입력합니다.

영상 생성 프롬프트 예시 ③

 [한글] 카메라는 고정되어 있고, 남성은 고민이 해결된 듯 밝은 표정으로 오른손으로 키보드를 두드린다. 머리는 아주 천천히 움직인다.
[영문] A fixed camera captures a man with a bright, relieved look as he types slowly on the keyboard with his right hand. His head moves gently and very slowly.

[첨부]

이 프롬프트를 입력하면 자연스럽게 연결되는 3개의 영상이 생성되고 마무리 컷이 완성됩니다.

🔗 이미지로 생성한 영상 예시 ③: vimeo.com/1091093556

이미지로 생성한 짧은 영상 예시 3

이렇게 제작된 영상은 **캡컷**CapCut과 같은 간편한 영상 편집 도구를 이용하여 세부적으로 편집할 수 있습니다. 편집 과정에서는 각 장면을 효과적으로 연결하고, 영상의 흐름에 맞는 배경 음악, 자막, 내레이션을 추가해 콘텐츠의 완성도를 더욱 높일 수 있습니다. 이 과정으로 시청자에게 전달할 메시지를 더 매력적이고 전문적으로 표현할 수 있습니다.

부록

더 안전하고 완성도 높은 이미지 생성을 위한 FAQ

부록에서는 AI로 생성한 이미지를 활용할 때 꼭 알아야 할 핵심 정보들을 실용적으로 정리했습니다. 'A-1 AI로 생성한 이미지 활용 전 꼭 알아야 할 저작권 FAQ'에서는 이미지 사용 시 반드시 확인해야 할 법적 이슈와 상업적 활용 기준을 명확하게 설명합니다. 또한 'A-2 이미지가 원하는 대로 안 나올 때 꼭 확인해야 할 FAQ'에서는 프롬프트 설정부터 수정 요청 팁까지 원하는 이미지를 얻기 위해 꼭 체크해야 할 실전 해결법을 제공합니다. 이 부록은 AI 이미지 생성이 처음인 초보자뿐 아니라 실무에서 활용하는 디자이너들에게도 실질적인 도움이 되도록 구성하였습니다.

A-1   AI로 생성한 이미지 활용 전 꼭 알아야 할 저작권 FAQ

챗GPT는 누구나 간단한 텍스트로 다양한 이미지를 쉽게 만들 수 있는 AI 도구입니다. 하지만 AI로 생성한 이미지를 브랜드 로고나 제품 디자인 등 중요한 사업적 용도로 활용할 때는 법적 책임과 사용 가능 여부를 신중히 검토해야 합니다. 챗GPT 이미지 활용 시 자주 묻는 저작권 질문과 답변을 사례와 함께 명확히 정리했습니다.

Q. 챗GPT로 생성한 이미지도 저작권 등록이 가능한가요?
A. 현재 한국과 미국을 비롯한 주요 국가의 저작권법은 AI가 독자적으로 생성한 이미지에 대한 저작권 등록을 인정하지 않습니다. 이는 저작권이 본래 인간의 창의적인 노력을 보호하는 법률이기 때문입니다. 다시 말해, 인간의 개입 없이 AI가 만든 이미지는 창작자로 인정할 수 있는 인간이 존재하지 않아 저작권 보호 대상에서 제외됩니다.

다만, 챗GPT로 생성한 이미지를 사용할 때 사용자의 구체적이고 창의적인 개입이 충분히 입증된다면 제한적으로 저작권 등록이 가능합니다. 예를 들어, 사용자가 AI 생성 이미지를 독창적으로 선택하거나, 추가로 편집하고 배열하는 등 창의적인 노력을 통해 재구성한 경우에는 '편집저작물'로 인정받아 저작권 보호를 받을 수 있습니다.

실제로 미국 저작권청은 최근 보고서를 통해 AI 생성 이미지의 저작권 등록은 인간의 창의적 개입 여부를 핵심 판단 기준으로 삼겠다고 강조했습니다. 한국 저작권위원회 역시 이와 유사하게 인간의 창의적 개입이 명확히 드러난 작품에 한해 제한적으로 저작권 등록을 인정하겠다는 입장입니다. 따라서 챗GPT로 생성한 이미지를 그대로 활용할 경우에는 저작권 등록이 어렵지만, 사용자의 충분한 창의적 개입과 노력이 더해지면 제한적인 범위에서 저작권 등록이 가능합니다. 저작권 등록을 원한다면 AI가 만든 결과물에 반드시 독자적이고 창의적인 추가 작업을 해야 합니다.

Q. 챗GPT로 생성한 이미지를 상업적으로 사용할 수 있나요?
A. 챗GPT로 생성한 이미지는 기본적으로 상업적 사용이 가능합니다. 오픈AI는 챗GPT를 통해 사용자가 만든 이미지 콘텐츠에 대해 자유로운 사용 권한을 부여하고 있기 때문입니다. 따라서 생성된 이미지를 마케팅 자료, 제품 홍보, 웹사이트 이미지 등 다양한 상업적 용도로 활용할 수 있습니다.

다만, 이미지를 상업적으로 활용할 때는 오픈AI의 공식 이용 약관과 라이선스 정책을 반드시 미리 확인해야 합니다. 특히 AI가 생성한 이미지에 유명인의 얼굴, 유명 브랜드 로고, 특정 저작물을 연상시키는 요소가 포함되면 저작권, 상표권, 초상권 침해 등의 법적 문제가 발생할 수 있습니다. 이러한 요소가 포함된 이미지를 상업적 목적으로 사용하는 것은 위험하므로, 활용 전에 반드시 법적 침해 가능성을 철저히 점검해야 합니다.

결론적으로 챗GPT로 만든 이미지 자체는 상업적으로 자유롭게 사용 가능합니다. 다만 저작권이나 초상권, 상표권 침해 요소가 없는지 사전에 충분히 확인한 후 사용하는 것이 안전하며, 필요하다면 법률 전문가와 상담하는 것이 좋습니다. 특히 유명인이나 브랜드와 관련된 요소는 반드시 배제하고, 가급적 독창적이고 중립적인 요소만 활용하는 것이 법적 리스크를 줄이는 방법입니다.

Q. 챗GPT로 만든 이미지를 SNS, 블로그 등에 자유롭게 올려도 되나요?

A. 챗GPT로 생성한 이미지를 개인적 용도나 비영리 목적으로 SNS나 블로그에 올리는 것은 가능합니다. 오픈AI의 이용 약관에 따르면, 사용자는 챗GPT로 생성된 콘텐츠에 대한 사용 권한을 가지므로, 개인 SNS 게시물이나 블로그 콘텐츠에 자유롭게 활용할 수 있습니다.

다만, 이미지를 게시할 때는 챗GPT 또는 오픈AI를 출처로 명시하는 것이 권장됩니다. 이는 법적 의무 사항은 아니지만, 콘텐츠의 신뢰성을 높이고 AI를 활용했다는 사실을 투명하게 밝히는 윤리적 행동입니다. 예를 들어, 게시물 설명이나 태그에 "챗GPT로 생성한 이미지입니다."라고 표시하면 더욱 바람직합니다.

한편, 이미지를 상업적으로 사용하거나 불특정 다수에게 공개하는 경우에는 추가적인 주의가 필요합니다. 생성된 이미지에 유명인의 얼굴, 특정 브랜드 로고, 보호받는 저작물이 포함될 경우 저작권, 초상권, 상표권 침해 문제가 발생할 수 있기 때문입니다. 따라서 이미지를 상업적 목적 또는 공개된 환경에서 사용할 때는 이러한 법적 침해 요소가 없는지 반드시 사전에 검토해야 합니다. 필요하면 법률 전문가의 조언을 받는 것이 좋습니다.

> **TIP**
> - 개인적이고 비영리적인 용도는 자유롭게 활용 가능합니다. 단, AI 이미지임을 명확히 밝히세요.
> - 상업적 용도로 사용할 경우 반드시 법적 침해 가능성을 미리 확인하세요.
> - 유명인 얼굴, 브랜드 로고 등 민감한 요소는 피하고 독창적인 이미지 요소만 활용하세요.

Q. 특정 이미지 스타일을 참고해 비슷하게 이미지를 만들면 저작권 문제가 발생하나요?

A. 저작권은 특정 작품의 구체적이고 독창적인 표현을 보호합니다. 따라서 단

순한 스타일이나 전체적인 분위기처럼 추상적이고 일반적인 요소는 저작권 보호 대상이 아닙니다. 예를 들어 유명 화가의 화풍이나 빈티지, 사이버펑크와 같은 특정 스타일을 참고하여 AI로 새로운 이미지를 만드는 행위는 대체로 문제가 되지 않습니다.

하지만 원본 이미지가 가진 구체적이고 독창적인 세부 요소(배경, 캐릭터의 복장이나 자세, 독특한 장식 등)를 그대로 모방하거나 매우 유사하게 표현하면 저작권 침해 가능성이 큽니다. 이 경우 원본 작품과의 '실질적 유사성'을 이유로 법적 문제가 될 수 있습니다.

결론적으로, 스타일이나 분위기 같은 일반적인 요소를 참고하여 AI로 새 이미지를 제작하는 것은 가능합니다. 하지만 특정 이미지의 독창적인 표현을 직접 복제하거나 지나치게 유사하게 만드는 것은 법적 위험이 높습니다.

TIP
- 스타일은 참고하되, 구체적인 표현과 세부 구성 요소는 독창적으로 바꿔 차별화하세요.
- 특정 작품의 개별 요소(캐릭터 자세, 복장, 로고 등)는 직접 복제하지 않도록 주의하세요.
- 법적 분쟁이 우려된다면 전문가의 조언을 받아 활용 여부를 신중히 검토하세요.

Q. AI로 생성한 이미지에 유명 인물이나 특정 브랜드 로고를 포함하면 법적 문제가 발생하나요?

A. 네, AI로 생성한 이미지에 유명인의 얼굴이나 특정 브랜드의 로고를 무단으로 사용할 경우 법적 문제가 발생할 수 있습니다. 유명인의 얼굴이나 이름은 초상권과 퍼블리시티권으로 보호되며, 브랜드의 로고나 디자인 요소는 상표권 및 저작권 보호 대상입니다. 특히 유명인의 이미지를 허락 없이 상업적으로 사용하거나 브랜드 로고를 모방해 제품 홍보 등 상업적 용도로 활용할 경우 법적 분쟁으로 이어질 가능성이 높습니다.

AI가 이미지를 생성하는 과정에서 우연히 유명인이나 특정 브랜드 로고와 유사한 결과물이 나왔더라도, 최종적으로 해당 이미지를 선택하고 사용하는 사람이 법적 책임을 지게 됩니다. 즉, 법적 책임은 AI를 제공하는 기업이 아니라, AI 이미지를 활용하는 개인이나 기업에 있습니다.

이런 법적 문제를 예방하려면, AI 이미지 생성 단계부터 유명 인물이나 브랜드와 관련된 구체적이고 민감한 표현은 피하는 것이 가장 좋습니다. 대신 가상의 인물이나 독자적으로 디자인한 로고 등 창의적이고 안전한 요소를 사용하는 것이 바람직합니다. 만약 상업적 활용이 꼭 필요한 경우라면, 반드시 사전에 법률 전문가와 상담하여 법적 위험을 철저히 점검하고 사용 여부를 결정하세요.

TIP
- AI 이미지를 활용할 때는 유명인의 초상, 브랜드 로고 등 법적 분쟁의 소지가 있는 요소를 반드시 배제하세요.
- 법적 책임은 AI 서비스 제공자가 아닌 최종 사용자에게 있습니다.
- 가급적 독창적인 캐릭터와 브랜드 로고를 자체적으로 만들어 활용하는 것이 안전한 방법입니다.
- 법적 위험이 걱정된다면 전문가의 법률 자문을 받는 것이 좋습니다.

Q. 챗GPT로 만든 이미지에 저작권 침해 문제가 발생하면 법적 책임은 누구에게 있나요?

A. AI로 만든 이미지가 기존의 저작권을 침해할 경우 법적 책임은 이미지를 생성하고 최종적으로 사용하는 사용자에게 있습니다. AI는 단지 사용자의 요청(프롬프트)에 따라 이미지를 만들어 줄 뿐, 최종적으로 해당 이미지를 선택하여 상업적·공개적으로 활용한 사람이나 기업이 법적 책임의 주체가 됩니다.

오픈AI를 포함한 대부분의 AI 서비스 제공업체는 생성된 콘텐츠 사용과 관련된 법적 책임을 명확히 사용자에게 부여하고 있습니다. 즉, AI 이미지 생성 도구를 제공하는 업체는 결과물 활용 과정에서 발생한 저작권 침해나 기타 법적 분쟁에 대해 책임을 지지 않습니다.

따라서 챗GPT를 통해 이미지를 생성하고 활용하려는 사람은 저작권 침해 여부를 반드시 미리 확인해야 합니다. 생성된 이미지가 기존 작품과 지나치게 유사하거나 타인의 초상권, 상표권 등 법적으로 보호받는 권리를 침해하지 않는지 철저히 검토한 후 사용하는 것이 중요합니다. 특히 상업적 활용이나 공개적으로 널리 배포하는 경우에는 필요하면 법률 전문가와의 상담을 통해 법적 위험을 최소화하는 것이 안전합니다.

Q. 챗GPT로 만든 이미지를 내 브랜드 로고나 상품 패키지 디자인으로 사용해도 괜찮나요?

A. 챗GPT로 생성한 이미지를 브랜드 로고나 상품 패키지 같은 핵심 디자인에 사용하는 것은 신중해야 합니다. AI가 생성한 이미지는 같은 프롬프트를 입력하면 누구나 비슷한 결과물을 얻을 수 있어, 브랜드가 필수적으로 요구하는 독점성 및 고유성을 확보하기 어렵기 때문입니다. 비슷한 이미지를 여러 브랜드가 사용할 경우 독창성 부족이라는 문제가 발생할 수 있습니다.

법적 측면에서도 브랜드 로고와 상품 패키지 디자인은 상표권 보호를 받기 위해 독창적이고 고유한 창의성을 반드시 갖추어야 합니다. 대부분 국가의 법률은 AI가 독자적으로 생성한 이미지에 대해서는 '인간의 창의적 개입'이 부족하다고 판단해 저작권이나 상표권 등록을 인정하지 않는 경우가 많습니다. 즉, AI가 만든 이미지만으로는 법적으로 브랜드 보호를 위한 등록이 어렵거나 불가능합니다.

결론적으로, 브랜드 로고나 상품 패키지와 같은 중요한 시각적 요소는 챗GPT

로 만든 이미지를 직접 사용하기보다는 AI가 제공한 아이디어를 기반으로 전문 디자이너와 협력하여 충분한 창의적 개입과 발전 과정을 거쳐 독창성을 확보한 후 사용하는 것이 가장 안전하고 효과적입니다.

A-2   이미지가 원하는 대로 안 나올 때 꼭 확인해야 할 FAQ

AI로 이미지를 생성해본 경험이 있다면 요청한 내용과 결과가 전혀 다르게 나타나거나, 구도가 어색하거나, 인물이 잘리고, 원하지 않는 요소가 포함된 결과물을 받아본 적이 한 번쯤 있을 것입니다. 이는 대부분 프롬프트가 모호하게 작성됐기 때문입니다. 이번에는 챗GPT로 이미지를 생성하는 과정에서 자주 발생하는 문제를 FAQ 형태로 정리하고, 각 상황별 해결 프롬프트 예시를 함께 소개하겠습니다. 핵심은 단순한 명령이 아니라 정확하고 구체적인 요청입니다. 프롬프트 작성이 낯선 사용자도 이 내용을 통해 원하는 이미지를 더욱 명확하게 생성할 수 있습니다.

Q. 업로드한 사진을 챗GPT가 왜 똑같이 재현하지 않나요?
A. 챗GPT는 저작권 보호와 개인 정보 보호를 우선시하여, 업로드된 이미지를 그대로 복제하지 않습니다. 이미지의 스타일, 구도, 분위기는 참고하되 새로운 형태로 재구성하는 방식으로 작동합니다. 이는 딥페이크 생성이나 콘텐츠 악용을 방지하기 위한 원칙입니다.

Q. 외부 이미지와 유사한 결과를 얻으려면 어떻게 해야 하나요?
A. 챗GPT는 첨부한 이미지의 구도와 분위기를 참고하여 새롭게 이미지를 생성합니다. 이때 동일하게 복제는 불가능하지만, 첨부 이미지의 스타일이나 구성 요소를 반영한 유사 이미지를 만들 수 있습니다. 보다 원하는 결과에 가까워지려면 이미지를 첨부한 뒤 어떤 요소를 유지하고 싶은지 텍스트로 명확히 설명합니다(예: 인물의 위치와 구도는 동일하게 유지하고, 색감만 따뜻한 톤

으로 바꿔 주세요.). 또는 배경, 인물, 소품, 조명 등 중 어떤 요소가 핵심인지 명시합니다(예: 흰 배경과 평면 일러스트 스타일 유지, 인물 표정만 웃는 표정으로 변경해주세요.). 이처럼 첨부 이미지와 함께 텍스트 조건을 병행하면, 챗GPT가 사용자의 의도를 보다 정확하게 반영할 수 있습니다.

Q. 챗GPT는 이미지 복사 기능이 없나요?
A. 챗GPT는 입력된 이미지를 복사하지 않고, 내용을 바탕으로 새롭게 재해석하여 생성합니다.

이는 생성형 AI의 구조적 특징으로, 디자인 아이디어나 스타일 재현에는 적합하지만, 정확한 복제나 리터칭에는 한계가 있습니다. 이런 작업에는 전문 이미지 편집 도구나 업스케일링 프로그램을 함께 활용하는 것이 효과적입니다.

Q. 이미지가 잘리거나 구도가 비대칭으로 어색할 때는 어떻게 해야 하나요?
A. 인물이 잘리지 않고 자연스럽게 들어오도록 요청하고 중심 정렬 또는 좌우 균형 있는 구도를 명확히 지정하세요. 텍스트를 함께 배치할 경우에는 인물과 텍스트의 위치를 명확히 분리하는 것이 중요합니다.

프롬프트 예시

 전체 좌측부터 우측으로 정보가 균형 있게 배치되도록 하고, 모든 텍스트와 아이콘이 프레임 안에 정확히 보이게 구성해주세요.

 전체가 보이도록 줌아웃된 구도, 인물이 화면에 모두 나오도록 구성해주세요.

> 인물을 중심에 배치하고, 전신이 잘리거나 확대되지 않도록 해주세요.

> 인물이 화면 중심에 균형 있게 배치해주세요.

> 왼쪽은 인물, 오른쪽은 텍스트 삽입 공간을 남겨 주세요.

Q. 카메라 앵글이 어색하거나 구도가 부자연스럽다면 어떻게 요청해야 하나요?
A. 원하는 카메라 앵글의 방향과 동작 방향을 명확하게 지정하세요. 정면, 측면, 위, 아래 중 선택하거나, 인물의 위치와 이동 방향을 함께 언급하면 구도가 자연스럽게 나옵니다.

프롬프트 예시

> 카메라는 정면 고정, 인물은 좌측에서 우측으로 걷는 모습으로 표현해주세요.

> 위에서 내려다보는 앵글로, 책상 위 노트북을 사용하는 모습으로 구성해주세요.

Q. 강조하고 싶은 사물이나 행동이 잘 드러나지 않을 때는 어떻게 하나요?
A. 시선, 위치, 크기 등을 조정하여 주요 요소를 강조해 달라고 명시해야 합니다. 특정 대상에 시선이 향하도록, 또는 화면에서 강조되도록 확대 요청하는 것도 효과적입니다.

프롬프트 예시

 인물의 시선이 손에 든 책을 향하도록 구성해주세요. 책 표지가 잘 보이게 확대해주세요.

 손에 든 스마트폰을 강조해서, 화면이 잘 보이도록 표현해주세요.

Q. 생성된 이미지에서 불필요한 요소를 수정하거나 지우려면 어떻게 해야 하나요?

A. 수정 대상의 위치와 범위를 명확히 지정하고, 인페인팅 도구로 깔끔하게 처리해 달라고 요청하세요. 특히 로고나 테두리 등은 완전히 제거해 달라고 요청해야 합니다.

프롬프트 예시

 좌측 상단의 로고와 글자, 테두리를 모두 지워 주세요. 인페인팅으로 자연스럽게 처리해주세요.

 우측 하단의 이미지를 깔끔하게 제거해주세요.

Q. 이미지에 글자나 로고가 자동으로 삽입될 때, 어떻게 제거 요청하나요?

A. 텍스트, 로고, 워터마크가 원치 않는 요소라면 해당 요소 제거 요청 또는 텍스트 없이 다시 생성을 요청하면 됩니다.

프롬프트 예시

 텍스트 없이 동일한 구도로 다시 생성해주세요.

 글자와 로고 없이, 깔끔한 이미지로 만들어 주세요.

Q. 배경이 지저분하거나 복잡하게 나왔을 때는 어떻게 하나요?

A. 배경을 단순하고 직관적인 스타일로 바꾸고 싶다면, 배경 색상과 스타일을 명확히 지정하세요. 특히 콘텐츠용 썸네일이나 슬라이드용 이미지는 흰색 배경이 효과적입니다.

프롬프트 예시

 흰색 단색 배경으로 구성해주세요.

 복잡한 배경 없이, 심플한 흰색 배경으로 구성해주세요.

Q. 스타일이 원하는 분위기와 다르게 나왔을 때는 어떻게 하나요?

A. 스타일은 분위기 + 시각적 요소를 함께 전달해야 정확하게 생성됩니다. 밝은 톤, 평면 스타일, 일러스트 등 형용사 + 스타일 키워드를 함께 사용하세요.

프롬프트 예시

 밝고 평면적인 일러스트 스타일, 전체적으로 높은 밝기 유지해주세요.

 차분한 색감의 수채화 느낌으로, 따뜻한 분위기를 표현해주세요.

Q. 생성된 이미지에서 특정 인물만 바꾸고 싶을 때는 어떻게 하나요?

A. 기존의 구도와 배치는 유지하면서 특정 인물만 교체해 달라고 요청하면 됩니다. 특히 위치(예: 좌측/우측)를 정확히 언급하는 것이 중요합니다.

프롬프트 예시

 기존 구도는 유지하고, 우측 인물만 다른 캐릭터로 바꿔 주세요.

 왼쪽 인물은 그대로 두고, 오른쪽 인물만 여성 캐릭터로 변경해주세요.

Q. 캐릭터의 표정이나 감정을 더 잘 표현하고 싶다면 어떻게 하나요?

A. 감정 상태(기쁨, 피곤함, 놀람 등)를 표정과 연결해 구체적으로 표현해야 정확한 이미지가 생성됩니다. 표정의 디테일(입꼬리, 눈웃음 등)도 함께 언급하면 더 좋습니다.

프롬프트 예시

 기뻐하는 표정, 눈웃음을 짓고 있는 모습으로 표현해주세요.

살짝 졸린 표정, 피곤하지만 집중하는 인상으로 표현해주세요.

Q. 동일한 구도에서 장면이나 캐릭터만 바꾸고 싶을 때는 어떻게 하나요?

A. 구조와 배치는 그대로 두고, 인물이나 상황만 변경해 달라고 요청하면 반복 작업 시 매우 유용합니다. 특히 시리즈 콘텐츠나 버전 비교 이미지에 적합합니다.

프롬프트 예시

 동일한 구도와 배치로, 새로운 인물로 교체해주세요.

 같은 장면 구도에서, 다른 상황을 적용해주세요.

Q. 사물이 너무 많아서 이미지가 산만할 때는 어떻게 해야 할까요?

A. 핵심 인물 또는 동작 중심으로 단순하게 구성되도록 요청해야 합니다. 불필요한 배경 요소나 소품은 최소화해 달라고 요청하세요.

프롬프트 예시

 핵심 인물과 주요 동작만 담고, 주변 사물은 최소화해주세요.

 배경 소품 없이, 인물 중심으로 간결하게 구성해주세요.

Q. 원하지 않는 캐릭터나 요소가 자동으로 들어가면 어떻게 하나요?

A. 제외할 대상을 명확히 언급하고, 등장 인물 수를 한정해 요청하세요. 불필요한 로봇, 배경 인물, 동물 등이 들어가지 않도록 지시하는 것이 핵심입니다.

프롬프트 예시

 한 명의 인물만 나오게 해주세요. 배경 인물은 제외해주세요.

 로봇 없이 사람만 등장하게 해주세요.

Q. 이미지 안에 텍스트(문구/제목 등)를 삽입하고 싶을 때는 어떻게 하나요?

A. 이미지 내부에 텍스트를 넣고 싶다면 문구의 내용, 위치, 크기, 스타일을 구체적으로 명시해야 합니다. 또한, 삽입된 텍스트가 배경과 잘 구분되는지 여부도 함께 고려해야 합니다.

프롬프트 예시

 이미지 상단에 "AI 콘텐츠 디자인"이라는 문구를 넣어 주세요. 깔끔한 고딕체로, 흰 배경에 잘 보이게 구성해주세요.

 말풍선 없이, 화면 중앙에 제목 텍스트만 배치해주세요.

Q. 이미지에 말풍선을 넣고 싶을 때는 어떻게 하나요?

A. 말풍선은 대사 내용, 말풍선 위치, 말풍선 방향을 함께 제시해야 자연스럽게 구현됩니다. 웹툰처럼 구성하려면 화면 내 인물 간 대화 구조도 함께 고려해야 합니다.

프롬프트 예시

 왼쪽 인물이 "오늘도 AI와 함께 작업 중이야."라는 말풍선을 말하고 있습니다. 말풍선은 흰색, 둥근 형태로 구성해주세요.

 오른쪽 인물이 웃는 표정으로 "정말 편리하네!"라고 말하는 장면을 표현해주세요. 대사는 말풍선 형태로 구성해주세요.

Q. 말풍선을 빼고 그림만 만들고 싶을 땐 어떻게 해야 하나요?

A. 말풍선이 자동 삽입되면 프롬프트에서 말풍선 제외 또는 대사 없는 장면이라고 명시해야 제거됩니다.

프롬프트 예시

 말풍선 없이, 표정만으로 감정을 전달하는 장면으로 구성해주세요.

 대사 없이, 인물이 미소 짓고 있는 장면만 담아 주세요.

나가면서

이미지 한 장이 불러오는 일상의 변화

AI 이미지 생성 기술이 대중화되면서 콘텐츠 제작의 기준이 달라지고 있습니다. 텍스트 몇 줄만 입력하면 고유한 스타일과 콘셉트를 가진 이미지를 생성할 수 있고, 이 과정은 점점 더 빠르고 정교해지고 있습니다. 처음엔 새로운 기술이 그저 흥미로운 실험처럼 느껴졌지만, 지금은 일의 방식 자체가 바뀌는 전환점에 들어섰음을 체감합니다.

이 책을 쓰며 직접 경험한 가장 큰 변화는 '누구나 디자이너가 될 수 있다'는 가능성이 현실이 되고 있다는 것이었습니다. 과거에는 포토샵이나 일러스트레이터와 같은 전문 도구를 익혀야만 할 수 있던 작업들이 이제는 우리가 일상에서 대화를 나누듯 AI와 대화를 나누면서 해결됩니다. 기술이 사람의 자리를 대신하는 것이 아니라 더 많은 사람이 제작이라는 영역에 '참여'할 수 있도록 문을 연 셈입니다. 디자인은 더 이상 전문가만의 영역이 아닙니다. 클릭보다 '입력'이, 도구보다 '기획'이 더 중요해지는 흐름이 확실히 자리 잡고 있습니다.

지금은 단지 시작일 뿐입니다.

이미지 생성은 물론, 문서, 프레젠테이션, 영상, 오디오까지 아우르는 AI 콘텐츠 제작 환경이 빠르게 현실이 되고 있습니다. 우리는 하나의 아이디어가 모든 형태의 콘텐츠로 자연스럽게 확장되는 시대의 문 앞에 서 있습니다. 이제 중요한 건 어떤 도구를 쓰느냐보다, 무엇을 만들 것인가입니다. AI는 빠르게 움직입니다. 하지만 방향을 잡는 것은 여전히 사람입니다. 당신의 기획이 콘텐츠가 되고, 메시지가 이미지로 펼쳐지는 시대. 이 책이 그 시작을 여는 지도가 되기를 바랍니다. 콘텐츠의 방향을 정하는 건 AI가 아니라 당신입니다. 지금이 바로 시작할 시간입니다.

찾아보기

ㄱ

가상 캐릭터　412
개인 정보 보호　47
고객 여정　23
골드 악센트　375
광고 기획안　288
구글 애드센스　226

ㄴ

눈누　378

ㄷ

대표 이미지　90
대화형 AI　31
도면　127
디지털 스케치 스타일　86

ㄹ

라인 아트　84, 251
런웨이　460
레이아웃　196
레트로　251
로고　240

마스코트　252

마케팅　169
말풍선　68
말풍선 텍스트　163
멀티턴 방식　35
메모리　148
메인 카피　196
명암　123
미니멀 디자인　83
미니멀리스트　250
미니멀 벡터 스타일　424
미리캔버스　30

박스형 텍스트　162
반투명 텍스트 박스　165
배경 화면　148
배지 아이콘　230
베이직 프롬프트　43
벡터 스타일　82
복고풍　251
브랜드 아이덴티티　177
비교 인포그래픽　328

사용자 시점　236
삽화　352

상단 제목 텍스트   164
상세 페이지   264
상표권   469
색상 팔레트   177
서명   252
서브 카피   196
세미 입체 스타일   423
소라   460
손그림 느낌 스타일   65
숏폼   448
수채화 감성 스타일   65
수채화 스타일   82
스케줄표   150
스타일   28
스토리 기획서   450
스토리보드 스타일   86
스티커   134
시나리오   452
시네마틱 스타일   81
시점   429
신라문화체   381
신메뉴 홍보 이미지   204
신제품 홍보 이미지   214
실사 스타일   81
심볼   256
심플 드로잉 스타일   65
썸네일   438

ㅇ

아리따 부리   379
아이콘   59
아이콘 세트   130

액션 시트   138
어드밴스드 프롬프트   44
엠블럼   251
여행 지도   108
연속 선 드로잉   85
영문 필기체   406
오버숄더   435
오픈AI   31
온라인 배너   222
워드마크   252
웹툰 스타일   65
유튜브   411
이미지 레퍼런스   143
이미지 비율   152
이미지 편집   30
이미지 프롬프트   100
인포그래픽   314
일러스트레이터   18
일상성   219
일상 툰   62

ㅈ

장면 구성   452
저작권   46, 468
제품 연출 컷   288

ㅊ

책 표지   332
챗GPT   31
체크리스트 인포그래픽   329
초상권   47, 469
치비 스타일   423

카드 뉴스　170
캐릭터 시점　236
캐릭터 아이콘　130
캐릭터 콘셉트　55
캔바　30
캘리그래피　376
캡컷　465
컬러 낙서　65
코믹 카툰 스타일　65
콘셉트 기획　206
콘셉트 아트　86
콘텐츠 디자인　17
키노트　49

타이포그래피　397
타임라인 인포그래픽　331
텍스트　160
템플릿　354
톤앤매너　175
틱톡　411

ㅍ

파워포인트　49
퍼블리시티권　471
펜 드로잉　85
펜 드로잉 스타일　57
포토샵　18
폰트　403
프로모션　169

프로세스 인포그래픽　327
프롬프트　26
플랫 디자인　250
플랫 일러스트　81
피라미드 인포그래픽　330
핀터레스트　119

한겨레결체　380
한글 명조체　405
행사 포스터　184
활동성　217
히어로 섹션　266

CTA 버튼　198
otf　403
ttf　403

3D 렌더링　82
3D 스타일　253
4컷 만화　71